BAEDEKER

B

BALI

»

Auch kleine Wellen sollte man nicht ignorieren.

«

Balinesisches Sprichwort

baedeker.com

HINTERGRUND

ERLEBEN UND GENIESSEN

PRAKTISCHE INFORMATIONEN

ANHANG

PREISKATEGORIEN

Restaurants
Preiskategorien
für ein Hauptgericht

€€€€	über 20 €
€€€	11–20 €
€€	5–10 €
€	unter 5 €

Hotels
Preiskategorien
für ein Doppelzimmer

€€€€	über 150 €
€€€	100–1500 €
€€	50–100 €
€	unter 50 €

MAGISCHE MOMENTE

ÜBERRASCHENDES

Jede Bewegung ist vorgeschrieben. Jede Pose, jeder Lidschlag sowie die Art und Weise, wie sich die Finger spreizen, haben beim Legong-Tanz eine Bedeutung.

D
DAS IST ...

Bali

Die großen Themen
rund um die Insel der Götter.
Lassen Sie sich inspirieren!

Der Tempel Pura Luhur Ulu Watu ist nicht spektakulär, dafür ist seine Lage direkt an der Steilküste umso dramatischer. ▶

MIT DEM SEGEN DER GÖTTER

Mit Achtsamkeit und Anmut nimmt Wayan eine Frangipaniblüte zwischen die Fingerspitzen, führt sie sanft an die Stirn, wirft die Blüte weg, nimmt eine neue aus dem bereitgestellten Korb – jeden Morgen wiederholt sich diese Praxis in nahezu allen Hausschreinen auf der Insel. In dieser einfachen Zeremonie erbitten die Balinesen den Segen der Götter, für deren Energie sie sich im Gebet öffnen.

Kleinere Opfergaben werden täglich dargebracht, je nachdem wem geopfert werden soll in Schreinen oder für die Dämonen einfach auf dem Fußboden vor der Tür. ►

KAUM einer weiß, wie viele Tempel es auf Bali gibt, und wenn Sie mit offenen Augen reisen, stellen Sie fest, dass jedes Dorf sogar drei Tempel besitzt: ein dem Schöpfergott Brahma zugeordneter Tempel, der in Richtung Besakih gerichtet ist. Ein inmitten jeder Siedlung liegender und Vishnu als dem Bewahrer gewidmeter Tempel mit angeschlossener Versammlungshalle. Die Energien von Shiva, Schöpfer wie Zerstörer, und der zornigen Durga prägen die meerwärts gerichteten Totentempel. **Über 20000 Tempel** werden es wohl sein, und dazu gehören nicht die Familientempel und die stets auf den Gunung Agung, der dem balinesischen Kosmos und dem mythischen Weltenberg Meru entspricht, ausgerichtet sind.

BAEDEKER DAS IST ...

AUF ZUM ODALAN!

Im Tempel werden die Gaben vom Priester gesegnet. Gamelan-Musik dringt durch das Dorf, es riecht nach Sandelholz und Jasmin. Das ist die Zeit, wenn die Götter die Tempel aufsuchen und die Balinesen ihren Segen erhalten. Besucher sind gern gesehen, vorausgesetzt, sie sind ordentlich gekleidet! (▶ S.207)

Tempelgeburtstage

Die **Odalan** genannten jährlichen Tempelzeremonien gehören zu den schönsten Veranstaltungen im balinesischen Festkalender. Die Vorbereitungen können viele Wochen betragen: Das ganze Dorf ist damit beschäftigt, Palmblätter zu flechten, Opfergaben aus eingefärbtem Reismehl vorzubereiten, rituelle Tänze einzustudieren. Am Tag der Zeremonie schmücken Penjors, meterhohe Bambusrohre, an denen handgearbeitete Palmblattdekorationen hängen, die Straßen. Gelb und rosa gefärbter Reis ist zu Pyramiden geformt, Mangosteens und Schlangenfrüchte sind kunstvoll zu Pyramiden aufgetürmt. Ganz in Weiß gekleidete Priester – Männer wie Frauen – segnen die vielen Opfergaben mit heiligem, geweihtem Wasser (Tirta). Frauen rezitieren überlieferte Gebete zur Darbietung der Gaben. Jeder Gedanke an den Alltag hat an Bedeutung verloren, in einer gemeinsamen spirituellen Praxis nähern sich die Balinesen einer spirituellen Dimension, fühlen die Präsenz ihrer eingeladenen Gottheiten. Gamelan-Orchester bearbeiten stundenlang ihre Instrumente, immer wieder geraten die auftretenden Tänzer in tiefe Trance, für die Balinesen ein Zeichen, dass die Verbindung mit den Göttern stattgefunden hat, diese sich jetzt leibhaftig unter ihnen befinden, sie deren Segen erhalten. Wo Licht ist, da ist auch Schatten – diese universelle Erkenntnis ist in Bali stets präsent, auch im Wissen, dass es neben Göttern Dämonen, d.h. feindselig gesinnte Kräfte gibt. In gewaltigen Maskentänzen und Maskenspielen erweckt man auf der Insel diese Dimension des Seins aus einer unsichtbaren Welt (Niskala) in erfahrbare, sichtbare Alltagsrealität (Sekala) und schafft eine Harmonie zwischen beiden Kräften. Das Ende der Zeremonie kündigt sich an, wenn der Priester den Meditierenden geweihte Reiskörner auf die Stirn drückt: Schutz vor Hindernissen im täglichen Leben und schlechten Einflüssen.

Festlich gekleidete Frauen balancieren kunstvoll arrangierte Opfergaben auf ihren Köpfen.

RICHTIG LECKER!

Nyoman erwartet zur Cooking Class in der offenen Küche des Resorts hoch über dem Ayung River mit Blick auf Reisterrassen. Doch bevor es an den Herd geht, fahren wir erst einmal gemeinsam zum Markt, um einzukaufen. Der liegt in Ubud gegenüber dem Palast des Fürsten, ein verwirrender Mikrokosmos an Gerüchen, Farben und Geräuschen. Bereits morgens, kurz nach Sonnenaufgang, ist es hier voll und sehr lebhaft. Man kennt sich untereinander, scherzt, raucht eine Zigarette aus Nelken und räumt den Stand auf.

◄ Köstliches, nicht nur fürs Auge

AN niedrigen Tischen verkaufen in Sarongs gekleidete Frauen kulinarische Leckerbissen. **Nasi Campur und Bubur**, die von Balinesen geschätzten Frühstücksgerichte aus weich gekochtem Reis, Eiern, Sojasprossen, zerstoßenen Kokosflocken und allerlei scharfen Gewürzen, werden in frische grüne Bananenblätter verpackt und sind innerhalb kurzer Zeit ausverkauft. Uns Kochschüler zieht es in eine andere Abteilung, dahin, wo es rote und grüne Chilischoten, winzige grüne Limonen, hell-rote Rambutans und kleine, hellgelbe Bananen gibt, glänzende Betelblätter, rote Schalotten und Erdnüsse. Einen Gang weiter, wo wir auch Flip-Flops aus China, Becher und Löffel aus poliertem Kokosnussholz entdecken, ist die Luft schwer vom Fischgeruch. Geräucherte Sardinen, zu Hunderten zusammengepackt, liegen bereit, abgepackte Gewürze füllen die hölzernen Regale. Dunkelrot leuchtende Scheiben von Thunfisch liegen auf Eis, eine junge Händlerin müht sich gleichmütig, die Fliegen zu verjagen. In Plastikbeuteln landen die kleinen Fische und winzigen Shrimps nach dem Verkauf, während Enten an den Füßen zusammengebunden und die Ferkel in Bambuskäfige verpackt nach Hause getragen werden. Wie gut, dass wir begleitet werden von einem Küchenprofi. Nyoman weiß, was wo eingekauft werden muss, kennt die Namen der Gewürze, Gemüse und Obstsorten, begrüßt die Händler mit Namen und bekommt für seine Gruppe immer wieder kleine Kostproben und exotische Leckereien zugesteckt.

Toll, wie das duftet!

Schwer bepackt geht es zurück in die Küche des Hotels. Wie das duftet ! Und erst schmeckt! Denn natürlich verspeisen wir unsere Eigenkreationen gleich zum Mittagessen: **Sate Ayam**, **Bubu Kacang** (eine Sauce aus frischen, ungesalzenen Erdnüssen) und **Pepesan Ikan** (gegrillter und in Tamarindenmus marinierter Fisch in Bananenblättern), dazu süß duftender roter Reis, stehen auf dem heutigen Küchenprogramm. Dann wird der große Tisch auf der Terrasse unter dem weit ausladenden Banyan-Baum mit Frangipaniblüten und leuchtend türkisfarbenen Sets gedeckt. Zeit zum Essen!

BAEDEKER DAS IST ...

RAN AN DEN MÖRSER!

Mmh, was für ein Geschmack: Die Sauce aus gerösteten Kokosflocken, Zitrone, Ingwer und Erdnüssen füllt mit ihrem Geruch die ganze Küche, während das Geräusch des heißen, zischenden Woks, in den die Gemüse kommen, sich verbindet mit dem Zerhacken der frischen Bohnen und Chilischoten. Knoblauch, Ingwer, Gelbwurz und Galgant gehören in die Bumbu Bali, die beliebte balinesische Würzsauce, natürlich auch einige Chilischoten. Schöner noch als Essen zu gehen ist es, auf Bali eine Cooking School zu besuchen. Selamat makan – guten Appetit! (▶ S. 166)

OBEN: Die mit Zitronengras, Koriander und Knoblauch gewürzten Sate-Spießchen werden meist mit einer leckeren Erdnusssauce serviert.

UNTEN: Grundlage für viele Rezepte: eine Paste aus Chili, Ingwer und Knoblauch

VOLL-KOMMEN ENT-SPANNT

Das Innen und das Außen stehen in einer symbiotischen Verbindung zueinander. Körperliche Schönheit folgt einem harmonischen Geist, heilsamen Gedanken. Auf Bali, wo sich seit alters her alles um den Ausgleich der Gegensätze dreht, macht ein Spa-Besuch nicht nur schöner, sondern weist bisher verborgene Pfade zur Harmonie.

◄ Abtauchen in eine andere Welt ....

SO stellt man sich Wellness auf Bali gern vor: ein **tropisches Spa** im Kokospalmenhain oder hoch über einem Flusstal, Massageliegen aus Teak, Tücher aus handgefertigter Batik, eine frei stehende Wanne mit auf dem Wasser schwimmenden Blütenblättern und die zur Behandlung vorgesehenen Öle und Essenzen aus biologisch angebauten Kräutern oder gleich aus dem Regenwald. Die Luft ist erfüllt von Zitronengras und anderen exotischen Aromen, leise Gamelan-Musik entführt in friedliche Sphären. Sanft, fast streichelnd gleiten die Hände der Masseurin über den Rücken. **Wenn man könnte, würde man schnurren wie eine Katze.** Eine balinesische Massage ist immer ein Genuss – im Unterschied zur Thai-Massage oder zur klassischen schwedischen Massage, die unter Umständen auch ganz schön schmerzhaft sein können.

Für Wellness-Fans ist Bali ein Paradies

Nahezu jedes Hotel und jedes Gästehaus verfügt über ein eigenes Spa bzw. einen Raum, in dem eine **ganze Palette von Massagen und Schönheitsanwendungen** angeboten wird. In den Luxushotels von Nusa Dua, in Seminyak und Ubud sind sie nahezu Standard: palmblattgedeckte, klimatisierte Spa-Villen, oft umgeben von verwunschen erscheinenen Patios mit Orchideen, steinernen Wächterfiguren und Koi-Teichen.
Zu Beginn der Treatments gibt es Ingwertee, Guavensaft oder frisches Kokoswasser, erkundigt man sich nach möglichen gesundheitlichen Beschwerden oder Verspannungen. Man sucht sich sein persönliches Lieblingsöl, indem man an kleinen geöffneten Glasflakons schnuppert. Neben jahrhundertealten balinesischen Streichmassagen gibt es auch indonesische – hier sind die Bewegungen etwas anders – und solche, bei denen wohltuende Heilöle aufgetragen werden.

Nahezu alles, was entspannt und schöner macht

Außerdem offeriert man Reiki und Shiatsu-Behandlungen, kosmetische Reinigungsbehandlungen und nahezu alles, was entspannt und schöner macht. Unverzichtbar für leuchtende Haut ist ein **Mandi Lulur**, ein von der Insel Java stammendes Peeling aus Joghurt, Reispulver und Kurkuma.
Auf Bali kennt man auch Methoden, um nach der Geburt bald wieder seine schlanke Taille zu erhalten: Unter einer Schärpe, die die Frauen für etwa einen Monat täglich von einer Masseurin um Bauch und Hüfte wickeln lassen, werden Kräuter-Öl-Pasten aus zerstoßenen Heilpflanzen aufgetragen. Ein aus Limetten, Eukalyptus und Aloe vera gewonnener Saft soll reinigend wirken und erschlaffende Haut wieder festigen. Die Balinesinnen kennen auch die Geheimnisse für seidenweiches, glänzendes Haar. Lange bevor die Industrie Haarkuren auf den Markt brachte, stellte man auf der Insel eine Mandi Kepala, eine Pflegepackung aus Kokosnuss und zerstoßenen Hibiskusblättern, her. Cream Bath heißt das in allen Spas angebotene Wundermittel für stumpfes Haar: Nach dem Auftragen von Kräuterpackungen folgt eine ausgiebige Kopfmassage und nach dem Haarewaschen wird abschließend ein pflanzliches Tonic ins Haar geknetet. Et voilà: **Das Ergebnis ist verblüffend!**

MASSAGE FÜR DIE PRINZESSIN

Mandi Lulur, nämlich Hochzeitsbad, heißt das tolle Treatment, das einst die Prinzessinnen am Vorabend ihrer Hochzeit genossen. Heute gibt es die Verwöhnbehandlung, die die Haut zum Leuchten bringt und den Geist in tiefe Entspannung versetzt, nahezu in allen Spas auf Bali. Mit einem Boreh, dem balinesischen Peeling aus Nelken, Karotten, Zimt und Sandelholz, wird die Haut zunächst geschmirgelt, dann geht es ins Badewasser oder unter die Dusche und abschließend folgt eine himmlische Massage. (▶ S. 166)

OHNE FLEISS KEIN REIS

Balis feucht-heißes Monsun-Klima und die fruchtbare Vulkanerde sind ideal für den Reisanbau. In der Inselmitte und rund um Ubud sind sie besonders schön: Reisterrassen, die sich von den Tälern die Berghänge hoch ziehen. Die Balinesen tauften sie Himmelsleitern, die UNESCO betrachtet sie als einzigartiges Weltkulturerbe. Etwa ein Viertel der Inselfläche bedecken die zartgrün leuchtenden Reispflanzen, die sogar auf den Hängen der Vulkane und entlang der Küste kultiviert werden.

Staunend vor den »grünen Himmelsleitern der Götter« ►.

OBEN: Wenn genügend Wasser zur Verfügung steht, kann pro Jahr bis zu dreimal geerntet werden, ohne dass der Boden dadurch leidet.

UNTEN: Darstellung der Reisgöttin Devi Sri am Rand eines Feldes

KEIN Wunder, dass Reis, der auf Bali gleich drei Mal im Jahr geerntet werden kann, auf der Insel viele Namen hat: Padi wird er auf dem Feld genannt, Jijih bei der Ernte, Beras, wenn er gemahlen, und Nasi, wenn er gekocht wird. Anbau und Ernte von Balis Hauptnahrungsmittel ist höchst ritualisiert. Auf uralten Lontar-Palmblättern steht schon in Sanskrit geschrieben, wann und wie die Setzlinge gepflanzt werden, wie zu ernten ist. Einzigartig ist die Bewässerung der Felder. Die Techniken, mit denen das in den Bergen entspringende Quellwasser zu den Pflanzen geleitet wird, stellen sicher, dass es gerecht zugeht beim Reisanbau. Wasser, von den Balinesen verehrt als Inbegriff des Göttlichen, flutet in glasklaren Strömen die Reisfelder, die im Inselinnern die Hänge der Berge und Vulkane bedecken. **Subak** wird das System genannt, dank dessen eine ausgeglichene Bewässerung der Reisfelder erfolgt und sichergestellt ist, dass das von den Bergen in kunstvollen Kanälen und Schleusen herabgeführte Wasser seinen Weg zu den kleinsten und abgelegensten Reisparzellen findet und nicht nur zu den sich bis zum Horizont ausdehnenden Reisfeldern der Reichen.

Harte Arbeit

Was so bezaubernd anzusehen ist, bedeutet allerdings auch viel Mühe. Die Verdienstmöglichkeiten in den Reisfeldern sind äußerst gering, die Arbeit ernährt mitunter kaum die Familien. Der Verkauf von Reisfeldern an Immobilienspekulanten und die Abwanderung der Familien in städtische Regionen sind auch auf Bali eine drohende Entwicklung. Von den Problemen merkt man nichts, wenn man auf kleinen Wegen durch die Landschaft spaziert und neben Bauern nur **durch die Felder watschelnden Enten** begegnet. Die Tiere fressen zwischen den Reispflänzchen sprießendes Unkraut ebenso wie kleine Schnecken und Insekten und sind für die Balinesen eine biologische und obendrein mühelose Art der Schädlingsbekämpfung. Reife Reisfelder? Erkennen Sie daran, dass die Farbe der Halme ins Gelbliche wechselt. Zeit zum Ernten!

BAEDEKER DAS IST ...

EIN SPAZIERGANG IN DEN REISTERRASSEN

Kleine Bäche und Wasserfälle gluckern, am Wegesrand blühen Lilien, meterhoch wuchern Farne und Bambus. Hellgrün schimmern die Reisfelder. Über allem wacht Devi Sri: Ohne dass uns Wayan darauf aufmerksam gemacht hätte, wären wir glatt vorbeigelaufen: Bambusschreine mit sog. Cilis, die der Göttin der Fruchtbarkeit und des Reisanbaus gewidmet sind. Devi Sri bringt den Monsun und erscheint den Balinesen, die sich vertrauensvoll an sie wenden, mitunter in ihren Träumen. Bündel von Reishalmen, die in der Mitte zusammengebunden sind, also die schmale Taille der Göttin zeigen, symbolisieren diese im Schrein mit einem dreieckigen Gesicht und angedeutetem Rock. (▶ S. 174, 200)

HEILEN MIT JAMU

Ein Trank, dem zwar nicht Zauberkräfte nachgesagt werden, jedoch beeindruckende Heilwirkungen: Jamu heißt die traditionelle indonesische Medizin, die nicht als Pillen geschluckt, sondern jeden Morgen getrunken wird. Nicht ohne dabei ein kurzes Gebet zu sprechen.

Die besonderen Rezepte und Herstellungsmethoden von Jamu werden innerhalb der Familien weitergegeben. ►

AUS weit über einhundert verschiedenen Kräutern, Blättern, Wurzeln und Rinden wird Jamu hergestellt. Die Ursprünge des Medizinsystems liegen vermutlich auf Java: Beim weltberühmten Borobodur-Tempel wurden steinerne Inschriften entziffert, die sich als Rezepte für Arzneimischungen herausstellten und u.a. die Blätter des mythologischen **Kalpataruh-Baumes**, der alle Wünsche erfüllt, enthielten. Der Kalpataruh-Baum ist eine Metapher für unseren eigenen Geist, sagen die balinesischen Heiler. Indem der Patient beginnt, seinen Geist zu kontrollieren, weniger egoistisch und von Wünschen nach Besitz und Macht geleitet zu sein, entspannt sich der Körper. Jamu-Heiler in Indonesien sind deshalb im Idealfall auch stets große Meditierende, Personen, die **weniger nach außen als nach innen ausgerichtet** sind. Außer auf Jamu-Heiler, die ihre Essenzen und Getränke selbst herstellen, greift man auf Bali auf die Produkte größerer, oft auf Java ansässiger Jamu-Betriebe zurück, deren Produkte man im Supermärkten und Drogerien kaufen kann.

BAEDEKER DAS IST …

EIN SHOT AUF DIE GESUNDHEIT!

Reinigung oder Belebung? Auf dem Tablett beim Frühstücksbuffet stehen Schnapsgläser, shots genannt, die gefüllt sind mit giftgrünen und ockerfarbenen Flüssigkeiten. Jamu heißen die Elixiere, die in Bali wie ganz Indonesien nach alten Heilrezepten angerührt werden. (▶ S. 250)

Wichtig ist die regelmäßige Einnahme

Jamu ist nicht nur dazu da, akute Krankheiten zu heilen, sondern wird auch getrunken, um die Blutzirkulation zu steigern, Muskelschmerzen zu lindern, Entzündungsprozesse im Körper zu stoppen und die Verdauung anzuregen. Man muss es regelmäßig einnehmen. Kein Wunder, dass Jamu in allen balinesischen Märkten zum Verkauf steht. In Stadt und Land kennt und schätzt man die **Jamu Gendong**, die Frauen, die Jamu verkaufen, und mit Körben auf dem Rücken jeden Morgen von Haus zu Haus gehen und die tägliche Ration der Arznei anbieten. Mitunter ist auch **eine Spur Aberglaube** im Spiel, etwa wenn die Kunden nach Jamu Kamajaya-Kamaratih fragen, dem »Gott und der Göttin der Liebe«, ein Trank, der einen potenziellen Ehemann an eine junge Frau bindet und für eine lebenslange glückliche Ehe sorgt. Als traditionelles Geschenk einer Brautmutter an ihre Tochter gilt eine Kiste mit Jamu, die getrocknete Heilpflanzen, Gewürze sowie Samen enthält, die im Garten des jungen Ehepaars gepflanzt werden und so für sein Wohlergehen sorgen.

Mehr in den Bereich **Wellness** gehören die in den Hotels und Spas ebenso wie auf den Karten einiger Bio-Cafés angebotenen **Jamu-Drinks**: Antiseptisch wirkendes Kurkuma, die Entgiftung förderndes Tamarindenmark und Galangal, thailändischer Ingwer als Anti-Oxidant und entzündungshemmender Wirkstoff gehören dort häufig zu den Basisbestandteilen der Getränke, die mit Wasser, einer Prise Salz und etwas Palmzucker für angenehme Süße serviert werden.

OBEN: Jamu besteht aus rein pflanzlichen Zutaten wie heimischen Wurzeln, Rinden, Samen, Blättern und Früchten.

UNTEN: Kurkuma (Gelbwurz) liefert die intensive Farbe. Mittlerweile ist Jamu auch zu einem Modegetränk der Yogis und Surfer auf Bali geworden, denn es verleiht Energie, reinigt den Magen und liefert viele wichtige Vitamine.

T
TOUREN

Durchdacht, inspirierend, entspannt

Mit unseren Tourenvorschlägen lernen Sie Balis beste Seiten kennen.

Reisterrassen findet man überall auf Bali, außer im Westen, wo es zu trocken ist. Die berühmtesten gehören zu Jatiluwih, Tegallalang und Sidemen. ►

UNTERWEGS AUF BALI

Die ganze Insel kennenlernen

Die folgenden Routenvorschläge sollen Anregungen zum Kennenlernen der Insel Bali mit einem Mietfahrzeug geben, ohne die Freiheit der eigenen Planung und Streckenführung zu nehmen. Etwas schonender für die Nerven bei dem meist chaotischen Verkehr ist es, ein Taxi (für kürzere Strecken) zu nehmen bzw. ein Auto samt Fahrer (für längere Ausflüge) zu mieten. Sofern man öffentliche Verkehrsmittel (Bus, Bemo) benutzen möchte, sollte man sich wegen der unterschiedlich guten Verbindungen auf eine längere Fahrtdauer einrichten. Wegen der geringen Größe der Insel sind alle Ziele in Eintagestouren gut erreichbar, vorausgesetzt, man fährt am frühen Morgen los und nimmt eine Rückkehr am späteren Abend in Kauf. Lediglich für eine Umrundung der ganzen Insel sollte man zwei bis drei Tage einplanen. Ein Problem stellt allerdings der Umstand dar, dass die Straßen auf Bali nicht systematisch nummeriert sind. Entlang der Straßen befinden sich jedoch Kilometersteine, auf denen in der einen Richtung die jeweilige Entfernung zur Hauptstadt Denpasar und in der anderen jene zur nächsten Stadt oder Ortschaft angegeben ist.

IM ZENTRUM

Start und Ziel: Denpasar | **Länge:** ca. 220 km | **Dauer:** 1 Tag

Diese Tagestour ist wohl die schönste, die man auf Bali unternehmen kann. Sie führt durch faszinierende Landschaften mit lebhaften Dörfern und gastfreundlichen Einwohnern, zudem berührt sie einige der größten Sehenswürdigkeiten auf der Insel. Frühzeitig aufbrechen!

Tour 1

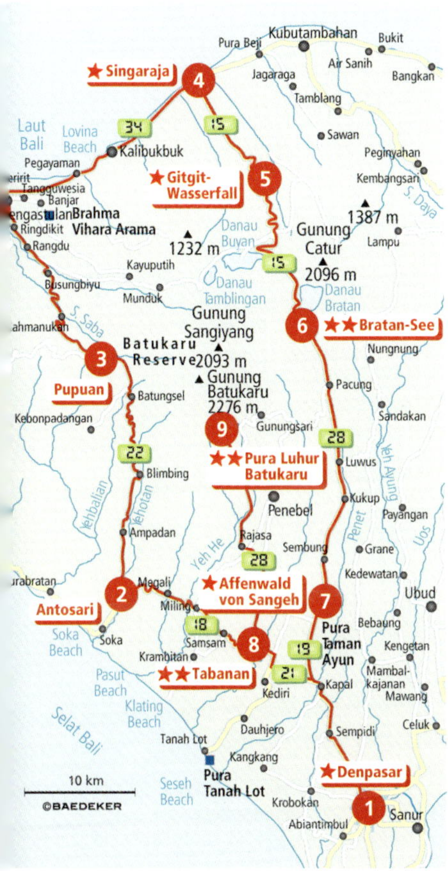

Von 1 ★ **Denpasar** folgt man zunächst der Straße nach Gilimanuk, biegt jedoch nach rund 40 km bei dem kleinen Ort Antosari rechts in Richtung Seririt ab. Von 2 **Antosari** verläuft die Straße durch eine Landschaft von außerordentlichem Reiz. Unterwegs öffnen sich an vielen Stellen der kurvenreichen Bergstraße überraschende Ausblicke auf die kunstvoll angelegten Reisterrassen. Nur wenige Kilometer voneinander entfernt reihen sich die Dörfer, in denen die Reisbauern leben. 3 **Pupuan**, die nächstgrößere Ortschaft, ist bekannt als Zentrum des Gemüseanbaus. Es besitzt aber außer seiner schönen Umgebung keine Sehenswürdigkeiten. Daher empfiehlt es sich, bis zum nördlichen Inselrand nach **Seririt** weiterzufahren.

Landschaftlich sehr reizvoll

Dort biegt man in Richtung 4 ★ **Singaraja** ab und erreicht – etwa um

die Mittagszeit – die zweitgrößte Stadt der Insel mit der bekannten Gedong-Kirtya-Bibliothek. Im Zentrum gibt es einige empfehlenswerte Restaurants. Auf dem Weg zum Bratan-See empfiehlt es sich, etwa nach der Hälfte der Strecke einen Abstecher zu dem imposanten, 35 m hohen 5★**Gitgit-Wasserfall** zu machen. Von dort erreicht man nach rund 15 km den 6★★**Bratan-See,** der traumhaft schön inmitten einer urwüchsigen Tropenlandschaft liegt. An seinem westlichen Ufer taucht der Tempel ★★**Pura Ulun Danu** auf, den man auch mit Booten umrunden kann. Wenn noch Zeit übrig bleibt, sollte man **Bedugul** besuchen, den wundervoll angelegten Botanischen Garten besichtigen und erst dann weiter Richtung Süden fahren.
Ausschlaggebend für die Wahl der weiteren Strecke ist die verbliebene Zeit. Wenn man Bedugul gegen 15 Uhr verlässt, ist es noch früh genug, um die im Folgenden als »Variante« beschriebene Strecke zu nehmen, bevor es nach Denpasar zurückgeht. Als Alternative kann man den Ausflug aber auch mit einem Besuch des 7★**Affenwalds von Sangeh** enden lassen, der rund zehn Kilometer von **Mengwi** entfernt liegt.

Variante

Die etwas zeitintensivere Variante der Tour führt über 8★★ **Tabanan** zur inmitten einer üppigen Dschungellandschaft gelegenen Tempelanlage 9★★**Pura Luhur Batukaru** am Fuß des gleichnamigen Bergs. Man fährt von Bedugul südwärts über Pacung bis zur Abzweigung der Straße 2 (40 km), dann in westlicher Richtung nach Tabanan und erreicht die weitläufige Tempelstätte auf einer gut ausgebauten Straße 28 km weiter nördlich. Tabanan selbst ist bekannt für eines der besten Gamelan-Orchester auf Bali. Von hier nach Denpasar sind es nur noch 21 km, die rasch zurückgelegt sind.

DER SÜDOSTEN

Start: Denpasar | **Ziel:** Amlapura |
Länge: ca. 140 km (hin und zurück) | **Dauer:** 1 Tag

Tour 2

Der im Folgenden beschriebene Tagesausflug führt in den östlichen Teil von Bali; entlang der Strecke befinden sich etliche bedeutende Sehenswürdigkeiten und Shopping-Möglichkeiten.

Vom Shoppen zum Baden

Man verlässt 1★ **Denpasar** über die nach Osten führende Straße in Richtung Celuk bzw. Sukawati. An der Hauptstraße, die durch **Celuk** führt, reihen sich die verlockenden Geschäfte der Silber- und Goldschmiede. Nach etwa 17 km erreicht man den Ort 2**Sukawa-**

ti. Hier gibt es zahlreiche Geschäfte, in denen Kunsthandwerkliches angeboten wird. Der Ort selbst bietet kaum Sehenswertes; im Zentrum liegt jedoch ein »Art Market«, auf dem die Preise meist günstiger sind als in den Touristenzentren rund um Denpasar.

Weiter geht die Fahrt durch eine abwechslungsreiche Landschaft, bevor man **Gianyar** und – nach weiteren 13 km – die Stadt 3★★**Klungkung** mit der überaus sehenswerten Gerichtshalle **Kerta Gosa** erreicht. Von Klungkung wendet sich die Straße wieder dem Meer zu, ab Kusamba folgt sie der Küste. Direkt an der Straße befindet sich das Höhlenheiligtum 4★**Goa Lawah** mit Abertausenden kleiner Fledermäuse am Höhleneingang.

Von hier sind es nur noch wenige Kilometer bis nach 5★ **Candi Dasa,** dem Touristenzentrum im östlichen Inselteil, das man etwa um die Mittagszeit erreicht. Von Candi Dasa bis 6★★**Amlapura** geht die Fahrt weiter durch kleine Dörfer. Die Straße verläuft zunächst am Meeresufer entlang und wendet sich dann ins Landesinnere, wo sie sich stellenweise über Hügel windet und hin und wieder schöne Ausblicke ermöglicht. Amlapura, das einstige Karangasem, bietet eine wichtige Sehenswürdigkeit: den Fürstenpalast Puri Agung Kangingan mit schönen Pavillons in einer wunderschönen Grünanlage.

Nur wenige Kilometer außerhalb von Amlapura laden die herrschaftlichen Bäder von ★★**Tirta Gangga** zu einer Erfrischung ein. Bei klarem Wetter grüßt aus dem Inselinneren Balis höchster Berg, der 3142 m hohe Gunung Agung.

BAEDEKER ÜBERRASCHENDES

6X TYPISCH

Dafür fährt man nach Bali

1. OPFERGABEN

Selbst in den Strandorten bedecken sie die Wege vor den Geschäften, sind die steinernen Götterstatuen mit ihnen geschmückt. Jeden Morgen werden in kleinen, **aus Palmblättern gefertigten Schachteln** die Opfergaben angerichtet: etwas Reis, Blüten, Blätter, mitunter ein Geldstück, eine Zigarette. (▶ **S.197**)

2. LEGONG UND GAMELAN

Fremdartige Klänge, anmutige Bewegungen und kostbare farbenprächtige Kostüme - besuchen Sie eine der Vorführungen und lassen Sie sich ein wenig verzaubern. (▶ **S.222**)

3. MÄRKTE

Es riecht nach überreifen Mangos, auf dem Betonboden liegen zertretene Opfergaben, das **Angebot an Leckereien** ist gewaltig. Doch nicht nur das: Unter all den bunten Stoffen, Schattenpuppen und Korbwaren findet jeder ein Souvenir. (▶ **S.24**)

4. BEACH-CLUBS

Eigentlich braucht es nicht viel, um jene typische Atmosphäre zu erzeugen: bunte Sitzsäcke am Strand verteilt, darüber die balinesischen Tempelschirme, **ein tropischer Drink und chillige Lounge-Musik,** die sich mit dem Rauschen des Meeres verbindet. (▶ **S.142**)

5. MASSAGEN

Bereits Babys kommen in den Genuss sanfter Ölmassagen. Junge Frauen werden von ihren Müttern in der Kunst traditioneller **Wellness-Rituale** unterrichtet. Nicht nur auf Bali, auch auf Lombok gibt es ungezählte Spas ... (▶ **S.16**)

6. BALISTAR

Kennen Sie den Balistar? Nein, damit ist kein Nachwuchssänger gemeint, sondern ein weißer Vogel, **einer der seltensten weltweit:** In Käfigen leben mehr dieser schönen Tiere als in ihrem letzten Rückzugsgebiet, dem Bali-Barat-Nationalpark (▶ **S.182**)

INSELRUNDFAHRT

Start und Ziel: Denpasar | **Länge:** ca. 400 km | **Dauer:** 2 bis 3 Tage

Tour 3

Eine Umrundung der Insel Bali ist nur demjenigen zu empfehlen, der sich auch für den weniger aufregenden Westteil interessiert. Eine Sehenswürdigkeit im eigentlichen Sinne stellt hier »nur« der Bali-Barat-Nationalpark dar; allerdings gibt es in dem Nationalpark nur eine mit dem Auto befahrbare Straße.

Erster Tag

Zwischen Meer und Nationalpark

Man verlässt 1★ **Denpasar** nordwestwärts in Richtung Gilimanuk. Hinter den beiden Orten Sempidi und Lukluk, wo es einige bunt bemalte und reich verzierte Tempel zu sehen gibt, kommt man nach ca. 15 km in den Ort **Kapal** mit den beiden Tempeln Pura Desa und Pura Puseh. Entlang der Hauptstraße reihen sich etliche Läden, in denen aus Zement gegossene Sakralfiguren angeboten werden.

Von Kapal nach 2★★**Tabanan** sind es nur noch 7 km; die Strecke führt durch eine abwechslungsreiche Landschaft, die allmählich zum Inselnorden hin ansteigt. Der Ort ist vor allem als idealer Ausgangspunkt für die Sehenswürdigkeiten in seiner Umgebung bekannt: die Reisfelder von ★★Jatiluwih, den ★★Pura Luhur Batukaru und den Meerestempel ★★Pura Tanah Lot. Einen Abstecher lohnt das meerwärts gelegene Dörfchen **Kerambitan** mit den ehemaligen Fürstenresidenzen Puri Gede und Puri Anyar. Im Puri Gede ist ein außergewöhnlich schönes Hotel untergebracht, das allerdings wegen seiner geringen Anzahl von Zimmern fast immer ausgebucht ist.

Die Straße führt nun weiter in westlicher Richtung entlang der Küste nach 3★ **Negara;** auf dem Weg dorthin passiert man das kleine Städtchen **Pulukan**, wo schöne Sandstrände zu einer kurzen Badepause einladen. Wenige Kilometer weiter erreicht man Negara, das weniger für seine Sehenswürdigkeiten als für das dort alljährlich im November stattfindende Wasserbüffelrennen bekannt ist. Sollte man den Ort just zu dieser Zeit besuchen, lohnt sich natürlich ein längerer Aufenthalt.

Während bei der Weiterfahrt linker Hand das Meer fast ständiger Begleiter ist, erstreckt sich zur Rechten der 4★★**Bali-Barat-Nationalpark.** Das Hauptquartier der Parkverwaltung, in dem die Besuchserlaubnis für den Park erteilt und das Eintrittsgeld bezahlt wird, wurde kurz vor Gilimanuk bei Cekik eingerichtet. **Gilimanuk** besitzt so gut wie keine Sehenswürdigkeiten. Ein kurzer Aufenthalt lohnt sich allenfalls, um das geschäftige Treiben am Hafen, wo die Fähren von und nach Java an- und ablegen, zu beobachten. Die Straße zwischen Gilimanuk und 5**Terima** ist die einzige befahrbare Straße

durch den Bali-Barat-Nationalpark. Es empfiehlt sich, dieses kurze Stück langsam zu fahren und die außerordentlich schöne Landschaft in aller Ruhe auf sich wirken zu lassen.
Weiter auf dem Weg in Richtung Singaraja erreicht man 6 ★ **Pemuteran,** ein lang gestrecktes Straßendorf am Meer vor blau-grau schimmernden Bergen. Direkt am halbmondförmigen und dunkel glänzenden Lavastrand liegen mehr als ein Dutzend Hotels und Gästehäuser, vom großen Fünf-Sterne-Hotel über individuelle Villen bis zu einfachen Unterkünften mit nur wenigen Zimmern. Überwiegend Deutsche genießen das ganz im balinesischen Stil gestaltete »Pondok Sari«, dessen (deutscher) Besitzer schon seit Jahrzehnten in Bali lebt. Angeschlossen an das gut geführte Hotel mit Spa ist eine Werner-Lau-Tauchschule, ein Name, der auf der Insel bei Tauchern einen guten Klang hat. Mit dem Boot geht's zu einer Vielzahl hervorragender Tauchplätze, doch auch wer nur mit Schwimmflossen und Schnorchel das Meer erkundet, kann sich am Fischreichtum der Korallengärten erfreuen. Vor Permuteran liegt die zum Bali-Barat-Nationalpark gehörende, etwa 24 km^2 große Insel Menjangan, deren Unterwasserwelt selbst erfahrene Taucher begeistert.
Kurz vor Singaraja fährt man durch das touristisch gut erschlossene Gebiet ★ **Lovina Beach.** Hier reihen sich entlang der Straße Hotels, Restaurants und Läden. 7 ★ **Singaraja** war während der niederländischen Besatzungszeit Sitz der Kolonialregierung und damit die Hauptstadt Balis. Um genügend Zeit zur Besichtigung der zweitgrößten Stadt der Insel zu haben, empfiehlt es sich, entweder vor Ort Quartier zu nehmen oder am Lovina Beach eine Unterkunft zu suchen und von dort in die Stadt hineinzufahren.

Zweiter Tag

Highlights in und um Amlapura

Vorausgesetzt, man hat in Singaraja oder Lovina Beach übernachtet, sollte man bereits am frühen Morgen des zweiten Tags weiterfahren, um einerseits das erwachende Leben auf den Straßen beobachten zu können und andererseits genügend Zeit zu haben, die Sehenswürdigkeiten in und um Amlapura zu besichtigen. Ein landschaftlich reizvoller Abstecher führt von Singaraja auf der Straße in Richtung Bedugul zum knapp 30 km weiter südlich gelegenen 8 ★ **Gitgit-Wasserfall.** Zurück auf der Küstenstraße Richtung Amlapura, fährt man durch ein landwirtschaftlich genutztes Gebiet; u. a. liegen hier die größten Kaffeeplantagen Balis.
Nach dem Fischerdörfchen Tulampen entfernt sich die Straße von der Küste und man erreicht schließlich 9 ★★ **Amlapura.** Amlapura, das ehemalige Karangasem, wurde beim letzten Ausbruch des Gunung Agung am 17. März 1963 schwer in Mitleidenschaft gezogen. Auf den Trümmern der alten Stadt entstanden neue, moderne und

zweckmäßige Gebäude. An manchen Stellen entdeckt man aber noch rußgeschwärzte Mauern und nicht wieder aufgebaute Häuser, stumme Zeugen der verheerenden Naturkatastrophe. Erhalten blieb jedoch der Fürstenpalast Puri Agung Kanginan, dessen Besichtigung man ebenso wenig versäumen sollte wie den Besuch der ehemals herrschaftlichen Badeanlage ★★**Tirta Gangga**.

Zwar beträgt die Distanz zwischen Amlapura und Klungkung nur knapp 40 km, doch ist es eigentlich fast zu schade, diesen landschaftlich besonders sehenswerten Teil der Insel Bali nur zu durchfahren. Die Straße führt durch teilweise hügeliges Land, an einigen Stellen öffnen sich herrliche Ausblicke auf Meer und Landschaft.

Wenige Kilometer hinter dem touristisch gut erschlossenen Ort ⑩★ **Candi Dasa** liegt direkt an der Straße eines der wichtigsten Heiligtümer auf Bali: der Höhlentempel ★**Goa Lawah.** Schon von Weitem erkennt man die Busse der Reiseveranstalter, die diesen Tempel täglich ansteuern. Die Hauptsehenswürdigkeit ist der Eingang zur Höhle selbst; hier klammern sich Abertausende kleiner Fledermäuse an das nackte Gestein. Bis Klungkung sind es von Goah Lawah nur noch ungefähr zehn Kilometer. ⑪★★**Klungkung** ist vor allem berühmt wegen der Gerichtshalle ★★**Kerta Gosa** und diese wiederum wegen ihrer einzigartigen Gemälde im Wayang-Stil. Nach der Besichtigung des geschäftigen Städtchens geht's zurück nach Denpasar.

EIN KOSMISCHES MANDALA

Das größte buddhistische Heiligtum der Erde befindet sich auf Balis Nachbarinsel Java. Im fruchtbaren Kedu-Tal, umgeben von Vulkanen und grün leuchtenden Reisfeldern, entstand um 800 n. Chr. ein einzigartiger Pilgerort.

Von Vegetation und Vulkanasche verdeckt, war das während der Sailendra-Dynastie errichtete Heiligtum jahrhundertelang vergessen und wurde erst 1804 von Thomas Stamford Raffles wiederentdeckt. 1973 begannen größere Restaurierungsarbeiten; 1991 wurde der Tempelberg von der UNESCO als Weltkulturerbe anerkannt.

Meditationsmandala

Selbst später am Tag, wenn Tausende von Besuchern das Heiligtum besichtigen, kann man die starke Ausstrahlung spüren. Als **steinernes, dreidimensionales Meditationsmandala** wurde **Borobodur** von Steinmetzen geschaffen und von buddhistischen Priestern gesegnet. Aus jeweils einem einzigen Stück Stein wurden 504 lebensgroße Buddha-Figuren und 1460 Relieftafeln geschlagen. Zuvor errichtete man ein quadratisches Fundament mit 123 m Seitenlänge, darauf fünf quadratische und drei runde, sich konzentrisch verjüngende Terrassen sowie eine sich darauf erhebende und die Anlage krönende Stupa mit einem Durchmesser von elf Metern.

Viele Bedeutungsebenen

Zum einen symbolisiert es Meru, den mythischen Weltberg des Buddhismus, zum anderen den Stufenweg der Erleuchtung. Borobodur hat vier Eingänge; wer sie durchschreitet und die Terrassen umrundet, durchläuft damit symbolhaft den Weg eines praktizierenden Buddhisten. Das Fundament zeigt Szenen aus dem Bereich der Begierde, das durch Hass und Verblendung geprägte menschliche Leben.
Die Reliefs auf den quadratischen Terrassen sind dem Leben des historischen **Buddha Shakyamuni** sowie dessen vorangegangenen Existenzen gewidmet. Es folgen die drei runden Terrassen, auf denen 72 aus durchbrochenen Steinen gebildete Stupas die ebenso vielen Buddha-Figuren verhüllen. Es handelt sich um Dhyani-Buddhas, also in der Meditation eingesetzte Buddhas, die die menschlichen Leidenschaften in Erleuchtung und die Erkenntnis der Leerheit aller Phänomene transformieren sollen. Dargestellt sind **Vairocana**, der Unwissenheit über die endgültige Natur der Realität in die Weisheit der absoluten Wahrheit ändert, **Akshobhya**, dessen Realisierung Zorn in spiegelgleiche Weisheit verwandelt, **Ratnasambhava**, der Stolz in die Weisheit der Gleichmut umformt, **Amitabha**, der Gier in unterscheidende Weisheiten transformiert, sowie **Amogasiddhi**, der Neid und Eifersucht in die alles vollbringende Weisheit vollendet. Zu unterscheiden sind diese auch Adi-Buddhas genannten Figuren an ihrer jeweiligen Handgeste (Mudra).
»Borobodur« ist vermutlich die Abkürzung der Sanskrit-Bezeichnung Bhumisambharabhudra, was übersetzt »Berg der Tugenden der zehn Ebenen der Bodhisattvas« bedeutet. Damit steht Borobodur als Bauwerk in der Tradition des Mahayana-Buddhismus, in dem

Mitgefühl zur zentralen Kategorie des Glaubens wird. Als Bodhisattvas bezeichnet man jene, die die Erleuchtung zum Wohle aller fühlenden Wesen anstreben und so nacheinander zehn Stufen der geistigen Entwicklung durchlaufen.
Die heilige Stätte wird traditionell im Uhrzeigersinn umrundet.

Nach Borobodur

Alle Reisebüros auf Bali bieten Arrangements wie eintägige Ausflüge (mit einem Flug nach Yogyakarta am frühen Morgen und dem Rückflug nach Sonnenuntergang) oder einen mehrtägigen Aufenthalt an. Wenn irgend möglich, sollte man sich entschließen, mehrere Tage zu bleiben und Zentraljava zu genießen. Das 40 km von Borobodur entfernte **Yogyakarta** ist eine vibrierende Kunsthandwerkerstadt mit zahlreichen Sehenswürdigkeiten und vielen stilvollen Unterkünften. Zudem gibt dies die Möglichkeit, Borobodur bereits bei Öffnung in aller Frühe zu betreten und den Sonnenaufgang zu erleben.
In der Umgebung des Heiligtums liegen einige kleinere buddhistische Klöster sowie zahlreiche Hindutempel. Highlight eines Borobodur-Besuchs ist die Übernachtung im **Amanjiwo Resort** (Magelang, Tel. 02 93 78 83 33, www.aman resorts.com). Es ist nicht nur perfekt in die faszinierende Vulkanlandschaft eingepasst, sondern spiegelt mit seinen Säulen, Gittern und Bogengängen aus hellem Stein auch die architektonische Gestaltung von Borobodur wider.
In der Nähe von Yogyakarta ist das **MesaStila Wellness Retreat** (Magelang, Tel. 02 98 59 63 33, www. mesahotels andresorts.com/mesasti la), eine auf das frühe 19. Jh. zurückgehende Kaffeeplantage, die mit Abstand schönste Unterkunft. Von den mit Himmelbetten und Antiquitäten ausgestatteten Plantation Villas blickt man auf üppige Vegetation und genießt die nachmittäglichen kulturellen (Musik-)Veranstaltungen sowie den Five o'clock tea.

Auf den obersten Terrassen befinden sich 72 Stupas, die jeweils eine Buddha-Statue beherbergen.

Z
ZIELE

Magisch, aufregend, einfach schön

Alle Reiseziele sind alphabetisch geordnet. Sie haben die Freiheit der Reiseplanung.

Goa Gajah: Was verbirgt sich im Schlund des Dämonen? ►

DILARANG
DUDUK

★★ AMLAPURA

Region: Ostbali | **Höhe:** 2 – 90 m ü.d.M. | **Entfernung:** 80 km nordöstlich von Denpasar | **Einwohnerzahl:** 30 000

Q 6

Wollen Sie zählen? Es sind mehr als 1700 Stufen, die hinaufführen zum Pura Lempuyang, dem Tempel hoch in den Bergen über Amlapura, Balis östlichster Stadt. Diese Lage bedeutet nicht nur grandiose Ausblicke bis hin zum Meer, sondern bewahrte das Heiligtum einst auch vor einer Katastrophe: Der Ausbruch des Gunung Agung im Jahr 1963 und das nachfolgende Erdbeben zerstörten einst die gesamte Stadt

Einstige Fürsten-residenz

Es ist nicht immer einfach, zu Füßen von Balis heiligem Berg, dem Gunung Agung, angesiedelt zu sein: Amlapura oder **Karangasem** genießt das auf Bali bedeutende Privileg, die dem Vulkan am nächsten liegende Stadt zu sein, erlebte andererseits aber auch wiederholt dramatische Zeiten. Einst galt Karangasem als reichstes Königreich Balis. Die Herrscher lebten in großem zeremoniellem Prunk und schufen nicht nur grandiose Wohnresidenzen für sich und ihre weitverzweigten Familien, sondern ließen auch zahlreiche Tempel errichten. Eine besondere Bedeutung genoss das kristallklare Quellwasser, das in den Bergen rund um den heiligen Vulkan Gunung Agung entspringt. Der letzte König von Karangasem, Raja I Gusti Bagus Djelantik, schuf im 5 km entfernten Fischerdorf Ujung um 1919 Taman Ujung, einen wunderschönen Wasserpalast, nämlich eine parkartige Anlage mit Pavillons, Badehäusern und zwei großen, mit Seerosen bedeckten Teichen. Wenige Jahrzehnte später zerstörte die glühend heiße Vulkanasche beim Ausbruch des Gunung Agung die in einer Mischung aus balinesischem und europäischem Stil errichteten Gebäude nahezu vollständig. Mittlerweile hat man den nahe dem Meer liegenden Wasserpalast wieder neu aufgebaut, sehr zur Freude der einheimischen Bevölkerung, die es liebt, zwischen den Teichen zu spazieren, über die kleine Brücke zu laufen und im Balé genannten offenen Bauwerk die alten Fotos der Königsfamilie zu betrachten.

Wohin in Amlapura und Umgebung?

Alter Fürstenpalast

★ Puri Agung Kanginan

Die Anlage des Puri Agung Kanginan an der Straße nach Ujung besteht aus drei Teilen: Im ersten, Bencingah genannt, finden die traditionellen Feste statt, im zweiten befindet sich der Garten, während im dritten und damit innersten Teil die Wohngebäude der Fürstenfamilie stehen. Man betritt sie durch ein auf quadratischer Basis ste-

OBEN: Tirta Gangga, eine Wasserfantasie mit Schwimmbecken, Kois und Lotosblüten

UNTEN: Die Palastanlage Pura Agung Kanginan wurde Ende des 19. Jh.s für die Fürsten von Karangsem erbaut.

AMLAPURA ERLEBEN

GOVERNMENT CULTURAL & TOURISM OFFICE
Jl. Diponegoro, Amlapura
Tel. 03 63 2 11 96

Von Denpasar fährt man bis Sakah, dort biegt man rechts in Richtung Blahbatuh ab, weiter geht es nach Klungkung und dort entlang der Küste vorbei an Candi Dasa. Von Denpasar-Kereneng gibt es mehrmals täglich eine Busverbindung.

In der Umgebung von Bahnhof und Busterminal gibt es einige einfache, aber gute Lokale.

LOSMEN LAHAR MAS €
20 preiswerte und einfache Zimmer, einige von ihnen haben einen schönen Blick auf Reisfelder.
Jl. Gatot Subroto 1, Tel. 03 63 2 13 45

TIRTA AYU €€€
Einzigartig zwischen Reisterrassen und üppigen Gartenanlagen gelegen, wurde der ehemalige Wasserpalast in ein Gästehaus mit fünf im balinesischen Stil ausgestatteten Zimmern umgewandelt. Das Restaurant Tirta Ayu serviert internationale und balinesische Küche
Waterpalace, Tirtagangga
(6 km nordwestlich)
Tel. 03 63 2 25 03
www.hoteltirtagangga.com

hendes Eingangstor, das von zwei Löwen bewacht wird. Wendet man sich nach dem Bezahlen der Eintrittsgebühr nach rechts, gelangt man durch ein zweites Tor in den Garten und dann in den eigentlichen Palastbezirk. Rechts liegt ein künstlicher Teich mit einem Pavillon (Bale Kambang), links davon das mit vielen **Szenen aus dem »Ramayana«** geschmückte Bale.

Im eigentlichen Palastbezirk befinden sich einige bemerkenswerte Gebäude. Das Bale London besitzt nicht nur reich geschnitzte Türen und gut erhaltene bzw. restaurierte Bilder an der Außenfassade sowie im Inneren (ein Blatt mit Erklärungen der Bilder erhält man an der Kasse), sondern bewahrt auch die Instrumente für ein Gamelan-Orchester, die allerdings nur in Anwesenheit des Rajas verwendet werden dürfen. Neben dem Bale London steht das Bale Pemandesan, in dem die rituellen Zahnfeilungen der Raja-Kinder vollzogen werden. In der fürstlichen Audienzhalle Puri Madura, die auch den Namen **»Maskerdam«** trägt, ist Platz für 150 Personen. Sie ist seit dem Tod des letzten Fürsten (1966) verschlossen; man kann jedoch durch die Fenster hineinsehen.

Verlässt man die Palastanlage wieder und überquert die Hauptstraße, stößt man auf etliche weitere Gebäude, die z. T. zum Puri Agung gehören oder Teile zweier alter Paläste (Puri Gede und Puri Kertasura) sind. Einige der Bauten sind aber durch Erdbeben zerstört.

tgl. 9 – 18 Uhr | Eintritt: 5000 Rp.

»Wasser des Ganges«

★★ Tirta Gangga

Auf steinernen Platten balancieren Kinder über den unergründlich grünen Koi-Teich, nebenan liegen Becken, in die aus moosbewachsenen Figuren das Wasser plätschert, überall gibt es die Figuren hinduistischer Gottheiten zu sehen: Auf der ganzen Insel berühmt ist Tirta Gangga, ein **Wasserpalast**, der etwa 6 km nordwestlich von Amlapura liegt. Anak Agung Anglurah, der letzte Fürst von Karangasem, ließ das Meisterwerk, eine weitläufige und umgeben von Reisfeldern liegende Anlage, 1946 erbauen. Das Wasser, das aus einer heiligen Quelle stammt, die auf der oberen Ebene des Tirta-Gangga-Geländes entspringt, steht im Mittelpunkt der tiefen Verehrung, wird nicht nur für die häufigen Tempelfeste der Umgebung und Segenszeremonien benutzt, sondern füllt auch die Wasserbecken. Ein Bad in Tirta Gangga ist für Balinesen deshalb nicht nur eine Freizeitbeschäftigung, sondern stets auch religiös motiviert, dient der äußeren wie inneren Reinigung. Im Stil eines elfstöckigen Meru erbaut, eines Tempeldachs, das auf den mythischen Berg Meru im Zentrum des Universums verweist, ist der elfteilige Nawa Sanga, der auffällige pagodenförmige Brunnen, umgeben von zahlreichen Steinstatuen.

tgl. 7 – 18 Uhr | Eintritt: 20 000 Rp.

Grün in allen Schattierungen

★ Tropische Hügellandschaft

Zwischen ► Candi Dasa und Amlapura führt die Straße durch eine außerordentlich reizvolle tropische Hügellandschaft. Das Gebiet rund um Amlapura wird landwirtschaftlich intensiv genutzt; auf zahlreichen Terrassen wird Reis (► Baedeker Wissen, S. 152) angebaut.

★★ BALI-BARAT-NATIONALPARK

Region: Westbali | **Höhe:** Meereshöhe
Eintritt: 25 000 Rp. | **Fläche:** ca. 77 000 ha

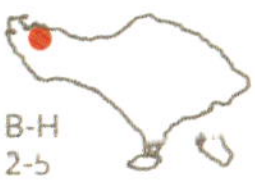

B-H 2-5

Schwer zu sagen, wann die schönste Zeit für einen Besuch ist: morgens, wenn die letzten Nebelschwaden langsam weichen und der Blick frei wird auf die ganze Schönheit der mächtigen Bäume des Regenwalds, oder abends, wenn die Sonne hinter den Mangrovensümpfen untergeht. Fest steht, Balis einziger Nationalpark ist ein Paradies für Pflanzen und Tiere, eine kostbare Gelegenheit für Besucher, auf der dicht bevölkerten Insel weitgehend unberührte Naturlandschaften kennenzulernen.

Wildtier-Refugium

Ein Tiger machte den Anfang, doch erst ein kleiner Vogel führte zur Gründung des Nationalparks: Als den holländischen Kolonialherren bewusst wurde, dass der westliche Zipfel von Bali besonders artenreich ist, hier Tiere siedeln, die es in anderen Teilen der Insel nicht gibt, war dies der Beginn des Nationalparks bzw. seines Vorläufers, eines kleineren Schutzgebietes. Die balinesischen Tiger, die hier den Regenwald durchstreiften, sind längst verschwunden, während der **Balistar**, ein schneeweißer, um die 25 cm großer Vogel (Abb. S. 182, lat. Leucopsar Rothschildi) mit auffälliger Federhaube, noch immer im Park nistet, jedoch nur mit viel Glück zu beobachten ist. Die nach wie vor äußerst bedrohten Vögel, von denen es Ende der 1990-Jahre laut einer Zählung von Wissenschaftlern nur noch wenige frei lebende Exemplare gab, gelten in Indonesien als begehrte Käfigvögel und werden auf dem Schwarzmarkt für viel Geld gehandelt. Heute ist der Balistar, der schon die 200-Rupiah-Münzen schmückte, sozusagen das Maskottchen der Insel, bemühen sich einige Initiativen um den Schutz des Vogels mit den blau umrandeten Augen. Nach einer erfolgreichen Auswilderung der Vögel auf Nusa Penida, einer kleinen Insel südöstlich von Bali, leben dort heute mehrere Hundert dieser schönen Tiere.

1983 erfolgte die offizielle Gründung des **Taman Nasional Bali Barat**, der mit 780 km² den größten Teil Westbalis einnimmt. Nur ein kleiner Teil dieser Fläche ist für Besucher zugänglich, nämlich hauptsächlich der nordwestliche Teil. Im Besucherzentrum können Sie sich über unterschiedliche Trekking-Routen informieren, die durch den Regenwald führen. Denken Sie an feste Wanderschuhe und ein Fernglas, denn unterwegs haben Sie Gelegenheit, zahlreiche der im Park lebenden Vogelarten (insgesamt über 160 verschiedene) zu entdecken. Am besten sind Sie unterwegs mit einem einheimischen Führer, der auf die sich mitunter regungslos zwischen den Bäumen versteckenden Tiere aufmerksam machen kann. Während man die in den Baumkronen herumturnenden Affenfamilien leicht selbst entdeckt, sind nachtaktive Tiere wie z.B. die gefleckten Zibetkatzen nämlich nur mit etwas Glück und viel Erfahrung zu sehen.

Die Hauptstraßen nach Gilimanuk führen durch den Nationalpark, aber für die Durchquerung wird keine Gebühr erhoben. Wer aber im Park wandern oder vor Menjangan (s.u.) tauchen möchte, muss 200 000 Rp. zahlen (+ zusätzlich entstehende Kosten).

Für Liebhaber einer fast unberührten Landschaft

Einzigartige Wildnis

Wanderer können auf den (wenigen) Wegen und Pfaden den nordwestlichen Teil des Nationalparkes erkunden, der südöstliche hingegen ist kaum erschlossen. Um die nordwestliche Halbinsel **Prapat Agung** führt ein rund 25 km langer Wanderpfad, an dem mehrere Schutzhütten liegen – vor allem während der regenreichen Wintermonate eine willkommene Einkehrmöglichkeit.

DEN BALI-BARAT-NATIONALPARK ERLEBEN

Von Denpasar fährt man zum Bali-Barat-Nationalpark westwärts entlang der Küste. Mit Bussen und Bemos gibt es ab Gilimanuk und Singaraja gute Verbindungen. Man erreicht den Park aber auch von dem kleinen Ort Terima aus. Das Hauptquartier der Parkaufsichtsbehörde befindet sich bei Cekik (3 km südlich von Gilimanuk), weitere Stützpunkte sind in Labuhan Lalang und Teluk Terima; hier ist die Gebühr für den Parkbesuch zu bezahlen.

Homestays und Losmen gibt es in Gilimanuk. Unweit vom Hauptquartier der Nationalparkverwaltung liegen einige bescheidene Quartiere. Weitere Auskünfte erteilt:
Indonesian Foresty Service (PHPA)
Bali Barat National Park
Jl. Raya Cekik-Gilimanuk
Cekik 82253
Tel. 03 65 6 10 60
www.tnbalibarat.com

NAYA GAWANA NOVUS RESORT & SPA €€€

Synonym für einzigartiges Naturerleben: am Rand des Nationalparks in der Menjangan Bay gelegenes Boutiquehotel mit 16 zweistöckigen, luxuriös und puristisch ausgestatteten »Lumbung -Suiten« (Wohnzimmer im ersten Stock, Schlafzimmer im Obergeschoss), großem Sonnendeck zum Meer sowie wunderschönen, z. T. offenen Badezimmern mit heißem Thermalwasser.
Banyuwedang, Desa Pejarakan
Gerokpak
Tel. 03 62 9 45 98
www.nayaresorts.com

WAKA SHOREA €€

Das einzige im Nationalpark liegende Hotel vereint Abenteuer und Romantik. Gewohnt wird in luxuriösen, aus Naturmaterialien errichteten Cottages, abends genießen die Gäste beste indonesische Küche mit Bio-Zutaten und tagsüber hat man die Qual der Wahl unter allerlei verlockenden Aktivitäten, vom Trekking bei Sonnenaufgang bis zu Kanutouren und Schnorcheltrips.
Sumber Klampok, Gerokgak
Buleleng
Tel. 03 61 48 40 85
www.shoreabeachresort.com

Balis spannendstes Tauchrevier

★★ Pulau Menjangan

Zum Nationalpark gehört auch die vorgelagerte, in etwa 30 Minuten per Boot erreichbare Insel Menjangan, ein besonderes Highlight, wenn Sie an Schnorcheln und Tauchen interessiert sind. Unter Wasser tummeln sich hier in glasklarem Wasser Rochen und Schildkröten, Doktor- und Engelfische zwischen farbenprächtigen Korallenwäldern. **Schöner und artenreicher ist die Unterwasserfauna nirgendwo auf Bali,** Kenner meinen gar, in ganz Indonesien. Taucher zieht es zu einer Reihe von Korallenriffen zum Steilwandtauchen. Das trockene und unbewohnte Menjangan selbst ist auf den ersten Blick zwar weniger interessant, doch reisen fast täglich zeremoniell gekleidete Balinesen mit dem Boot an, um hier zu beten und Opfergaben darzubringen. Ziel ihrer Wallfahrten ist der Pura Segara Giri Dharma Kencana, ein heiliger Komplex, der aus diversen Tempeln besteht. Bester Ausgangspunkt für Besucher des Bali-Barat-Nationalparks ist ▶ Pemuteran.

★ BANGLI

Region: Zentralbali | **Höhe:** 392 m ü.d.M. | **Entfernung:** 41 km nördlich von Denpasar | **Einwohnerzahl:** 40 000

N 6

Weder die tolle Lage – 500 m hoch in den Ausläufern von Balis zentralem Gebirgsmassiv – noch das frische, etwas kühlere Klima oder die intakte Natur sind es, die die Besucher nach Bangli ziehen. Nein, es ist der Pura Kehen, einer der neun Staatstempel, der alle fasziniert. Bereits sein Name, nämlich »Tempel der Schatzkammer«, ist verheißungsvoll. Dieses Heiligtum, eines unter vielen anderen des Ortes, sollte man gesehen haben.

Ruhiger Marktort

Gewöhnlich ist der Batur in den Morgenstunden noch gut sichtbar, später am Tag verschwindet der Vulkan meist in den Wolken. Obwohl Bangli von Besuchern meist links liegen gelassen wird, ist es doch überaus reizvoll. Als **einstiges und selbstständiges Fürstentum** zehrt die Stadt an den Ausläufern des heiligen Vulkans Gunung Agung noch immer vom einstigen Reichtum.
Ein gewaltiges zeremonielles Tempelfest, dass die Bewohner im Jahr 1204 in Bangli über viele Tage hinweg abhielten, war der Anlass, den Ort erstmals urkundlich zu erwähnen. Glückliches Bangli: Seitdem gab es kaum etwas Wichtiges zu berichten aus Bangli, selbst der hiesige Fürst strebte kaum nach Macht und Einfluss, suchte, wenn es Zeit und Situation erforderten, lieber Rat und Schutz bei den starken Nachbarn von Klungkung.

Wohin in Bangli und Umgebung?

★ Puri Artha Sastra

Einstige Residenz der Fürsten von Bangli
Der Puri Artha Sastra wurde vor einigen Jahren zu einem kleinen Hotel umgebaut; Besitzer ist der junge Fürst selbst. Die Bales sind mit traditionell-balinesischen und chinesischen Malereien verziert; in der hübschen Anlage findet man auch etliche Statuen und Figuren aus

der hinduistischen Mythologie. Beachten sollte man das große Tor, das ins Innere des Palasts führt. Rechts und links vom Tor verdienen die kunstvollen Reliefs besondere Aufmerksamkeit.

Heiligstes Heiligtum

Pura Kehen

Die Bezeichnung »Staatstempel« ist ein allzu nüchternes Wort angesichts des so prächtig und üppig mit Verzierungen ausgestatteten, bald 1000 Jahre alten Heiligtums, das von allen Balinesen mit tiefer Hingabe als **Sitz der Götter** verehrt wird.

Über einen ausladenden Treppenaufgang nähern Sie sich der weitläufigen Anlage. Nachdem Sie die ersten vier Terrassen passiert haben, sehen Sie den grimmig dreinblickenden Kala-Boma-Kopf über dem gedeckten Tor, dessen Fratze mit hervorquellenden Augen und gebleckten Fangzähnen dazu dient, Dämonen und Unruhe stiftende Geister aus dem Tempel zu verjagen.

Auf dem Weg zum zweiten Hof, der sich auf einer weiteren Terrasse erstreckt, ist ein als heilig geltender Stein zu sehen (Batu Keramat). In den beiden Gebäuden hinter dem Gespaltenen Tor (Candi Bentar) werden während der Tempelfeste Schattenfigurenspiele (▶ Baedeker Wissen, S. 221, 228) veranstaltet.

Vor dem innersten Hof und damit heiligsten Bezirk bestechen die in die trennende Mauer eingelassenen Fayencen chinesischer Provenienz. An der Stirnseite des Hofs, die der Bergseite zugewandt ist, befinden sich einige Merus mit einer unterschiedlichen Anzahl Tumpangs – der höchste mit elf Pagodenstufen ist

PURA KEHEN

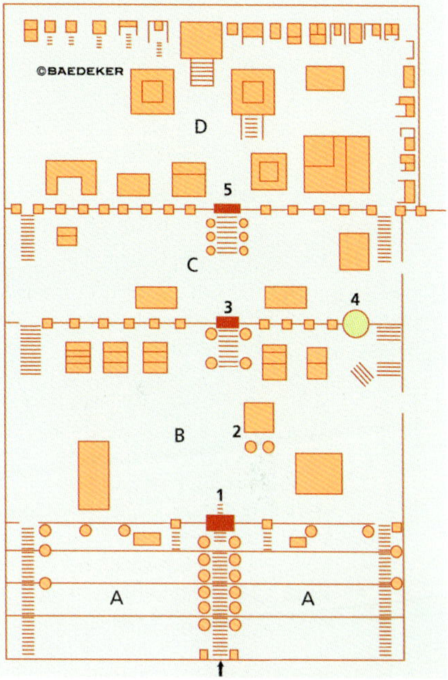

A Vier Terrassen
B Äußerer Vorhof (Jaba Sisi)
C Innerer Vorhof (Jaba Tengah)
D Tempelinneres (Jeroan)
1 Gedecktes Tor (Candi Korung)
2 Heiliger Stein (Batu Keramat)
3 Gespaltenes Tor (Candi Bentar)
4 Waringin-Baum (Kulkul-Basis)
5 Gespaltenes Tor (Candi Bentar)

1 Pasar Malam

1 Artha Sastra Inn

2 Bangli Inn

Shiva geweiht –, außerdem Schreine für Gottheiten sowie Tugus, steinerne Laternen, in denen die niederrangigen Gottheiten ihren Wohnsitz haben.
Vom Innenhof auf der obersten Terrasse eröffnet sich ein **herrlicher Blick über die gesamte Anlage** sowie auf die Bergkulisse.
tgl. 8 – 17 Uhr | Spende erbeten

Von Ahnen und Hexen

Weitere Tempel

Der schöne Tempel **Pura Nataran** an der Hauptstraße von Bangli ist der Ahnentempel der Fürstenfamilie, leider ist er oft nicht zugänglich. Folgt man der Straße, die an der Bemo-Station von Bangli in Richtung Osten weiterführt, trifft man auf den **Pura Dalem Cungkub**, einen der fünf Unterwelttempel von Bangli. An der Straße nach Gianyar und damit im Süden der Stadt liegt der **Pura Dalem Penunggekan** mit seinen besonders schön gearbeiteten Reliefs, bei-

BANGLI ERLEBEN

BANGLI TOURIST OFFICE
Jl. Brigjen Ngurah Rai 30
Tel. 03 66 9 15 37

Von Denpasar geht es nordostwärts über Sukawati bis Sakah, dort biegt man nach rechts ab in Richtung Blahbatuh und fährt weiter über Gianyar nach Bangli. Mit dem Bus gibt es von Denpasar-Kereneng regelmäßig gute Verbindungen. Bemos fahren von Denpasar bis Gianyar; um nach Bangli zu gelangen, muss man dort umsteigen.

1 PASAR MALAM €
Einige gute Warungs (Imbisse, einfache Restaurants) findet man am Pasar Malam (Nachtmarkt) in der Nähe der Bemo-Station; auch tagsüber gibt es in der Marktgegend einige Imbissstände.

1 ARTHA SASTRA INN €
14 sehr unterschiedliche Zimmer findet man hier – teils im alten Fürstenpalast, teils in einfachen Bungalows. Das Hotel liegt direkt gegenüber der Busstation.
Jl. Merdeka 5
Tel. 03 66 9 11 79

2 BANGLI INN €
Einfache, saubere Unterkunft mit zehn Zimmern um einen Innenhof.
Jl. Rambutan 1
Tel. 03 66 9 14 19

spielsweise den **Hexen** am sog. Flammentor. Außerhalb des Tempels befinden sich der Kremationsplatz und ein chinesischer Friedhof.

»Traditional Village«

★ Penglipuran

Das kleine Dorf Penglipuran steht inzwischen auf dem Programm vieler Reiseveranstalter. Ob diese Tatsache etwas an dem faszinierenden Charme des Dorfs und seiner rund 750 Einwohner ändern wird, bleibt abzuwarten. An der Zufahrtsstraße jedenfalls versammeln sich schon Kinder und Jugendliche, um Besucher durch das Dorf zu führen, nachdem man die obligatorische Spende entrichtet und sich ins Gästebuch eingetragen hat. Penglipuran liegt etwas abseits des Weges in einer prächtigen, fast urwüchsigen Landschaft an der Straße von Bangli nach Kintamani.
Etwa 5 km nördlich von Bangli weist ein Schild mit der Aufschrift »Traditional Village« den Weg. Die im traditionell-balinesischen Stil erbauten Gehöfte von Penglipuran reihen sich links und rechts der Straße, die das in Terrassenform angelegte Dorf durchzieht. Zwischen der Straße und den Häusern verlaufen schmale Kanäle, die der Entsorgung dienen. Die Familientempel, von denen jedes Gehöft einen besitzt, sind zum Gunung Agung hin ausgerichtet. Am oberen Ende der gepflasterten Straße steht der Dorftempel **Pura Desa**, der

einem Tempel in Bayung Gede (bei Kintamani, ▶ S. 55) exakt nachgebildet ist. Die älteren Bewohner von Penglipuran behaupten nämlich, dass ihre Vorfahren aus Bayung Gede stammen. Das würde bedeuten, dass es sich bei Penglipuran um eine jüngere Siedlung handelt. Am unteren Ende der Straße liegt rechts am Waldrand ein weiteres Heiligtum mit kunstvoll gearbeiteten Figuren am Sockel. Lässt man sich von Kindern oder Jugendlichen durch Penglipuran führen, stehen im Allgemeinen auch die Eingänge zu dem einen oder anderen Gehöft offen. Besucher werden gern gesehen und überall freundlich begrüßt. Die Einwohner von Penglipuran leben in erster Linie von der Land- und Forstwirtschaft; einige arbeiten auch als Künstler.

★★ BATUR-SEE

Region: Nordbali | **Höhe:** 1452 m ü.d.M. |
Entfernung: 40 km nördlich von Ubud

N/O
3/4

In 1450 m Höhe am Südwestrand des Batur-Vulkankraters wird es dramatisch-schön: Hier können Sie die Caldera und den sich unten ausbreitenden Kratersee Danau Batur überblicken, an klaren Tagen bis zur Nachbarinsel Lombok schauen.

»Schöne Aussicht«

Kein Wunder, dass Penelokan (»schöne Aussicht«) ein beliebtes Ziel für Wanderer und Trekking-Touristen ist. Unvergesslich ist natürlich auch eine Besteigung des Gunung Batur, die Sie jedoch nur in Begleitung eines lokalen Guide unternehmen sollten. Penelokan lag einst – wie auch das Dorf Batur (▶ S. 55) – unmittelbar am Fuß des Gunung Batur. Geduldig nahm die Bevölkerung die durch Ausbrüche des Vulkans in den Jahren 1917 und 1926 verursachten erheblichen Schäden hin, bevor sie sich nach dem letzten Ausbruch im Jahr 1963 – der sich ungefähr zeitgleich mit jenem des Gunung Agung ereignete – entschloss, das Dorf am Rand des Kraters, wieder aufzubauen.

Wohin in Penelokan und Umgebung?

Ausgangspunkt für Vulkanwanderungen

★ Zum Gunung Abang

Penelokan besitzt außer dem prächtigen Blick auf den Vulkan Gunung Batur und über den Batur-See keine Sehenswürdigkeiten mehr; sie wurden bei den letzten Ausbrüchen von 1926 und 1963 gänzlich zerstört. Darunter befand sich auch der Tempel, in dem ein der Göttin Dewi Danu geweihter und wegen ihrer Funktion als Schutzgöttin des

DEN BATUR-SEE ERLEBEN

Nach Penelokan geht's von Denpasar aus zunächst bis Bedulu, dort nimmt man die Straße in Richtung Batur-See. Mehrmals täglich verkehren Busse von Denpasar-Kereneng. In allen größeren Orten bieten Bemos und Busse Fahrten nach Penelokan bzw. Kintamani an.

LAKE VIEW RESTAURANT €€

In dem Hotelrestaurant gibt es zur landestypischen Küche einen herrlichen Blick auf den Gunung Batur und den Kratersee.
Lake View Hotel
Penelokan, Kintamani
Tel. 03 66 5 25 25

LAKE VIEW HOTEL €€

In fantastischer Lage am Kraterrand bietet das »Lake View« stilvoll eingerichtete Zimmer mit Blick auf Vulkan und See. In dem Hotel können zahlreiche geführte Wanderungen und Exkursionen in die Umgebung gebucht werden. Regelmäßig finden kulturelle Veranstaltungen statt.
Penelokan, Kintamani
Tel. 03 66 5 25 25
www.lakeviewbali.com

Der Batur-See ist bis zu 100 m tief und für balinesische Verhältnisse mit 20 Grad Wassertemperatur recht kühl.

BAEDEKER MAGISCHE MOMENTE

BLICK AUF DEN KRATERSEE

Nebelschwaden liegen über dem Danau Batur, diesem gewaltigen Kratersee des Vulkans Gunung Batur im zentralen Hochland. Wir sind zu Besuch bei Devi Danau, der Göttin des Sees. All die dunklen, mystisch anmutenden Schreine um den See sind ihr gewidmet. Und wir dürfen alles genießen: den Nebel, den See, das Panorama dieser einzigartigen Berglandschaft ...

Meeres und der Gewässer im Batur-See hoch verehrter Schrein untergebracht war; wie durch ein Wunder wurde er allerdings von den Lavamassen verschont und steht heute im Pura Ulun Danu Batur (s.u.).
In dem Dorf gibt es zahlreiche Restaurants, Souvenirläden und -stände, dazu gesellen sich ungezählte Andenkenhändler, die die Besucher gelegentlich auch bedrängen.
Penelokan ist ein guter Ausgangspunkt für die etwa vierstündige Bergwanderung auf den Vulkan **Gunung Abang**, der mit 2153 m mehr als 400 m höher ist als der am gegenüber liegenden Ufer des Batur-Sees aufsteigende Gunung Batur, den man gleichfalls von Penelokan aus besteigen kann.

Einer der größten Vulkankessel der Erde

★★ Danau Batur (Kratersee)

Der Batur-Krater, der sich über eine Fläche von etwa 140 km² ausdehnt, entstand vor Millionen von Jahren durch den Einsturz der Magmakammer, nachdem sich der Vulkanschlot durch eine Eruption teilweise entleert hatte. Etwa im Zentrum der Caldera füllte sich der Batur-See, der heute eine Tiefe von bis zu 100 m aufweist.

Wunderbare Aussichten

★ Gunung Batur

Eine Tour auf den Gunung Batur (auch Gunung Lebah = »Berg in der Tiefe«) ist selbst für wenig Geübte in höchstens drei Stunden zu bewältigen, vorausgesetzt, man hat, wegen des lockeren Lavagesteins, feste Schuhe an. Da der Berg oft bereits in den Vormittagsstunden mit dichten Wolken verhüllt ist, sollte man sehr früh aufbrechen.
Von Penelokan geht's zunächst die Straße hinab nach Kedisan und zu dem für seine heißen Schwefelquellen bekannten Ort **Toya Bungkah** am westlichen Ufer des Kratersees.
Südlich von Toya Bungkah führt ein **gut ausgeschilderter Weg** hinauf auf den Vulkan. Während des Aufstiegs durch eine grandiose Landschaft sollte man den Weg nicht verlassen, da abseits Gefahren durch Fumarolen lauern. Vom Gipfel bietet sich ein schöner Ausblick auf die karge, von bizarrem Lavagestein gebildete Landschaft, das Tal und den gegenüber liegenden Gunung Abang. Wer um den Gunung Batur herumwandern will, sollte absolut schwindelfrei sein: Der Weg führt an einigen Stellen über Felsgrate, von denen man in tiefe Abgründe blickt.
Der Aufstieg zum Gunung Batur ist alternativ von dem Dorf Pura Yati ebenfalls in etwa drei Stunden möglich. Die Wanderung auf den Vulkan sollte aus Sicherheitsgründen mit ortskundiger Begleitung durchgeführt werden. Es finden sich genügend Balinesen, die daran interessiert sind, Besucher zu führen.

Unterhalb des Kraterrands

★ Pura Ulun Danu Batur

Verlässt man Penelokan auf der Straße Nr. 35 in nordwestlicher Richtung, so erreicht man nach 6 km kurz vor dem lang gestreckten, belebten Marktort Kintamani das Dorf **Batur** mit der bedeutenden Tempelanlage Pura Ulun Danu Batur. Die Bauten gruppieren sich um einen der Göttin der Seen und Flüsse, Dewi Danu, geweihten Schrein in Form eines elfstufigen Merus, der von den Vulkanausbrüchen 1926 und 1963 verschont geblieben ist. Weitere Merus bilden vor allem in den Morgen- und Abendstunden eine **eindrucksvolle Kulisse**.
Die Anlage aus schwarzem Lavagestein wurde jahrelang restauriert und erweitert und umfasst heute neun Haupttempel mit insgesamt 285 Schreinen und Pavillons, die den hinduistischen Gottheiten Shiva, Brahma und Vishnu geweiht sind. Bemerkenswert sind die dargestellten Dämonen im Eingangsbereich, die als Wächter und Beschützer vor bösen Geistern gelten. Von der Tempelanlage hat man einen herrlichen Blick auf die umliegende Bergwelt.
Batur wurde schon 1917 von Vulkaneruptionen bedroht und neun Jahre später durch Lavamassen teilweise zerstört. Daraufhin verließen die Einwohner ihren Heimatort und bauten neue Häuser an einer höher gelegenen Stelle, die ihnen ungefährdeter schien. Als der Gunung Batur 1963 erneut ausbrach, bewährte sich diese Umsiedlung: Der Lavastrom erreichte das Dorf nicht.

Höchstgelegenes Heiligtum auf Bali

★ Pura Tegeh Koripan

Etwa fünf Kilometer nördlich von Kintamani erreicht man auf dem Berg **Penulisan** (1745 m) die Tempelanlage Pura Tegeh Koripan. Zu der Anlage führt ein Weg mit ca. 350 Stufen; an den Aufstieg sollten sich deshalb nur Besucher mit entsprechender Kondition wagen. Empfehlenswert ist es, dafür die frühen Vormittags- oder die späten Nachmittagsstunden zu nutzen.
Die Tempelanlage, von der man einen guten Blick über die umliegende Landschaft genießt, stammt aus dem 11. Jh. und diente vermutlich als Reichstempel der Warmadewa-Dynastie aus Pejeng. Man betritt den Pura Tegeh Koripan durch zwei Gespaltene Tore; vor dem Eingang linker Hand ist ein **Stein in Würfelform** interessant, der zusammen mit einem nur noch fragmentarisch erhaltenen Lingam hoch verehrt wird. Im Inneren des Tempels stehen etliche Bale, in denen steinerne Figuren aufbewahrt werden; einige stammen vermutlich aus der hindu-javanischen Zeit auf Bali. Beachtenswert sind Figuren des Götterpaars Vishnu und Lakshmi, die in ihren Händen eine vierblättrige Lotosblüte halten. Ebenso interessant sind Figuren, die Shiva, Parvati, Ganesha und einen vierköpfigen Brahma zeigen. In der Mitte des Hofs steht ein Thron, auf dem Shiva, der Herr der Berge, Platz nimmt, wenn er kultischen Handlungen beiwohnt.

Abgeschiedene Ecke

Trunyan

Das Dorf Trunyan am Ostufer des Batur-Sees ist von Toya Bungkah aus mit dem Motorboot in 20 Minuten zu erreichen. Es wird von **Alt-Balinesen** (Bali Aga) bewohnt, die relativ traditionell leben und erst seit jüngster Zeit am Tourismus teilhaben.

★★ BESAKIH

Region: Zentralbali | **Höhe:** 980 – 1011 m ü.d.M.
Entfernung: 40 km nordwestl. von Candi Dasa

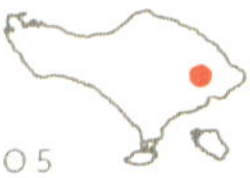

O 5

Auf den ersten Blick wirkt der heilige Ort mit seinen vielen Souvenirläden und Guides fast enttäuschend. Wählen Sie zügig eine sympathische Begleitung, dann haben Sie Ruhe, und ausgestattet mit dem obligatorischen Sarong können Sie die Stufen zum Heiligtum erklimmen. Ganz oben ist die Atmosphäre unbeschreiblich.

Balis größten Tempelkomplex besuchen Sie am besten am Morgen oder späten Nachmittag, wenn die in Bussen anreisenden Touristen und Pilger noch nicht da bzw. schon wieder weg sind. Das Tragen von

In 900 m Höhe am Südwesthang des Gunung Agung gelegen, ist Pura Besakih von allen Tempeln auf Bali den Göttern am nächsten.

Sarong und Tempelschal ist obligatorisch. Sind Sie ohne Gruppe unterwegs, so buchen Sie einen Guide (alle sprechen vorzügliches Englisch, einige auch Deutsch) beim Kauf des Eintrittstickets, das erspart Ihnen, dass sich andere Führer an Ihre Fersen heften, und Sie erfahren allerlei Spannendes und Überraschendes über Balis heiligsten Ort. Rechnen Sie mit recht aufdringlichen Souvenirverkäufern und einer rummeligen Atmosphäre im Eingangsbereich. Je höher Sie steigen (auf einem Pfad, der nur an wenigen Stellen verlassen werden darf), desto ruhiger wird es. Ein heiliger Ort? In Höhe der Wolken ist das schon zu spüren.

Bedeutendstes Heiligtum Balis

★★ Pura Besakih

Tempelanlage: tgl. 8 – 18 Uhr | **Eintritt:** 15 000 Rp.

Gegründet wurde der Pura Besakih vermutlich schon im 8. Jh., **möglicherweise als buddhistisches Heiligtum,** da Bali zu jener Zeit noch nicht hinduisiert war. Die Überlieferung berichtet von einem Shiva-Priester namens Sri Markhadeya, der hier ein Heiligtum errich-

Größter Tempelkomplex

»MUTTER ALLER TEMPEL«

An der Südwestflanke des heiligen Vulkans Gunung Agung, der als Sitz der Götter und Mittelpunkt des Universums angesehen wird, liegt die Tempelanlage Pura Besakih, die als »Mutter aller Tempel« auf Bali verehrt wird. Es handelt sich aber nicht um einen einzelnen Tempel, sondern um eine in Terrassenform erbaute Anlage von mehr als 30 Einzelkomplexen mit über 200 verschiedenen Gebäuden. Dargestellt ist hier das Zentrum der Anlage von Besakih, der Pura Penataran Agung.

1 Gespaltenes Tor
Über eine breit ausladende Freitreppe und durch ein »Gespaltenes Tor« (Candi Bentar) gelangt man in den ersten von fünf Tempelbezirken, die durch unterschiedlich hohe Mauern aus Lavagestein voneinander getrennt sind. Links und rechts des Tors steht je ein Glockenturm (Kulkul); von hier aus kann man einen Blick in den Innenhof werfen, der von Nicht-Hindus nicht betreten werden darf.

2 Haupthof
Durch ein »Gedecktes Tor« betritt man den zweiten Tempelbezirk mit dem Ehrensitz und einigen Bale, wo sich die Dorfältesten versammeln, bei Festen Gamelan-Orchester spielen oder Opfergaben vorbereitet werden. Hoch empor ragen ein elf- und ein neunstöckiger Meru.

3 Ehrensitz
Das bedeutendste Heiligtum des gesamten Tempelkomplexes von Besakih ist ein dreisitziger Lotosthron (Sanggar Agung), der Sanggyang Widi Wasa in seiner Manifestation als Hindu-Trinität Brahma – Vishnu – Shiva als Ehrensitz während des Bhatara Turun Kabeh dient.

4 Innere Höfe
Auf den höher gelegenen Terrassen stehen verschiedene Bale, die priesterlichen Ritualen vorbehalten sind, und einige drei- bis elfstufige Meru, Schreine für Götter, Ahnen und Geister.

5 Tempelschatz
Im sog. Kehen werden die Tempelschätze, u. a. alte Holzinschriften, aufbewahrt.

4
3
2
5

BESAKIH ERLEBEN

BESICHTIGUNG

Geöffnet ist die Tempelanlage täglich. 8 – 19 Uhr. Der Eintritt beträgt 15000 Rp. pro Person, Guides gibt es offiziell ab 60 000 Rp. Da es in den letzten Jahren viele Beschwerden gab, Pura Besakih sei zu touristisch und man würde von Führern förmlich belagert, hat sich die Situation nun wesentlich entspannt.
Vom Parkplatz führt eine 800 m lange, von Souvenirläden gesäumte Allee zur Tempelstätte. Etliche Bereiche des Tempels sind im Regelfall für nichtgläubige Besucher unzugänglich (v. a. bei Festvorbereitungen). Durch die Anlage führt jedoch ein gut ausgeschilderter Fußweg, der aber nicht verlassen werden darf.

Die meisten Besucher kommen mit Reisebussen, mit dem Taxi oder mit dem eigenen Fahrzeug. Von Denpasar nordostwärts bis Klungkung, von dort auf der nordwärts abzweigenden Straße bis Rendang und weiter nach Besakih (ca. 63 km). Regelmäßige Busverbindungen von Denpasar-Kereneng bestehen bis Klungkung; von dort verkehren Bemos.

BHATARA-TURUN-KABEH-FEST

Die Legende besagt, dass alle balinesischen Götter einmal im Jahr von den Höhen des Gunung Agung heruntersteigen und im Tempel von Besakih wohnen. Dieses Ereignis feiern die Balinesen als Bhatara-Turun-Kabeh-Fest (März/April).

EKA-DASA-RUDRA-FEST

Im Pura Besakih wird außer dem jährlichen Tempelgeburtstag (Odalan-Fest) alle hundert Jahre das Eka-Dasa-Rudra-Fest, das wichtigste balinesische Tempelfest, abgehalten. Es wurde zuletzt 1979 begangen und damit außerhalb des gewohnten Rhythmus. Dies hatte einen gewichtigen Grund: Während der Vorbereitungen zum eigentlichen Termin im Jahr 1963 brach der Vulkan Gunung Agung aus, den man bis dahin für erloschen gehalten hatte. Die tagelangen schweren Eruptionen forderten mehr als 2500 Menschenleben und vernichteten zahlreiche Dörfer in der Umgebung.

Günstige und einfache (Mehrbett-) Unterkünfte, sog. Losmen, für Reisende, die wenig Wert auf Ausstattung und Komfort legen, finden sich außerhalb von Besakih an der Straße nach Menang, einige nahe dem Tempeleingang im Bereich der Souvenirstände. Dort liegen außerdem mehrere einfache Warungs, die preiswerte und durchaus schmackhafte indonesische Gerichte anbieten.

tet haben soll. Die wesentlichen Teile des Tempels stammen wohl aus dem 10. Jh. und wurden von dem Herrscher Kesari Warmadewa erbaut. Zur Tempelanlage führt eine breite Allee bergan, die nicht mit dem Auto befahren werden darf. Links und rechts reihen sich zunächst die Geschäfte der Devotionalien- und Andenkenhändler, bevor die ersten der **kleineren Familientempel** zu sehen sind. Nicht nur die alten Fürstengeschlechter unterhalten hier Tempel, auch Sippen und Dorfgemeinschaften haben Schreine und Altäre errichtet, um ihre Verbundenheit mit der heiligen Stätte zu bekräftigen. Damit gilt Besakih als **Symbol der Hindu-Dharma-Religion,** die aus der Verschmelzung des alten Glaubens der Ureinwohner Balis und des Hinduismus entstand. Auch in Zukunft wird die Zahl der Tempel vermutlich steigen, denn wenn eine Familie auf Bali eine gewisse Bedeutung erlangt hat, errichtet sie einen eigenen Ahnentempel innerhalb des Pura Besakih.

Drei Hauptheiligtümer, um die sich jeweils kleinere Nebentempel gruppieren, gliedern die gesamte Anlage. Sie stehen für die hinduistische Dreieinigkeit: den Schöpfer der Welt Brahma, Vishnu als Lebensspender und Bewahrer sowie Shiva, den Todbringer und Zerstörer. Das spirituelle Zentrum ist der **Pura Penataran Agung,** in dem Sangyang Widi Wasa als Inkarnation Shivas verehrt wird. Ein recht steiler, von Figuren aus dem indischen Epos »Mahabharata« (▶ S. 231) bewachter Treppenaufgang führt zu einem **Gespaltenen Tor**, durch das nur Hindus das Innere der Anlage betreten dürfen. Man kann aber einen Blick in den ersten Tempelbezirk werfen, wo sich in nebeneinander liegenden, ummauerten Höfen etliche Profanbauten erheben, in denen vor dem großen Tempelfest die Opfergaben zubereitet werden. Steht ein Tempelfest an, kann man diese Vorbereitungen schon einige Tage zuvor beobachten. **Nicht-Hindus** bleibt ansonsten nur die Möglichkeit, das Heiligtum von außen zu besichtigen, was aber **aufgrund der niedrigen Umfassungsmauern leicht möglich** ist. Für den Unterhalt der Heiligtümer im Pura Panataran Agung sorgen die Fürstenfamilien bzw. deren Nachkommen: für die Vishnu-Opferstätte die Rajas von Bangli, für die Brahma-Opferstätte jene von Karangasem (Amlapura) und für die Shiva-Opferstätte die Rajas von Klungkung.

Die beiden anderen Hauptheiligtümer liegen zu beiden Seiten des Pura Penataran Agung: der **Pura Batu Madeg**, der Vishnu geweiht ist, in westlicher Richtung; östlich der **Pura Dangin Kreteg**, in dem Brahma verehrt wird. An besonderen Festtagen werden die Schreine in den Symbolfarben der Götter geschmückt: rot für Brahma, weiß für Shiva und schwarz für Vishnu.

★★ Besteigung des Gunung Agung

Auf den höchsten Berg der Insel

Anstrengende Bergtour

Eine Besteigung des Gunung Agung (3142 m), der auch als Sitz von Shiva betrachtet wird, ist von mehreren Seiten her möglich, so z. B. von Besakih, von ▶ Amlapura (ca. 6 Std.) oder von Sebudi (bei Selat; ca. 7 Std.).

Nachstehend ist die südwestliche Route von Besakih beschrieben, die allerdings eine gute körperliche Konstitution erfordert. Da es keine Schutzhütten gibt, in denen man übernachten könnte, müssen Auf- und Abstieg an einem Tag absolviert werden (nachts und am frühen Morgen kann es empfindlich kalt werden!).
Wichtig sind festes Schuhwerk, wetterfeste Kleidung, Proviant und ein ausreichender Wasservorrat. Vom ausgeschilderten Weg abzuweichen kann in diesem Vulkangebiet lebensgefährlich sein! Auch erfahrene Bergwanderer sollten sich einem ortskundigen Führer anvertrauen. Eine Besteigung des Gunung Agung sollte möglichst früh beginnen, d. h. etwa gegen 2 Uhr nachts. Allein für den Aufstieg benötigen selbst geübte Bergwanderer zwischen sechs und neun Stunden; der Abstieg dauert nochmals mindestens fünf Stunden.
Der anfangs relativ flache, später steiler werdende Weg beginnt beim Haupttempel des Pura Besakih und führt zunächst durch dichte Wälder. Nach rund fünf Stunden erreicht man eine Felswand, die Kori Agung genannt wird und als **Eingangstor zur Gipfelregion** gilt. Bis zum Rand des Vulkankraters, dessen Innenwände bis zu 100 m tief abstürzen, sind es nochmals zwei bis drei Stunden. Der nun noch mühseligere Aufstieg wird durch **fantastische Ausblicke** über weite Teile der Insel Bali belohnt.

★★ BRATAN-SEE

Region: Zentralbali | **Höhe:** 1224 m ü.d.M. |
Entfernung: 30 km südlich von Singaraja

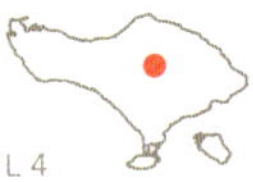
L 4

Diese Kulisse kennen Sie doch! Wie zwei Seerosen schweben die beiden Inseln mit ihren Brahma und Vishnu gewidmeten Tempeln auf der spiegelglatten, tiefblau schimmernden Oberfläche des Bratan-Sees. Tatsächlich gehört das in den Bergen liegende Bedugul zu den beliebtesten Ausflugszielen Balis und schmückt so manche Postkarte. Auf dem Markt werden zuckersüß schmeckende kleine Erdbeeren verkauft, im Botanischen Garten spielen Kinder Verstecken zwischen jahrhundertealten Baumriesen und der hiesige Golfplatz ist einer der schönsten Indonesiens.

Schöne Aussichten

Die Lage hoch in den Bergen sorgt für ganzjährig frühlingshafte Temperaturen. Morgens weicht der Nebel nur zögernd und während der Nacht kann es recht kühl werden. Die häufigen, nachmittäglichen Regenfälle lassen die Vegetation üppig gedeihen. Juwel des kleinen Ortes ist der **Danau Bratan**, der unergründlich blau schimmernde See mit seiner stets spiegelglatten Oberfläche, an dessen Südseite Bedugul liegt. Der See, umrahmt von einer grandiosen Landschaft, in dessen Zentrum sich der 2020 m hohe **Gunung Bratan** erhebt, liegt in einem erloschenen Vulkankrater.

Rund um den Bratan-See

Balis meistfotografierter Tempel

★★ Pura Ulun Danu Abb. S. 179

Auf zwei winzigen Inselchen im See und auf einer Landzunge thronen die Tempel des Pura Ulun Danu. Besonders in den frühen Morgenstunden besticht die Anlage mit **magischer Schönheit**. Der »Tempel über der Quelle« ist für Balinesen ein bedeutendes Pilgerziel. Die einheimischen hinduistischen Besucher sehen in ihm das Zentrum, das ihre Reisfelder mit Wasser versorgt, den Reisanbau überhaupt erst ermöglicht. Vier Gruppen von Schreinen und vier die Himmelsrichtungen symbolisierenden Tore kennzeichnen den Pura Ulun Danur. Auf dem See liegen die (nicht zugänglichen) Shiva und Vishnu gewidmeten Tempel, während ein Brahma geweihter Tempel die Landzunge einnimmt. Besonders auffällig ist der elfstufige Meru, der das Eiland überragt, gewidmet Shiva und dessen Gefährtin, der Muttergöttin Parvati. Für die Balinesen allerdings bedeutender ist der auf der zweiten Insel liegende dreistufige Meru, Shivas Erscheinungsform als Seegöttin Devi Danu geweiht. Beim Eingang zum ersten Tempelhof treffen Sie auf einen buddhistischen Stupa mit Statuen mehrerer Buddhas in Samadhi, nämlich tiefer Meditation.

tgl. 8 – 18 Uhr | Eintritt: 30 000 Rp.

Oberhalb des Bratan-Sees

★ Botanic Gardens

Neben dem Markt von Candi Kuning liegt die Einfahrt zum knapp 160 ha großen **Eka Karya Botanic Garden** (Kebun Raya). Innerhalb der schönen Anlage wachsen Bäume, Sträucher und Pflanzen aus verschiedenen Regionen Asiens. Außerdem gibt es ein Herbarium mit einigen Exemplaren tropischer Blumen. Von manchen Stellen im Park hat man einen schönen Blick auf den Bratan-See und die umliegende Bergwelt.

tgl. 8 – 18 Uhr | Eintritt: 7500 Rp. | www.kebunrayabali.com

Tolle Ausblicke auf die beiden Seen

★ Tamblingan- und Buyan-See

Verlässt man Bedugul in nördlicher Richtung und fährt durch das kleine Bergdorf Wanagiri, kommt man zunächst am Buyan-See vorbei und erreicht nach ca. 11 km eine Abzweigung, die zu dem Ort Asah Munduk am Ufer des Tamblingan-Sees inmitten einer faszinierenden tropischen Landschaft führt. Das Heiligtum **Pura Gubug Tamblingan** an seinem Ufer, Ahnentempel der Raja-Familie von Buleleng, sollte man unbedingt besuchen.

DEN BRATAN-SEE ERLEBEN

Von Denpasar führt die Straße nordwärts in Richtung Singaraja (49 km), von dort beträgt die Entfernung noch ca.30 km. Mit dem Bus gibt es mehrmals täglich gute Verbindungen von Denpasar-Ubung bzw. von Singaraja. Bemos fahren ab Denpasar-Ubung.

HANDARA GOLF & RESORT BALI

Ein großes Gespaltenes Tor, wie Sie es von den Tempeleingängen kennen, markiert den Beginn des in einem einstigen Vulkankrater gelegenen 18-Loch-Golfplatzes, umgeben von tropischer, Regenwald-ähnlicher Vegetation, die von Dutzenden von Gärtnern in Schach gehalten wird.

Greenfee ca. 100 € (bzw. 60 € für 9-Loch) für Hotelgäste 60 € (bzw. 55 €).

Desa Singaraja-Denpasar, Pancasari, Tel. 0362 3 42 26 46

tgl. 6 - 22 Uhr

www.handaragolfresort.com

BALI TREETOP ADVENTURE PARK

Schon die Lage inmitten des gewaltigen tropischen Parks ist toll, die gepflegten, gut unterhaltenen sieben

Zur Anlage des Pura Ulun Danu gehört ein mehrstufiger Meru, dessen Silhouette sich malerisch vor den oft wolkenverhangenen Bergen abzeichnet.

Parcours in unterschiedlichen Schwierigkeitsstufen mit Hängebrücken und Adrenalin-steigernden Attraktionen wie »Tarzan-Jump« und »Flying Fox« sind ein Spaß für die ganze Familie.
Botanischer Garten
Candi Kuning
Tel. 0361 9 34 00 09
www.balitreetop.com, tgl. 9.30 – 18 Uhr, 25 € (bis 12 Jahre 16 €)

STRAWBERRY HILL €€

Das Restaurant des kleinen Gästehauses südl. der Stadt serviert v. a. balinesische Klassiker: Nasi Goreng, Satay-Spießchen mit Erdnusssauce und Krabbenchips (Kroepoek).
Jl. Raya Denpasar-Singaraja, Km 48
Tel. 03 68 2 12 65
www.strawberryhillbali.com

DE DANAU LAKE VIEW RESTAURANT €€

Die reichhaltige indonesische Küche und Fischspezialitäten vom Holzkohlengrill sorgen für viele Gäste. Da der große Innenraum mit den bodentiefen Fenstern zum Bratan-See etwas stickig und meist voll ist, sucht man sich einen Platz auf der Terrasse, vorausgesetzt man hat ein Tuch bzw. eine Jacke dabei.
Candi Kuning
Tel. 03 68 2 03 30 54
tgl. 10 – 20 Uhr

CAFÉ TERAS €€

Japanisch, balinesisch, italienisch: Das Café im japanischen Stil serviert auf der Gartenterrasse Pastaspezialitäten auf japanische Art; empfehlenswert ist aber auch das Chicken Curry.
Jl. Raya Denpasar-Singaraja, Lempuna
(in der Nähe des Golfclubs)
Tel. 03 62 2 93 12

HANDARA GOLF & RESORT BALI €€€

Das 5-Sterne-Resort (47 Z.), dessen Gäste, darunter viele indonesische Golfer, wählen können zwischen luxuriösen Cottages, Bungalows und Villen, wurde wiederholt zum besten Golferhotel des Landes gewählt. Wer die tropische Natur schätzt und die hohe Luftfeuchtigkeit weniger gut verträgt, wird in dieser Umgebung glücklich.
Desa Singaraja-Denpasar, Pancasari, Tel. 03 62 3 42 26 46
www.handaragolfresort.com

ROYAL TULIP SARANAM RESORT & SPA €€-€€€

Das eigentliche Highlight dieser schönen Resortanlage sind frei stehende, harmonisch designte Gästevillen in erhöhter Lage mit traumhaften Ausblicken auf Berge und Landschaft von der eigenen Terrasse. Ungewöhnlich reichhaltig ist das angebotene Freizeitprogramm, das vom morgendlichen Yoga-Unterricht, Ikebana-Blumenstecken und Maskenschnitzen zu Angelausflügen und Trekking reicht. Mit Mountainbikes können Sie die Gegend erkunden oder sich einfach Zeit nehmen, die Pools und Gärten oder das tolle Spa mit den vielen offerierten Treatments zu genießen.
Jl. Raya Baturiti, Br. Pacung, Baturiti, Tel. 03 6 82 10 38
www.saranamresort.com

GREEN VILLA €

An den Hügeln der Nordwestseite des Sees liegt in einem tropischen Garten die kleine Bungalowanlage (7 Z.). Seeblick ergibt sich von den Balkonen und der Terrasse, die Zimmer verfügen über eine Küchenzeile.
Jl. Pancasari-Baturiti
(Jl. Bedugul)
Candi Kuning
Tel. 03 61 26 20 22

BAEDEKER ÜBERRASCHENDES

6x

EINFACH UNBEZAHLBAR

Erlebnisse, die für Geld nicht zu bekommen sind

1. WASSERFÄLLE

Munduk ist ein **Bergdorf wie aus dem Bilderbuch,** und es lohnt sich, hier ein paar Tage mit Wandern, Spazieren und Yoga zu verbringen. Umgeben von Dschungel liegen kleine Gästehäuser und man entdeckt immer wieder rauschende Wasserfälle. (▶ **S. 67**)

2. TEMPELFESTE

Sie sind **unüberhörbar und höchst farbenfroh:** Über mehrere Tage ertönen die Klänge der Gamelans, die so fremdartig klingenden Xylophone und Gongs der Musiker, die Opfergaben werden zu meterhohen Pyramiden ... (▶ **S. 205**)

3. TREKKING

Früh aufstehen heißt es, wenn man mit dem Guide im **Nationalpark** unterwegs ist. Handtellergroße Schmetterlinge, Frösche in auffälligen Farben, winzige Kolibris, die an süß duftenden Blüten Nektar trinken, und Bäume so hoch wie anderswo die Wolkenkratzer, entschädigen dafür. (▶ **S. 45**)

4. DELFIN AHOI!

Lovina ist der beste Ort in Bali, um **Delfine zu beobachten.** Mit Auslegerbooten stechen die Kapitäne bei Sonnenaufgang in See. Meist klappt es nach kurzer Zeit: Die eleganten Meeressäuger springen aus den Fluten und begleiten die Boote. (▶ **S. 113**)

5. BÜFFEL IM GALOPP

Noch nie einen **Wasserbüffel mit Blüte hinter dem Ohr** gesehen? In Negara vergnügen sich die Bauern während der Sommermonate damit, ihre Tiere zu schmücken und sie dann gegeneinander rennen zu lassen. (▶ **S. 119**)

6. IM MEER

Bis zum späten Vormittag hält sich der Besucherstrom beim **Pura Tanah Lot** noch in Grenzen. Selbst der Andrang beim Priester, der vor der von mythischen Schlangen bewohnten Höhle die Besucher mit heiligem Wasser segnet, ist noch bescheiden. (▶ **S. 158**)

Hübscher Bergort

Munduk

Das kleine, in der Nähe des Danau Tamblingan liegende Munduk vereint landschaftliche Schönheit, Beschaulichkeit und ein frisches, ganzjährig angenehmes Klima, das seinerzeit schon die holländischen Kolonialherrn anzog.
Eine Besonderheit sind die vielen kleineren **Wasserfälle** in der Umgebung von Munduk, die Sie auf Wanderungen entdecken können. Am besten quartiert man sich in einer der vielen kleinen Pensionen im Ort ein. Beim Munduk-Wasserfall, auf den Hinweisschilder an der Hauptstraße hinweisen, fällt das Wasser senkrecht über 20 Meter in die von Farnen und großen Felsen gerahmten Becken. Gischt wirbelt auf, eine nette Erfrischung nach dem etwas anstrengenden Weg dorthin.

★ CANDI DASA

Region: Ostbali | **Höhe:** Meereshöhe | **Einwohnerzahl:** 3500
Entfernung: 20 km südlich von Amlapura

P 7

Ein schöner Name allein macht noch keinen schönen Ort: Als eher warnendes Beispiel für die durch Tourismus erzeugten Schäden kann Candi Dasa herhalten. Um Hotels und Herbergen zu erbauen, bediente man sich bei den vorgelagerten Korallenriffen. Ohne diesen Schutz wurde im Laufe der Jahre der Strand abgetragen, Wellenbrecher aus Beton wurden errichtet. Zum Glück muss man nur ein paar Kilometer weit fahren, um an weißen Sandstränden zu relaxen.

Touristisches Zentrum Ostbalis

Einst galt das am östlichen Ende der weit geschwungenen Labuhan-Amuk-Bucht gelegene Candi Dasa als Geheimtipp für Rucksacktouristen. Heute sieht der schnell gewachsene Ort teilweise etwas abgewirtschaftet aus. Die gewaltigen, hässlichen Betonmauern, die die Bewohner von Candi Dasa errichteten, um die letzten Strände zu schützen, und die heute den Anblick am Meer prägen, führten dazu, dass die Besucher weniger wurden. Heute macht Candi Dasa deshalb wieder einen ruhigen, entspannten Eindruck.
Idyllisch ist nach wie vor der Bereich um die große, **mit Lotus in allen Farben dicht bewachsene Lagune**. Darum herum haben sich nette Cafés, Restaurants und Pensionen angesiedelt. Candi Dasa gilt vielen Besuchern auch als Ausgangspunkt für Fahrten zu den vorgelagerten Inseln Gili Mimpang und Gili Tepekong, ideale Ziele zum Tauchen und Schnorcheln.

CANDI DASA ERLEBEN

Von Denpasar fährt man bis Sakah, dort geht es rechts in Richtung Blahbatuh und Klungkung und weiter entlang der Küste über Padang Bai. Busverbindungen gibt es von Denpasar-Kereneng mehrmals täglich. Bemos findet man entlang der Straße.

THE RESTAURANT €€€€

Bio-Gemüse und Obst stammen von lokalen Produzenten, deren Felder an den fruchtbaren Hängen des Mount Agung liegen, Kräuter werden im Resort (Amankila s.u.) angepflanzt und auch der Fisch in der eigenen Räucherkammer haltbar gemacht. Der meisterhaften Küche stiehlt nur das Ambiente im Aman-typischen Stil mit Blick auf den Indischen Ozean die Schau. Nicht-Hotelgäste reservieren online und kommen eine halbe Stunde früher, um sich an der Bar einen Hausdrink empfehlen zu lassen.
Amankila, Manggis (5 km westlich von Candi Dasa), Tel. 03 63 4 13 33
www.aman.com/resorts/amankila/dining-experience

AMANKILA €€€€

Drinnen luxuriöses Understatement auf höchstem Niveau, draußen eine architektonische Meisterleistung: Auf bis zu zehn Meter hohen Pfosten erbaute Gästevillen sind verbunden durch weiße, brückenähnliche Wege aus Naturstein. Die spektakuläre Lage der auf Höhe der Baumkronen thronenden Gästevillen schafft einen traumhaften Ausblick auf den Regenwald, das Meer und die Meerenge von Lombok. Tagsüber relaxt man an einem der drei gewaltigen Infinity-Pools, die sich übereinander angeordnet den Hügel hinaufziehen und mit dem Blau des Himmel verschwimmen, unternimmt einen der vom Aman-Hotel konzipierten Ausflüge, genießt entspannende Massagen und nach Sonnenuntergang die magische Atmosphäre des von Fackeln erhellten Resorts.
Manggis, Tel. 03 63 4 13 33
www.aman.com/resorts/amankila

ALILA MANGGIS €€€€

Zwischen Indischem Ozean und dem Mount Agung liegt das inmitten eines Palmenhains versteckte Resort. Modernes, schnörkelloses Design, das wie alle zur Alila-Gruppe gehörenden Adressen auch dieses 4-Sterne-Boutiquehotel prägt, dazu ein liebevoll gestaltetes, junges Ambiente sind die auffälligsten Merkmale. Ein riesiger Pool, die nachmittägliche Teestunde, eine kleine, gut sortierte Bibliothek, ungewöhnliche Ausflugstipps und organisierte Aktivitäten sind weitere Pluspunkte.
Buitan, Manggis, Tel. 03 63 4 10 11
www.alilahotels.com/manggis

PURI BAGUS €€€

In einer weitläufigen Anlage liegen 47 im Bali Style gestaltete Villen und ein offenes Restaurant, das auch private Candlelight-Dinner am Strand ausrichtet. Yoga und Spa-Anwendungen.
Jl. Raya Candi Dasa
Tel. 03 63 4 11 31
www.puribagus.net

PONDOK BAMBU SEASIDE BUNGALOWS € – €€

Das sympathisch geführte Hotel mit schönem Restaurant und kleinem Pool liegt am Strand und zeichnet sich durch freundlichen Service und einen gepflegten tropischen Garten aus.
Jl. Raya, Candi Dasa
Tel. 03 63 4 15 43
www.pondokbambu.com

Wohin in Candi Dasa und Umgebung?

Höhlenheiligtum

★ Goa Lawah (Fledermaushöhle)

Zwischen Candi Dasa und ▶ Klungkung liegt unweit der Ortschaft Kusamba Goa Lawah, einer der sechs Reichstempel auf Bali. Er wird von den Balinesen hoch verehrt, nicht zuletzt wegen des Glaubens an einen unterirdischen Gang, der die noch nicht bis zu ihrem Ende erforschte Höhle mit dem heiligsten Inseltempel, dem Pura Besakih, verbinden und damit die **Nahtstelle zwischen Ober- und Unterwelt** darstellen soll. Goa Lawah ist nämlich die Heimstatt von Sangyang Basuki, einer der beiden Schlangen der Unterwelt. Etwa in der Mitte des Höhleneingangs steht ein Lotosthron (Padmasana) für den Schlangengott.
In der Höhle, aber auch schon am Eingangstor leben kleine Fledermäuse, die tagsüber dicht gedrängt an der Höhlendecke hängen. Rechts neben dem Eingang wurde ein kleiner Tempel mit mehreren hölzernen Merus errichtet. Hier bringt die gläubige Bevölkerung alle 15 Tage Opfer dar und erhält dafür heiliges Wasser, das für verschiedene Zeremonien, etwa auf den Reisfeldern der Umgebung, benötigt wird. Am Zugang und auf dem Vorplatz des Tempels trifft man Verkäufer von Räucherstäbchen, Batiken und Kunsthandwerk. Im Tempel selbst kann man gelegentlich hinduistischen Zeremonien beiwohnen, das Betreten der Höhle hingegen ist **tabu.**

Candi Dasa hat zwar keinen feinen Strand zu bieten, der romantische Seerosenteich ist aber ein beliebtes Ziel.

Heller Sand

Balina Beach

Nicht weit von Candi Dasa – ca. 4 km in Richtung Klungkung – ist in den vergangenen Jahren ein neues Touristenzentrum mit zahlreichen Mittelklassehotels entstanden.

Schnorcheln und Tauchen

★ Padang Bai

Am westlichen Ende der Labuhan-Amuk-Bucht liegt der Fährhafen Padang Bai, von dem die Fähren zu der vorgelagerten Insel ▶ Nusa Penida und nach ▶ Lombok ablegen. Hier werden auch Schnorchel- und Tauchausflüge in die nähere Umgebung angeboten.

CELUK

Region: Zentralbali | **Höhe:** ca. 100 m ü.d.M. | **Einwohnerzahl:** 2000
Entfernung: 12 km nordöstlich von Denpasar

M 8

Ein Dorf, das auf Bali jeder kennt: In Celuk sind die Gold- und Silberschmiede zu Hause, nicht irgendwelche, sondern die besten der Insel. Und das bedeutet schon recht viel, da auf der Insel der Götter und Dämonen nahezu jeder Balinese ein kreatives Gen geerbt hat, sozusagen vom Herzen her ein Künstler ist. Entlang der Straßen reihen sich die Werkstätten. Einst wurde nur für die Tempel und Fürstenhöfe geschmiedet, gehämmert und ziseliert, waren die Schmuckstücke dazu gedacht, in rituellen Zeremonien als Opfergaben zu erfreuen, bildeten den spirituellen Status des Trägers ab. Heute arbeiten die Juweliere zunehmend auch für ausländische Besucher.

Schmuck und Holzmasken

Entlang der Straße durch das lang gestreckte Dorf Celuk befinden sich zahlreiche **Gold- und Silbergeschäfte**, teilweise mit angeschlossenen Werkstätten (Besichtigung möglich). Das Preisniveau entspricht jenem der Touristenzentren; Celuk wird auch regelmäßig im Rahmen von organisierten Bustouren angesteuert.
Celuk ist außerdem bekannt für seine **Holzschnitzer**, insbesondere für jene, die Wayang-Figuren bzw. Topeng-Holzmasken anfertigen. Die Originale sind meist traditionell überliefert; gefertigt werden aber auch Wayang-Figuren, wie sie eigentlich nur auf der westlichen Nachbarinsel Java hergestellt werden. Bei den angebotenen Masken handelt es sich oft um für Touristen gedachte Massenware.

Für viele ist Padang Bai nur eine Station auf dem Weg zu den Nachbarinseln, doch man kann hier gut ein paar Tage bleiben und ausspannen.

CELUK ERLEBEN

Von Denpasar nimmt man die Straße ca. 12 km in Richtung Sukawati. Busse verkehren täglich von Denpasar-Kereneng; Bemos fahren von Denpasar, Ubud und Mas sowie der Straße nach Sukawati.

In das Dorf kommen nahezu ausschließlich Tagestouristen, die die vielen Gold- und Silberschmiedeläden besuchen. Obst, Getränke und kleine Snacks kauft man an den diversen offenen Ständen.

Weitere kunsthandwerkliche Betriebe gibt es in den Dörfern rings um Celuk, beispielsweise in Guang, Batuan oder Sukawati. Mit etwas Glück findet man abseits der Hauptstraßen in den genannten Orten Handwerker, die sorgfältig gefertigte Masken und Figuren verkaufen.

★ Bali Zoo

Elefanten, Orang-Utans und noch viel mehr
Unweit nördlich von Celuk liegt bei Singapadu neben einem Vogelpark der **Bali Zoo.** Ein Rundgang führt durch tropische Vegetation, vorbei an Waranen, Krokodilen, Leguanen und Schlangen, an Tigern und Löwen, Affen und Flughunden. Ebenfalls hier beheimatet sind ca. 350 Vogelarten, darunter prächtige Papageien. Für die kleinen Zoobesucher gibt's auch einen Streichelzoo.
tgl. 9 - 18, Mi. und Sa. bis 21.30 Uhr | Eintritt: 390 000 Rp. | www.bali-zoo.com

★ DENPASAR

Hauptstadt Balis | **Region:** Südbali | **Höhe:** 4 m ü.d.M. | **Einwohnerzahl:** 800 000

L/M 8/9

Chaotisch, lebhaft und wenig touristisch: Die Inselhauptstadt Denpasar lassen Besucher zumeist links liegen, im wahrsten Sinne des Wortes dank einer mehrspurigen Umgehungsstraße, die vom Flughafen direkt zu den Strandorten führt.
Denpasar, das ist Bali ohne Weichspüler: bergeweise gerupfte Hühner im Pasar Kumbasari, dem größten Basar, Ölwechsel auf der Straße, Zigtausende von knatternden Mopeds, die täglich die Straßen verstopfen, dazwischen Lastwagen, auf deren Ladeflächen Balinesen mit Opfergaben zu einer Tempelzeremonie unterwegs sind.

LEGONG UND GAMELAN

Musik und Tanz auf Bali verlangen höchste Konzentration vom Künstler und schenken dem Zuhörer und Zuschauer den ganzen spirituellen Zauber Balis. Die für Europäer fremde, ungewohnte und wenig harmonische Musik verwirrt ein wenig die Sinne, was es leichter macht, loszulassen, um eintauchen zu können in die Kunst der Darbietung: Für Balinesen ist sie nichts anderes als die komplette Hingabe an die Götter.

Denpasar ist seit 1946 Hauptstadt der Insel, Sitz des Gouverneurs der indonesischen Provinz Bali und aller Regierungsbehörden; früher war es das im Norden der Insel gelegene ▶ Singaraja. Erst 1946 bekam die Stadt den Namen Denpasar (= Neuer Markt); bis dahin hieß sie **Badung,** wie der Regierungsbezirk, in dem sie sich ausbreitet. Die Balinesen nennen ihre Hauptstadt immer noch Badung. Die Stadt liegt im Süden der Insel und hat seit den 1960er-Jahren einen gewaltigen Aufschwung erlebt. Eine der Folgen war, dass es in und um Denpasar zu einer Bevölkerungsexplosion kam: Auf einem Quadratkilometer leben heute mehr als 1000 Menschen – im Gegensatz etwa zum westlichen Teil der Insel, wo es nur ca. 250 Menschen sind. Die Probleme, unter denen die Inselhauptstadt heutzutage leidet, sind unübersehbar: Umweltverschmutzung, schlechte Luft, dichter Verkehr und zu viele Menschen, die sich Lohn und Brot vor allem von den unweit gelegenen Touristenzentren versprechen. Infolgedessen breitet sich Denpasar immer weiter aus und wächst an vielen Stellen schon mit einst selbstständigen Ortschaften der näheren Umgebung zusammen.

Inselhauptstadt

DENPASAR ERLEBEN

DENPASAR TOURIST OFFICE
Jl. Surapati 7
Denpasar
Tel. 03 61 22 36 02
www.balidenpasartourism.com

BALI TOURISM BOARD
Jl. Raya Puputan 41
Tel. 03 61 23 56 00

FLUGZEUG
Ankunft auf dem Ngurah Rai International Airport, der sich südlich von Kuta befindet. Von dort geht es weiter mit Bemos oder Taxis.

STADTVERKEHR
Aufgrund der chaotischen Verkehrsverhältnisse, der vielen Einbahnstraßen und der wenigen Parkplätze sollte man darauf verzichten, selbst durch Denpasar zu fahren. In der Stadt gibt es sehr gute Bus- und Bemo-Verbindungen von diversen Terminals aus. Um aktuelle Informationen zu erhalten, wendet man sich am besten an das Tourist Office.

Trotz des dichten Verkehrs lohnt sich ein Einkaufsbummel im Zentrum der balinesischen Hauptstadt. Statt auf den Geschmack von Touristen abgestimmte Artikel in Souvenirläden kauft man hier inmitten der Bevölkerung landestypisch ein: Seidenstoffe, Batiken, Obst, Gemüse, Gewürze, günstige Schuhe und Sandalen sowie Elektronikartikel.
Zu den beliebtesten Einkaufsstraßen, auch für indonesisches Kunstgewerbe, gehören Jl. Gajah Mada, Jl. Sumatera und Jl. Sulawesi.

PASAR KUMBASARI
Batik-Sarongs und Stoffe vom laufenden Meter, Betel-Blätter und süß duftende Massageöle, kreischend laute indonesische Schlager, nach Farben sortierte Blumen und frisch gerupfte Hühner – der aus vielen kleinen Standen bestehende Markt ist ein Wechselbad von schön und hässlich, sanft und hektisch, wie das Leben selbst. Hier gibt's die tollsten Motive und falls Sie fotografieren möchten: Mit einem Lächeln immer kurz um Erlaubnis bitten, mit Ausnahme der Kopftuch tragenden muslimischen Händlerinnen stimmen dann alle zu.
Jl. Gajah Mada

RAMAYANA BALI MALL
Laut, hektisch, voll: Denpasars älteste Shopping Mall ist zwar etwas anstrengend, dafür kaufen Sie in den Boutiquen und Kaufhäusern Kleidung und Schuhe in großer Auswahl (z.T. auch Markenware) zu sehr günstigen Preisen, die regelmäßig noch weiter rabattiert werden.
Jl. Diponegoro No. 103, Dauh Puri
tgl. 10 – 22 Uhr

1 D'COST SEAFOOD €€
Gegrillte Prawns, Muscheln und Krabbensalate: Die Qualität der aufgetischten Fisch- und Meeresfrüchtegerichte ist vorzüglich, die vielen einheimischen Stammgäste und das stets volle Restaurant zeigen dies. Eine tolle Adresse für einen schnellen Lunch.
Jl. Raya Puputan No.88, Renon,
Tel. 03 61 7 98 28 88
http://dcost-restaurant.business.site

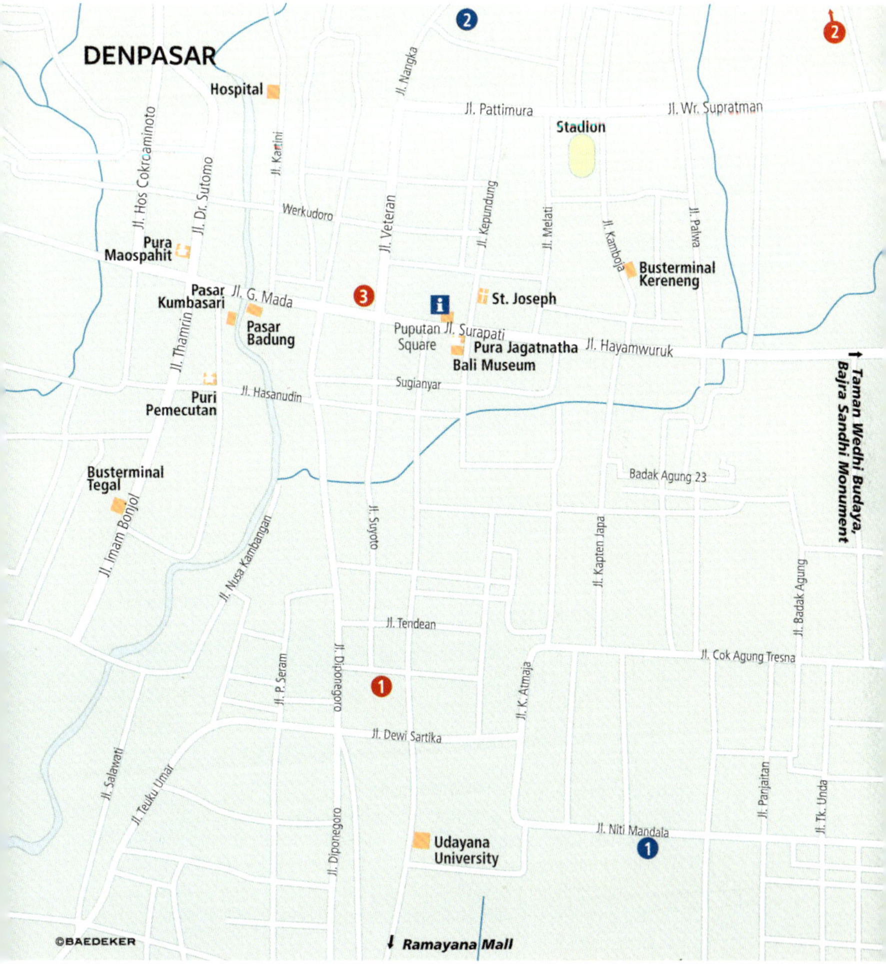

1 D’Cost Seafood
2 Pasar Malam Kereneng

1 Santosa City Hotel
2 Alam Puri Art Museum
3 Inna Bali Heritage

2 PASAR MALAM KERENENG €€

Der tägliche Nachtmarkt im Untergeschoss des Pasar Kumbasari (tgl. 17 – 22 Uhr) bietet an Dutzenden von Ständen Gerichte aus ganz Indonesien, dazu chinesische und Thai-Klassiker. Der Genuss der z. T. recht exotischen Gerichte ist aber eher etwas für unempfindliche Mägen und Bali-erfahrene Besucher. Zum Bummeln und Schauen ist ein Besuch jedoch unübertrefflich.

1 SANTOSA CITY HOTEL €€

Das zentral gelegene Haus verfügt über 35 moderne, komfortable Zimmer. Zum Begrüßungsdrink kommen weitere Annehmlichkeiten hinzu, z. B. WLAN oder das im Zimmer servierte Frühstück. Die De-Luxe-Zimmer bieten zudem Kaffeezubereiter und Kimonos.

Jl. Patih Jelantik 8
Tel. 03 61 26 47 41
www.santosabalihotel.com

2 ALAM PURI ART MUSEUM €€

Welche Idylle! Das entzückende kleine Boutique-Hotel (14 Z.) verwöhnt mit großen, aus poliertem Naturstein gestalteten Zimmern, romantisch dekorierten Himmelbetten und Bädern, in denen die Angestellten täglich neue Hibiskusblüten auf die zusammengerollten Handtücher legen. Nach einem anstrengenden Tag in der Hauptstadt entspannt man am Pool oder bucht eine Massage.

Jl. Trenggana No. 108, Penatih,
Tel. 03 61 46 37 37,
www.alampurivilla.com

3 INNA BALI HERITAGE €-€€

Die 1927 während der holländischen Kolonialzeit erbaute Hotellegende (71 Z.) hat im Laufe der Jahrzehnte schon viele prominente Gäste beherbergt: Queen Elizabeth, Mahatma Gandhi und Indiens erster Ministerpräsident Jawaharlal Nehru residierten in Zimmer 77, der Präsidentensuite. Mehrfach umgebaut und restauriert, erstrahlt die Fassade des Inna heute wieder im alten Glanz, die Zimmer allerdings sind eher einfach und etwas in die Jahre gekommen, verfügen jedoch alle über eine große, schöne Terrasse zum grünen Innenhof hin.

Jl. Veteran 3, Tel. 03 61 22 56 81
www.innabaliheritagehotel.com

Eine Plünderung und ihre Folgen

Geschichte

Der Raja von Badung war einer der ersten, der die Kolonialherrschaft anerkannte und bereit war, dies in einem 1841 unterschriebenen Vertrag zu fixieren. Er versprach sich davon, dass die Niederländer die Provinz Badung unbehelligt und ihr eine gewisse Selbstständigkeit lassen würden. Über einen Zeitraum von immerhin 63 Jahren war dies auch der Fall.

Dann kam es jedoch zu einem folgenschweren Raub an der Küste vor Denpasar: In der Nacht zum 27. Mai 1906 strandete der chinesische Schoner »Sri Kumala«. Die Balinesen plünderten das Schiff, worauf sich der Eigner mit einer Regressforderung zunächst an den Raja Agung Made und, als diese erfolglos war, an die Niederländer wandte. Diese nutzten die Gelegenheit, stellten dem Raja nach erfolglosen Verhandlungen ein Ultimatum und bildeten gleichzeitig einen Belagerungsgürtel um Denpasar.

Nachdem der Raja betont hatte, dem Ultimatum nicht zu folgen, zogen sie den Belagerungsring enger und begannen am 14. September 1906 mit der Invasion. Die weiteren Geschehnisse an diesem Tag haben dazu beigetragen, dass die Balinesen schlimme Erinnerungen an die Zeit der niederländischen Besatzung haben. Als die Invasoren nämlich auf den Palast des Rajas von Badung zumarschierten, öffneten sich die Tore und ein langer Zug, an dessen Spitze der Raja selbst in einer Sänfte getragen wurde, bewegte sich langsam auf die fremden Herren zu. Der Zug hielt nur wenige Meter vor den Niederländern an, ein Brahma-Priester nahm den juwelengeschmückten Kris (Dolch) seines Herrschers und stieß ihn in dessen Brust. Diesem Beispiel folgte nun einer nach dem anderen. Männer, Frauen und Kinder fanden so den Tod. Die Niederländer waren nur kurze Zeit verblüfft, nahmen ihre Gewehre und erschossen auch jene Balinesen, die nicht Opfer des **rituellen Massenselbstmords** (Puputan) geworden waren. Der Palast ging in Flammen auf und brannte fast vollständig nieder.
Dem Beispiel des Rajas von Badung mit seinem Gefolge folgte am selben Tag der Raja von Pemecutan und später, im Gefängnis von Badung, der Raja von Tabanan, den die Niederländer verhaftet hatten. 1908 kam es auch in Klungkung zu einem solchen Puputan, bei dem mehr als 250 Menschen starben. In der Folge sahen sich die Niederländer vermehrt internationalem Druck ausgesetzt; 1914 ersetzten sie deshalb die militärischen Kräfte durch eine Polizeitruppe.

Wohin in Denpasar?

Besser mit dem Taxi

Einen Stadtrundgang in Denpasar kann man kaum empfehlen. Erstens liegen zwischen den einzelnen Sehenswürdigkeiten größere Distanzen, die man am besten mit dem Taxi überwindet. Zweitens wäre ein Spaziergang durch die lauten und vom Verkehr überlasteten Straßen eher eine Qual denn ein Vergnügen.

Palast der Fürsten von Badung

★ Puri Pemecutan

Den Puri Pemecutan, in den ein kleines, freundliches Hotel integriert ist, findet man im Winkel, den die Jalan Thamrin mit der Jalan Hassannudin bildet. Hinter einer roten Ziegelsteinmauer liegen etliche reizvolle Gebäude in einem üppigen tropischen Garten. Der Besitzer von Palast und Hotel ist König Ida Cokorda Pemecutan XI., der von den Balinesen sehr verehrt wird. Seine Krönung 1989 in Anwesenheit mehrerer entthronter Könige aus Java und Bali wurde jedoch von der indonesischen Zentralregierung nicht anerkannt.
Die nach dem Massenselbstmord vom 14. September 1906 fast vollständig niedergebrannte Palastanlage wurde später zwar wieder aufgebaut, besitzt jedoch nicht mehr ihre ursprüngliche Größe. Beein-

OBEN: Im Regierungsviertel Renon im Osten Denpasars steht inmitten einer Parkanlage das imposante Denkmal für den Unabhängigkeitskampf der Balinesen, das Monument Bajra Sandhi.

UNTEN: Das Taman Budaya Art Center ist von einem tropischen Park mit kleinen Lotosteichen umgeben.

druckend sind das reich verzierte Eingangstor sowie als einziger baulicher Überrest der alten Anlage einige schöne Reliefs im hinteren Teil des Palastbezirks. In einem Gebäude wird eine vom Brand verschonte Lontarsammlung (altbalinesische Texte auf Palmblättern) aufbewahrt, in einem anderen historische Gamelan-Instrumente. Der üppig blühende Garten bildet einen krassen Gegensatz zum Verkehrsgetümmel vor den Toren des Palasts.

tgl. 8 – 17 Uhr | Spende erwünscht

Nationalmuseum

★ Museum Negeri Propinsi Bali (Bali Museum)

Auch wenn es dem Bali Museum, gemessen an den Maßstäben anderer Nationalmuseen, an Systematik mangelt, lohnt es doch in jedem Fall einen Besuch. Immerhin ist die Mehrzahl der Exponate auch in englischer Sprache beschriftet, was Geschichte, Herkunft und Bedeutung der Ausstellungsstücke auch fremden Besuchern deutlich macht. Das Museum Negeri Propinsi Bali zeigt v. a. **balinesische Kunst und Architektur** und liegt an der Jalan Wisnu unweit des Puputan-Platzes. Es ist in drei Gebäuden untergebracht, die nebeneinander und im traditionell-balinesischen Stil erbaut bzw. nach Vorlagen des alten Palasts rekonstruiert wurden. Diese drei Gebäude befinden sich in einem eigenen Bezirk der Palastanlage, den man durch ein Gespaltenes Tor (Candi Bentar) betritt; ein weiteres Candi Bentar zur vorüberführenden Straße hin ist stets geschlossen. Daneben erhebt sich ein Glockenturm (Kulkul).

Den Museumsrundgang beginnt man am besten im hintersten Gebäude, in dem u. a. in einer Glasvitrine eine balinesische Hochzeitszeremonie (an der Vorderseite) und die Zeremonie der Zahnfeilung (an der Rückseite) dargestellt werden. Beachtenswert sind verschiedene Holzmodelle (u. a. ein königlicher Thron), geschnitzte Symbole für hinduistische Gottheiten sowie einige Batiken und Stickereien. Nähere Betrachtung verdienen auch die kunstvoll geschnitzten Fensterläden.

Im mittleren Gebäude, nach dem Herkunftsort seines Baustils Gedung Karangasem genannt, werden Fundstücke aus der Jungsteinzeit aufbewahrt; auf der Veranda stehen eine schöne Sitzgarnitur sowie etliche Steinfiguren. Das Gebäude war von den Niederländern übrigens zunächst in der Form einer nach allen vier Seiten hin offenen Halle erbaut worden; erst später wurden Wände eingezogen.

Das dritte Gebäude hat man im Stil des Palasts von Tabanan erbaut; es ist reich verziert und besitzt in seinem Inneren einige Barong-Figuren, die auf einem Podest in der Mitte aufgestellt sind. Außerordentlich kunstvoll ist das hölzerne Deckengebälk geschnitzt. Dazwischen befindet sich eine »Duschanlage«, die die Fürstenfamilie einbauen ließ. Sie ist etwas in den Boden eingesenkt und daher auf den ersten Blick nur schwer zu erkennen.

Di.– So. 8 – 15 Uhr | Eintritt: 10 000 Rp. | Tel. 03 61 23 50 59

Tempel der Weltenherrscher

Pura Jagatnatha

Verlässt man das Nationalmuseum durch den Hauptausgang, liegt gleich rechts der 1953 errichtete Pura Jagatnatha. Er ist **Sangyang Widi geweiht,** im balinesischen Hinduismus die Inkarnation der höchsten Götter Brahma, Vishnu und Shiva. Hier wird speziell Brahma als »Gott der Götter« verehrt. Die im Tempel enthaltenen Symbole für die Gottheiten – Sangyang Widi dargestellt als goldglänzende Metallfigur, die auf einem aus weißer Koralle erbauten, siebenstufigen Thron sitzt – werden von allen balinesischen Hindus verehrt.

Tempel für Ahnen und Götter

★ Pura Maospahit

Der Pura Maospahit ist einer der wichtigen Tempel von Denpasar und zugleich einer der ältesten. Seine Ursprünge gehen auf das 15. Jh. zurück. Gegründet wurde er, worauf auch der Name hindeutet, von der aus Java stammenden Dynastie der Majapahit, deren Ahnentempel er heute noch ist. Im Lauf der Zeit wurde er jedoch Verschönerungskuren unterzogen, bei denen viel von der ursprünglichen Ausstattung verloren ging.

Weil der Hauptzugang von der Jalan Dr. Sutomo nur an Feiertagen geöffnet ist, muss man den Zugang von der Gasse an der linken Seite der Tempelanlage benutzen. Dazu geht man ein Stück weit in das mit »Gang III« bezeichnete Gässchen hinein, wo man eine offene Tür findet. Zu einem weiteren Zugang in den Hauptteil des Tempels geht es am Ende des »Gangs III« rechts ein Stück weit der Umfassungsmauer entlang. Der Tempel besteht aus zwei Teilen, die durch eine hohe Mauer voneinander getrennt sind. Man betritt die Anlage durch ein Gespaltenes Tor (Candi Bentar), das die eigentliche Sehenswürdigkeit darstellt. Aus den fünf Pfeilern am Tor sind folgende Gottheiten herausgemeißelt (von links nach rechts): der Gott Sangkara (eine Erscheinungsform Shivas), der Himmelsgott des alten Indien Indra, der Totengott Yama, der Gott des Windes Bayu, der mythische Reitvogel Vishnus Garuda, der indische Gott Kubera (Gott des Reichtums) und der Meeresgott Waruna. Im rechten Teil des Tempelinneren stehen einige Sakralbauten, die nicht zum Pura Maospahit, sondern zu einem Familientempel gehören. Im hinteren Teil erhebt sich das der Ahnenverehrung dienende Gedong Maospahit. Links davon steht ein geschlossenes Gebäude, in dem die Ahnen der ostjavanischen Majapahit-Dynastie verehrt werden. Bemerkenswert sind drei Sitze für Götter (Pelinggih): Sie sind mit Hirschgeweihen geschmückt, die den Ahnen der Majapahit-Dynastie vorbehalten sind.

unregelmäßig geöffnet

Märkte

★ Pasar Badung und Pasar Kumasari

Wo sich die Straßen Jalan Gajah Mada (eine der Hauptverkehrsachsen durch Denpasar) und Jalan Sulawesi treffen, erholt sich Balis größter Lebensmittelmarkt langsam von einem Brand im Jahr 2016. In den umliegenden Straßen und Gassen haben sich viele Stände niedergelassen. Rund um die Uhr gibt Gemüse, Obst, Gewürze, Fleisch, Fisch und Textilien zu kaufen. Am gegenüberliegenden Ufer des Tukat Badung kann man im dreistöckigen Einkaufszentrum Pasar Kumasari Kunsthandwerk und eine Fülle herrlicher Stoffe und traditioneller Gewänder kaufen.

Zum Anschauen und Kaufen

★ Taman Wedhi Budaya Art Center

Interessant ist das **Kunstzentrum** von Denpasar vor allem wegen seiner umfangreichen Sammlung balinesischer Gemälde im Hauptgebäude und einer angeschlossenen Verkaufsausstellung mit Werken junger und etablierter Künstler (▶ Abb. S. 78). Hinter dem Gebäude liegt ein **üppiger Tropengarten** mit kleinen Teichen. Auf einer großen Freilichtbühne beim Kunstzentrum finden auch außerhalb des alljährlichen **»Festival of Arts«** – von Mitte Juni bis Mitte Juli – Tanzvorführungen statt.

Mo. – Do. 8 – 15, Fr. – So. bis 13 Uhr | Eintritt frei

Nationaldenkmal

★ Bajra Sandhi Monument

Das imposante Denkmal inmitten eines beliebten Parks wurde zwischen 1998 und 2001 errichtet. Es erinnert an den Tag der Unabhängigkeit (17. August 1945), seine Glockenform steht für den Klang der Freiheit. Innen erzählen Dioramen wichtige Ereignisse der balinesischen Geschichte, von prähistorischen Jägern über aufstrebende Königreiche, die Invasion und Besetzung der Europäer und die endgültige Unabhängigkeit vom niederländischen Imperium. Die gesamte Anlage ist eine beliebte Kulisse, um sich professionell fotografieren zu lassen (▶ Abb. S. 78).

Jl. Raya Puputan, Renon | tgl. 9 – 18 Uhr | Eintritt: 20 000 Rp.

GIANYAR

Region: Zentralbali | **Einwohnerzahl:** 35 000 | **Höhe:** 127 m ü.d.M.
Entfernung: 26 km nordöstlich von Denpasar

M 7

Es wird geschnitten, gehackt, gebrutzelt und gegrillt, was das Zeug hält. In ihren Warungs stehen die Frauen hinter gewaltigen Schüsseln und rühren um: Nasi Goreng und Babi Guling (Spanferkel), Ikan Bakar (gegrillter Fisch) und Ayam Asam Manis, (Hühnchen süß-sauer) sind stets im Angebot, dazu eine Vielzahl an Gemüse. Der Nachtmarkt von Gianyar ist der schönste Balis, und was an den unscheinbaren Ständen für wenige Rupiahs verkauft wird, schmeckt so gut wie im besten Restaurant. Legendär sind die Desserts. Lassen Sie sich von den Gerüchen leiten und deuten Sie einfach mit dem Finger auf das Gewünschte.

GIANYAR ERLEBEN

GIANYAR TOURIST OFFICE
Jl. Ngurah Rai 21
Tel. 03 61 9 34 01

Von Denpasar fährt man in nordöstlicher Richtung bis Sakah; dort rechts ab und weiter über Blahbatuh. Busse fahren mehrmals täglich ab Denpasar-Kereneng. Bemos findet man entlang der Straße.

SUA BALI €
Weniger ein Hotel denn eine Unterkunft, in der Bali-Besucher sozialverträglichen Tourismus erleben: Balinesisch wohnen, essen und Kontakte zu Einheimischen knüpfen ist hier leicht möglich.
Am Rand des Dorfs Kemenuh (an der Straße von Denpasar nach Gianyar bei Blahbatuh)
Tel. 03 61 94 10 50
www.suabali.com

Beeindruckender Nachtmarkt

Aus Ubud und der Umgebung kommen die Besucher, um auf dem Pasar Senggol Gianyar, dem täglichen Nachtmarkt der Stadt, einzukaufen und zu essen. Bereits am späten Nachmittag geht es los, doch erst mit Sonnenuntergang, wenn kleine Lampen eingeschaltet sind, wird es so richtig aufregend. Ansonsten ist Gianyar eine propere und touristisch unbedeutende Stadt, umgeben von einer grünen, fruchtbaren Hügellandschaft. Man blickt zurück auf eine lange und ereignisreiche Geschichte, lebte lange unter dem besonderen Schutz der mächtigen Fürsten, die im 17. und 18. Jh. über Gianyar herrschten.

Wohin in Gianyar und Umgebung?

Nur mit Glück kommt man hinein

Puri Gianyar

Der 1771 von Dewa Manggis IV. erbaute Puri Gianyar liegt an der Längsseite des zentralen Platzes. Der Palast besteht aus mehreren **im traditionell-balinesischen Stil** erbauten Pavillons. Erhält man die Gelegenheit, den Palast zu besichtigen, sollte man sich v. a. die prächtigen Schnitzereien und die Figuren in dem reizvollen Tropengarten ansehen.

Der Palast ist für Besucher gewöhnlich nicht zugänglich, doch mit etwas Glück öffnet ein Mitglied der heute noch dort wohnenden Fürstenfamilie das Tor.

Ungewöhnliche Tempelanlagen

Blahbatuh

Nur rund 5 km südwestlich von Gianyar liegt der kleine, stille Marktort Blahbatuh. An der Straße in Richtung Denpasar steht in Benawah der

BAEDEKER ÜBERRASCHENDES

6X ERSTAUNLICHES

Hätten Sie das gewusst?

1. UNTER WASSER

Seychellen? Malediven? Beim Schnorcheln oder Tauchen vor der Küste Balis werden Sie ein **tropisches Unterwasserparadies** entdecken. Besonders vielseitig sind die Tauchgründe auf den vorgelagerten Gili-Inseln. (▶ **S. 84**)

2. NICHT UNTER DAS KISSEN

Niemals würden Balinesen ein zusammengefaltetes Nachthemd oder den Pyjama unter das Kopfkissen legen. Der **Kopf, die höchste Erhebung des Körpers,** und speziell die Stirn gelten als heilig.

3. NYABUTAN

In einer besonderen Zeremonie dürfen die Neugeborenen auf Bali erstmals mit drei Monaten **den Boden berühren.** Vorher gilt es, den Kontakt mit Mutter Erde zu vermeiden, um Krankheiten und den Einfluss böser Geister abzuwenden. (▶ **S. 199**)

4. GLÜCKSBRINGER

In allen Kultstätten gehören sie zur Grundausstattung, als Schlüsselanhänger werden sie auf den Märkten verhökert: Ein Lingam, ein erigiertes männliches Glied, gilt Hindus als **Fruchtbarkeitssymbol,** als Darstellung männlicher Energie.

5. REINIGUNG DES UNIVERSUMS

Das sechswöchige **Eka-Dasa-Rudra-Ritual** von Besakih hat nach Überzeugung der Balinesen eine positive Wirkung auf das ganze Universum, wird jedoch nur einmal pro Jahrhundert gefeiert. (▶ **S. 56f.**)

6. FANTASIELOS ODER PRAKTISCH?

Das erstgeborene Kind heißt Wayan (der Älteste), das zweite Made (in der Mitte) oder Kadek (das Zweite), das dritte Nyoman (der Jüngste), das Vierte Ketut (nachfolgend). Anschließend kann die **Namensgebung** wieder von vorn beginnen ...

Pura Dalem Blahbatuh mit einem sitzenden **Buddha (!) inmitten hinduistischer Figuren** – ein Hinweis auf die Toleranz der Balinesen in religiösen Dingen. Die zweite Sehenswürdigkeit ist der **Pura Puseh Blahbatuh** oder Pura Gaduh. Er birgt den überdimensionalen Kopf eines Riesen. Berichten Einheimischer zufolge stellt er den Dämonenfürsten Jero Gede Mecaling dar, der in früheren Zeiten einige Male von der Insel ▶ Nusa Penida nach Bali gekommen und dort mit seinen Dämonen und Teufeln großes Unheil angerichtet haben soll.

★★ GILI-INSELN

Höhe: Meereshöhe | **Einwohnerzahl:** 3600

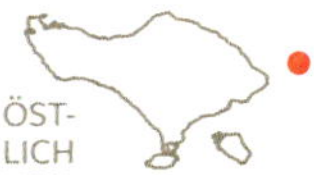

ÖSTLICH VON BALI

Früh am Morgen den Sonnenaufgang mit Yoga zelebrieren, tagsüber vor der Küste schnorcheln oder am Strand relaxen, abends in einer Beach Bar die experimentierfreudige Küche probieren: Ein Tag auf den drei kleinen tropischen Inseln, den nur wenige Kilometer vor der Nordwestküste Lomboks liegenden Gilis, ist so entspannt wie einfach. Dabei ist es schon wichtig, welche Insel man wählt: Wer auf Einsamkeit aus ist, wählt Gili Meno, für Raves bis in den frühen Morgen steht das als Partyinsel bekannte Gili Trawangan, während auf Gili Air mitunter auch Bob Marley und Techno durch die Tropennacht dröhnen, doch die Besucher ihre Energie lieber für Tauchgänge am nächsten Morgen nutzen.

Schöne Strände und kristallklares Wasser

Kokospalmenhaine, schneeweiße Strände, türkisfarbenes Meer – die drei autofreien Inseln verkörpern ein wahres Robinson-Idyll und sind in den letzten Jahren zu Hotspots für reiseerfahrene Genießer und junge Aussteiger auf Zeit geworden. Doch ändert sich auch schnell die Atmosphäre, weichen einfache Backpacker-Unterkünfte zunehmend schicken Boutiquehotels, sind die Gili Islands auch international ein zunehmend nachgefragtes Strandparadies. Während der Hochsaison sind regelmäßig alle Zimmer ausgebucht, die Preise steigen und es wird, besonders auf Gili Trawangan, von seinen Fans nur Gili T. genannt, rappelvoll. Man trifft sich in einer vielen Loungebars, die sich entlang der Hauptstraße aneinanderreihen, feiert in den offenen Bars am Wasser. Nachschub an Alkoholika kommt jeden Morgen mit dem Versorgungsschiff ebenso wie Lebensmittel. Auf der Insel selbst wird alles mit Pferdewagen, den sog. Cidomos, bzw. mit Fahrrädern transportiert. Auf **Gili Trawangan** zu Hause ist der Gili Eco Trust, eine junge Organisation, die stets auf der Suche nach frei-

DIE GILI-INSELN ERLEBEN

Schnellbootverbindungen mehrmals täglich von diverse Unternehmen (u. a. Bluewater Express und Ocean Star Express, www.lombokfastboats.com) von Padang Bai und Beno (Bali) in ca. 90 Minuten (für ca. 50 €) und Teluk Nara (Lombok) in ca. 10 Minuten nach Gili Trawangan, Gili Meno und Gili Air. Vom kleinen, einige Kilometer nördlich gelegenen Hafen des Ortes Bangsal verkehren vormittags Auslegerboote (public boats) zu den Inseln. Die Boote legen ab, sobald sich genug Passagiere (etwa 40 Personen) eingefunden haben. Die Hotels bieten gegen Aufpreis auch Abholservice vom Flughafen in Lombok an.

SCHNORCHELN UND TAUCHEN

Bereits wenige Meter von der Küste entfernt treffen Schnorchler auf ein tropisch-buntes Unterwasserleben. Immer wieder zu sehen sind Schildkröten, dazu farbenprächtige Schwärme kleiner Fische. Taucher können unter zwei Dutzend **Tauchspots** mit Sichtweiten bis zu 30 m wählen. Renommierte Tauchschulen, d.h. solche, die Mitglied der Gili Island Dive Association (GIDA) sind, gibt es auf jeder der Inseln, die meisten freilich auf Gili Trawangan. Alle bieten Touren zur sog. Gili Wall, die aus zwei Korallensteilwänden besteht, zwischen denen sich auch Rochen und Mantas tummeln. Vom Gili Eco-Trust (www.giliecotrust.com) gegen einen Spende angeboten wird eine ökologisch ausgerichtete Schnorcheltour zu den Riffen, Tummelplatz für Meeresschildkröten und Nemo-Fischen.

Die Auswahl ist, besonders auf Gili T., riesengroß und nicht auf die Hotelrestaurants beschränkt. Partystimmung herrscht während der ersten beiden Stunden nach Sonnenuntergang auf dem kleinen Gili Trawangan Nightmarket: jede Menge offene Food Stalls, Cafés und Warungs, die günstig den »catch of the day«, Saté-Spieße, Nasi Goreng und Soto Ayam verkaufen.

MAHAMAYA €€

Wer einmal in diesem stylishen Strandresort übernachtet hat, kommt gern wieder: Zur traumhaften Lage am sanft ins Meer abfallenden schneeweißen Strand kommen eine romantische Strandbar und moderne, große Zimmer.
Gili Meno, Turtle Point, Pemenang, Nordwestküste
Tel. 08 11 3 90 58 28
www.mahamaya.com

PEARL OF TRAWANGAN €€

Ein Hauch von Luxus, angenehme, moderne Atmosphäre und dazu typische indonesische Architekturelemente, 71 top gepflegte Zimmer mit eigenen großen Terrassen – so originell wie romantisch sind die sog. Lumbung Beach Cottages, deren Dach an einen umgedrehten Schiffsrumpf erinnert und die direkt am Strand liegen mit Blick auf den Mount Rinjani, den Vulkan von Lombok.
Gili Trawangan, Gili Indah, im Südosten, Tel. 08 13 37 15 69 99
www.pearloftrawangan.com

SUNRISE RESORT €€

Zwischen Orchideen, Teichen und einem großen Pool, mit Blick auf den

TAUCHERPARADIES GILI ISLANDS

Die Küstenstreifen um Bali und Lombok bieten einige der weltweit besten Tauchplätze, sind aber kein ausgesprochenes Reiseziel für Tauchsportfreunde wie die Malediven oder Mexiko. Doch rund um die Gili Islands freuen sich Taucher über warme, klare Gewässer, eine artenreiche Unterwasserfauna sowie Wracks und Höhlen.

Auf den Fahrten hinaus zu den Korallenriffen können mitunter Meeresschildkröten und Haie beobachtet werden, beim Abstieg zum Riff wird man von farbenprächtigen Fischen umringt. Die Artenvielfalt tropischer Rifffische in diesem Gebiet ist in der Tat einzigartig. Unterwasserfotografen sind besonders glücklich, weil sich viele Fische von Tauchern nicht stören lassen.

Mantas und Mola mola

Gute Bedingungen bieten die Gewässer vor Balis Ostküste. Die türkisgrün leuchtenden Tiefen locken mit einer Vielfalt an exotischen Fischen und einer noch weithin intakten Korallenwelt.
Man sieht Mantarochen, Schwärme aus großen Thunfischen und die bei Tauchern so berühmten Mola mola (Mondfische).
Synonym für faszinierende Tauchgänge sind die Gili Islands (Gili = Insel), drei autofreie kleine Inseln nordwestlich von Lombok: Gili Trawangan, Gili Meno und Gili Air. Die Anreise erfolgt problemlos per Schnellboot von Bali (ca. eine Stunde) oder von Lombok aus. Auf der Gili Trawangan befinden sich mehrere ausgezeichnete **Dive Resorts** und Tauchbasen; anspruchsvoll gestaltet ist darüber hinaus die herrliche **»Villa Ombak«**, eine Anlage, die im landestypischen Stil erbaut wurde und rustikales Ambiente mit Luxus und Natur verbindet. Auch dort werden Tauchgänge organisiert und Ausrüstungen bereitgestellt.

Gili Biaha

Das exotische Unterwasserpanorama der Gili Islands überrascht europäische Taucher und begeistert auch Schnorchler: In den Korallenriffen verbergen sich die unterschiedlichsten Bewohner.
Gili Biaha beispielsweise, nicht mehr als ein Fels in der Wasserstraße von Lombok, kann mit einer steil in Stufen abfallenden Felswand aufwarten, Tummelplatz u. a. für Riffhaie. Die knapp 2 m langen **Weißspitzen-Riffhaie**, die regungslos unter Überhängen schlafen, haben eine besondere Atemtechnik entwickelt, die es ihnen erlaubt, nicht mehr schwimmen zu müssen, um Wasser über die Kiemen zu leiten.
Durch ihre Lage inmitten des offenen Meers kann man bei Tauchgängen um Gili Biaha herum auch auf Mantarochen und Mondfische treffen. In der Strömung schwebend, lassen sich die Mantas von Putzerfischen umsorgen. Inmitten von **Korallengärten** treffen Taucher auf eine Vielzahl weiterer kleiner und kleinster Meeresbewohner.

Gili Tepekong

Gili Tepekong heißt die kleine Felseninsel vor der Ostküste Balis (ca. 15 Min. per Boot von Padang Bai aus), die erfahrene Taucher mit Steilwänden, Höhlen und Riffhalden begeistert, teilweise jedoch auch gefährliche Strömungen aufweist. Tauchplätze bei Gili Tepekong

Mittlerweile sind die Riffe vor den Gili-Inseln kein Geheimtipp mehr, doch es gibt so viele Tauchstellen, dass man keine Überfüllung befürchten muss.

beginnen bei etwa sieben Metern Tiefe, und auch hier erwarten den Taucher mit etwas Glück und unter sachkundiger Begleitung schlafende Weißspitzen-Riffhaie, die nur nachts auf Jagd gehen. Das Riff erstreckt sich über drei Felsen und ist ein idealer Platz für die im gesamten Indopazifik beheimatete Haiart. Taucher schätzen an Gili Tepekong, dass sie hier die gesamte Palette tropischer Rifffische sowie viele unterschiedlichste Korallenformationen sehen können.

Gili Selang

Das kleine Gili Selang zwischen Amed und Gili Biaha ist durch einen 15 m breiten und 6 m tiefen Kanal von Bali getrennt. Tauchgänge starten meist an einer Lagune voller Korallen und farbenprächtiger Rifffische. Während die Lagune recht flach ist, fällt das Riff an der Südseite von Gili Selang in große Tiefen ab, wo sich Großfische ufhalten. Im Bereich eines Wracks finden sich Korallen und bunte Fischschwärme.

gegenüber liegenden Lombok-Vulkan: sympathisches Resort (19 Z.) am Traumstrand, individuell, freundlich und komfortabel. Der richtige Ort, um einen Padi-Open Water Course zu buchen und einen ersten Tauchschein zu erwerben.
Gili Air, Tel. 08 19 16 01 03 60
www.sunrisegiliair.com

VILA OMBAK €€€
54 Zimmer. Seit Jahrzehnten eine bewährte und luxuriöse Adresse: Das geschmackvolle Beach-Resort am gepflegten, weißen Traumstrand mit unterschiedlich ausgestatteten Zimmern in Bungalows und Lombok-typischen Sasak-Häusern, traumhaftem Blick auf die gegenüber liegenden Inseln, unterhält auch ein renommiertes Tauchzentrum. Das Restaurant ist eines der besten von Gili T.
Gili Trawangan, Jl. Pantai
Tel. 03 70 6 14 23 36
www.vilaombak.com

---

willigen Helfern ist, sog. Eco Warriors, mit denen sich die ehrgeizigen Ziele, nämlich der Ausbau des Öko-Tourismus und Müllvermeidung, umsetzen lassen.
Ende Juli und im August 2018 haben mehrere z.T. schwere Erdbeben auf der Ferieninsel Lombok verursacht, betroffen waren auch die Gili-Inseln Trawangan, Meno und Air, auf denen die Infrastruktur mittlerweile weitgehend wiederhergestellt werden konnte.

GILIMANUK

Region: Westbali | **Höhe:** Meereshöhe | **Einwohnerzahl:** 15 000
Entfernung: 85 km westlich von Singaraja

B 2/3

Das gewaltige Gespaltene Tor am Meer verfolgt einen klaren Zweck. Es soll unerwünschte Besucher, nämlich solche mit unguten Absichten, ebenso wie dämonische Kräfte davon abhalten, Bali überhaupt erst zu betreten. Gilimanuk, der wichtige Fähr- und Handelshafen zwischen Bali und der großen Nachbarinsel Java, thront an der Meerenge Selat Bali, die hier kaum drei Kilometer misst.

Hafenstadt

In Gilimanuk gibt es nur sehr wenige Sehenswürdigkeiten zu entdecken. Reizvoll ist jedoch das geschäftige Treiben in Hafennähe, das vom Fährverkehr bestimmt wird. Einen Besuch lohnt auch der allabendlich geöffnete Nachtmarkt im Stadtzentrum, wo es einige gute Garküchen gibt. Ca. 500 m östlich des Hafens werden im **Museum of Man** (Museum Manusia Purba) Ausgrabungsfunde aus der Umgebung der Stadt ausgestellt, darunter Exponate aus prähistorischen Gräbern, Keramiken und Werkzeuge.
tgl. 9 – 16 Uhr, Eintritt: 5000 Rp. (Spende)

GILIMANUK ERLEBEN

Von Denpasar verläuft die Straße nach Gilimanuk in nordwestlicher Richtung teilweise entlang der Küste (ca. 130 km). Von Denpasar-Ubung gibt es täglich regelmäßige Bus- und Bemo-Verbindungen dorthin.

Fähren zur Nachbarinsel Java (Hafen Ketapang, ca. 30 – 45 Min.) legen von Gilimanuk ab (am Ende der Hauptstraße links abbiegen und den Wegweisern folgen).

Palasari, Blimbingsari

Über die Straße von Denpasar nach Gilimanuk kann man einen kurzen Abstecher in das Dorf Palasari mit hauptsächlich katholischen Einwohnern und etwa 10 km weiter in westlicher Richtung nach Blimbingsari machen, wo v. a. Protestanten leben. Die Kirchen der beiden erst im 20. Jh. gegründeten Orte verbinden auf harmonische Weise christliche und balinesische Kultur.

★ JIMBARAN

Region: Südbali | **Höhe:** Meereshöhe |
Entfernung: 15 km südwestlich von Denpasar

Zum Sonnenuntergang füllen sich die einfachen Open-Air-Restaurants, die ihre Tische mitten in den hellen Sandstrand des vier Kilometer langen Jimbaran Beach gestellt haben. Nur Windlichter und die vielen funkelnden Sterne sorgen später für etwas Licht, um die gereichten Speisekarten entziffern zu können. Wer dennoch nichts findet, folgt der Bedienung mit in die Restaurants, sucht sich die gewünschten Fische und Meeresfrüchte aus, wählt die Zubereitung und freut sich auf den Abend. Romantischer und näher am Strand speisen Sie nirgendwo in Bali, schon der Julia-Roberts-Film »Eat, Pray, Love« wählte den traditionsreichen Fischerort als Kulisse.

Dinner am Meer

Ein Strandspaziergang entlang der halbmondförmigen Bucht von Jimbaran ist ein wahres Kontrastprogramm zum lebhaften Strandleben von Kuta und Seminyak. Fischerboote liegen vor Anker, Kinder spielen, einheimische Familien treffen sich zum abendlichen Baden und plantschen vollständig bekleidet im Meer, das hier ziemlich ruhig und weitgehend ohne Unterwasserströmungen ist. Am späten Nach-

JIMBARAN ERLEBEN

BADUNG GOVERNMENT TOURISM OFFICE

Jl. Benasari 7
Kuta
Tel. 03 61 75 61 75

Jimbaran liegt nur wenige Kilometer südlich des Flughafens. Gute Verbindungen mit Bus und Bemo, ebenso zu anderen touristischen Zielen wie Ubud oder Lombok (Bus/Fähre). Jede Menge Taxis warten bei den Warungs am Strand, um die Gäste nach dem Abendessen wieder in ihre Hotels zu bringen.

Der Kura-Kura-Touristenbus fährt zwischen 8.30 und 20.30 Uhr alle 75 Minuten zum Drehkreuz Kuta.

JIMBARAN BAY SEAFOOD CLUB

€€

Die Seafood-Restaurants bieten mehr oder weniger alle das Gleiche: Zu den ausgewählten Fisch- und Meeresfrüchten vom Grill, darunter auch Lobster in diversen Zubereitungen, serviert man weißen Reis, scharfe Saucen, eine Gemüsebeilage und anschließend ein Dessert. Die Preise richten sich nach dem jeweiligen Gewicht. Beliebt sind die sog. Packages, zu denen z.B. Calamari, Jakobsmuscheln, Hummer und Fisch gehören.

Sobald die Sonne in Jimbaran untergeht, verwandelt sich der sonst so idyllische Strand in einen kulinarischen Hotspot!

Jl. Pantai Kedongana
www.jimbaranbayseafoods.com

SUNDARA €€€

Der sowohl vom Strand als auch von der Straße erreichbare Beach-Club des Hotels, in dem man sich zu abendlicher Livemusik bei Snacks und exotischen Drinks trifft und auf die hell lodernden Flammen eines Feuers schaut, wird nach Sonnenuntergang zum besten Restaurant Jimbarans. Über die täglich wechselnden Menüs sowie die Auswahl vorzüglicher Tapas beraten die bestens geschulten Kellner.
Four Seasons Bali at Jimbaran Bay, Tel. 03 61 70 10 10
www.sundarabali.com

FOUR SEASONS BALI AT JIMBARAN BAY €€€€

Eines der inselweit schönsten Hotels (147 Z.), ein Hideaway, das man nicht mehr verlassen möchte. Inmitten eines gewaltigen Geländes oberhalb der Jimbaran Bay verbinden gepflasterte Wege die frei stehenden Gästevillen, die jüngst umfassend renoviert wurden. Unverändert geblieben sind nur die zweiflügeligen alten balinesischen Holztüren, durch die man ins Innere, nämlich den eigenen Patio tritt. Ein offener Wohnpavillon mit Liegen und ein eigener Inifinity-Pool, mit modern dekorierten Himmelbetten und neuester Technik ausgestattete Schlafzimmer und weiträumige Bäder mit Wasserfallduschen und großen Badewannen verwöhnen die Gäste. Beim Frühstück, bei dem man sich vom erlesenen Buffet bedient, blickt man hinunter aufs Meer und sieht in der Ferne den wolkengekrönten Gunung Agung. Über Treppen gelangen Sie zu mehreren großen, in die tropische Hügellandschaft integrierten Swimmingpools, Whirlpool-Anlagen und Tauchbecken sowie zum Strand.
Tel. 03 61 70 10 10
www.fourseasons.com/jimbaranbay

MÖVENPICK RESORT & SPA JIMBARAN BAY €€€

Die 2018 eröffnete Anlage (297 Z.) bietet Ruhe suchenden Gästen Luxus und Entspannung ebenso wie jede Menge balinesische Romantik oberhalb des Meeres. Herausragend ist die weite Lobby mit ihren zum Indischen Ozean ausgerichteten Terrassen, auf denen sich die Gäste abends bei Kerzenlicht und einem Aperitif versammeln, aber auch die spektakuläre Rooftop-Bar »Above Eleven«. Die weitläufige Poolanlage ist der Mittelpunkt des Hotels, Kinder genießen auf Wunsch Betreuung im Kid's Club. Nur wenige Hundert Meter sind es zum angeschlossenen Samasta Lifestyle Village und dessen Boutiquen und Cafés.
Jl. Wanagiri 1
Tel. 03 61 4 72 57 77
www.movenpick.com

---

mittag treffen die Gäste ein, Busladungen indonesischer Reisegruppen wie Individualreisende, die in den rustikalen Open-Air-Beachfront-Restaurants Platz nehmen. Seit vielen Jahrzehnten ist Jimbaran bekannt für seine Fischrestaurants, gilt als **bester Ort, um auf Bali Seafood zu genießen**. Bekannt für sein reichhaltiges Angebot an frischem Fisch ist auch der täglich abgehaltene Markt, auf dem u.a. jeden Morgen auch Tausende von kleinen Opfergaben ihre Kundschaft finden.

BAEDEKER ÜBERRASCHENDES

6X RELAXEN

Entspannen, wohlfühlen, runterkommen

1. IM SAND

Tische und Stühle am Strand, tausend Sterne funkeln über uns, auf den Tischen flackern die Kerzen, der Indische Ozean ist nur wenige Meter entfernt. Jimbaran Beach ist jeden Abend »der« Ort für ein **romantisches Seafood-Dinner.** (▶ **S. 89**)

2. BOROBODUR

Wer sich früh am Morgen mit einer Taschenlampe auf den Weg macht, die vielen Terrassen des buddhistischen **Heiligtums auf Java** zu erklimmen, wird bei Sonnenaufgang, wenn die Nebel weichen, unvergessliche Momente erleben. (▶ **S. 38**)

3. TROPENPARK

Der gläserne Lift des **Ritz Carlton Nusa Dua** gibt den Blick frei auf das Meer und die inmit- ten eines tropischen Parks gestaltete Anlage. Vom Lobby Level geht es über 100 m hinab in die tropische Ebene, ein starkes Gefühl. (▶ **S. 124**)

4. ÜBER DEM MEER

Ein schmaler Weg führt zum **Meeresheiligtum Ulu Watu** entlang der Klippen. Zum Sonnenuntergang ist die Stimmung besonders faszinierend, mit dem Einsetzen der Dunkelheit setzt auch schon die Musik ein: bei den Aufführungen des Kecak-Tanzes. (▶ **S. 7, 127**)

5. HIMMELSLEITERN IN GRÜN

Wie in einem gewaltigen Amphitheater ziehen sich Reisfelder und -terrassen die Berge und Vulkanhänge empor. Die Luft ist frisch und klar, aus Bambusrohren rinnt Wasser auf die Felder. Ein **Spaziergang in Jatiluwih** ist so entspannend wie eine kurze Meditation. (▶ **S. 154**)

6. AM BRATAN-SEE

Wenn sich **bei Sonnenaufgang** die Nebelschwaden über dem Bratan-See langsam auflösen und die hoch aufragenden, tiefschwarzen Merus der Tempel Kontur annehmen ... (▶ **S. 179**)

KAPAL

Region: Südwestbali | **Höhe:** 75 m ü.d.M. | **Einwohnerzahl:** 1000
Entfernung: 15 km nördlich von Denpasar

L 8

Vier Meter hohe Statuen von Ganesha, dem stets lächelnden Elefantengott mit dem dicken Bauch, machen den Anfang. Es folgen tonnenschwere Buddha-Figuren, die den Erwachten im Meditationssitz, stehend oder liegend darstellen. Devi Sri, die balinesische Göttin der Reisfelder und der Fruchtbarkeit, hebt grazil ihren Arm und grimmig die Zähne fletschende Wächterfiguren sind mit roten Hibiskusblüten geschmückt. Wenn Sie den kleinen Ort Kapal passieren, lohnt sich das Aussteigen. Einer Galerie gleich säumen die Figuren hier die Straße. Zu schwer zum Mitnehmen? Dann bietet man an, die Statuen für Sie verschiffen zu lassen. Was dann zu Hause wohl die Nachbarn sagen werden?

In früherer Zeit lebten viele Kapaler von ihren weithin gerühmten Töpferwaren. Heute ist das Dorf zwischen Denpasar und Mengwi für Tempelfiguren und Dekorationsstücke aus Zement und Stein bekannt. Entlang der Hauptstraße Kapals reihen sich etliche zur Straße hin offene Läden, in denen steinerne Figuren, Haustempel u. Ä. auch zum Verkauf ausgestellt sind. In Anbetracht des meist erheblichen Gewichts steht einem Kauf dieser reizvollen und handwerklich gut gearbeiteten Objekte der teure Schiffstransport nach Europa entgegen.

Töpfereien und Keramikwerkstätten

Gründertempel der Fürsten von Mengwi

Pura Sada (Prasada)

Der Pura Sada (Turm) von Kapal gehört zu den wichtigsten Tempeln auf Bali. Die heutigen Gebäude wurden auf alten Grundmauern errichtet, den Überresten eines im 12. Jh. erbauten Heiligtums. Man betritt die nur auf den ersten Blick zweigeteilte Anlage – der äußere Vorhof mit einem großen Waringin-Baum ist nicht umfriedet – durch ein Gespaltenes Tor (Candi Bentar) mit einem siebenstufigen Dach, das vermutlich aus dem 14. oder 15. Jh. stammt.

Im inneren Hof bemerkt man halb links das Bale Pesamyangan, in dem die Götter willkommen geheißen werden. Ebenfalls aus dem 14./15. Jh. dürfte der Vorläufer des mächtigen Prasada im Majapahit-Stil stammen. Es wurde durch ein Erdbeben 1917 vollständig vernichtet und erst 1948/1949 wieder errich-

PURA SADA

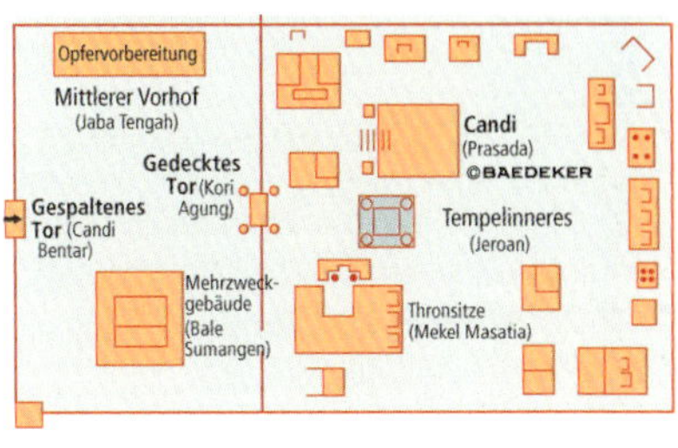

KAPAL ERLEBEN

Die Straße führt von Denpasar nordwärts in Richtung Singaraja. Mit dem Bus gibt es von Denpasar-Ubung gute Verbindungen, mit dem Bemo von Denpasar oder von Mengwi.

tet. Nicht gesichert ist, ob es genau an der ursprünglichen Stelle wieder aufgebaut worden ist. Besonders auffallend ist eine Dämonenfratze im oberen Teil der Pagode. In der Mitte liegt ein steinernes Bassin. Es symbolisiert den Sitz der Himmelsnymphe Widadari, die als Vermittlerin zwischen der Welt der Götter und jener der Menschen gilt. Rechts davon stehen **57 steinerne Throne für die Ahnen** der Mengwi-Dynastie, an der östlichen Seite drei Thronsitze. Im hinteren Teil der Anlage erheben sich weitere Schreine und Thronsitze, die u. a. der göttlichen Trinität Brahma – Vishnu – Shiva geweiht sind. Man erreicht ihn, wenn man der Hauptstraße in Richtung ▶ Tabanan folgt und dann links in ein schmales Sträßchen (200 m) einbiegt.

Zwei Tempelanlagen

Pura Desa und Pura Puseh

Direkt an der Hauptstraße von Kapal bemerkt man einen Tempelkomplex. Es handelt sich um Pura Desa und Pura Puseh; beide sind jedoch derart zusammengebaut, dass die ursprüngliche Eigenständigkeit nur noch für Eingeweihte sichtbar ist. Faszinierend ist das **reich verzierte Tor mit drei Eingängen**. Links und rechts des Tors zeigen fein gestaltete Reliefs Teile der Tantri-Tierfabeln.

★★ KLUNGKUNG (SEMARAPURA)

Region: Ostbali | **Höhe:** bis 160 m ü.d.M. | **Einwohnerzahl:** 22 000
Entfernung: 23 km östlich von Ubud

N 7

An klaren Tagen sehen die Bewohner des einst berühmten Ortes und Wohnsitz des ranghöchsten unter den balinesischen Rajas die Silhouette ihres heiligen Berges, oft ist er aber in eine Wolkenhaube gehüllt. Üppige Reisterassen umgeben die recht hübsche und quirlige Regionalhauptstadt, die sich 2000 umbenannt hat in Semarapura. Die Vergangenheit bleibt dennoch lebendig: Mitten im Zentrum liegt Taman Gili, das an die höfische Pracht der Königsfamilien erinnert.

KLUNGKUNG ERLEBEN

KLUNGKUNG TOURIST OFFICE

Jl. Untung Surapati 3
Semarapura
Tel. 03 66 2 14 48

Von Denpasar verläuft die Straße ostwärts über Gianyar. Mit dem Bus gibt es regelmäßig gute Verbindungen von Denpasar-Kereneng. Bemos findet man entlang der Straße.

Am schönsten übernachten Sie im nahen Sidemen mit Blick auf die Reisterrassen. Hier gibt es eine Vielzahl von individuellen, oft familienbetriebenen Boutique-Hotels und Pensionen, einige im Besitz von Australiern.

SAMANVAYA €€

Der große Pool, von dem aus Sie zu den umliegenden Reisfeldern, grünen Hügeln und Häusern von Sidemen schauen können, ist der Mittelpunkt dieses von europäischen Expats liebevoll geführten Boutique-Hotels. Sie wohnen in großzügigen, palmblattgedeckten Bungalows mit Himmelbetten und zwischen Lotosteichen und Götterstatuen. Im Rice-Barn-Restaurant werden täglich Frühstück sowie balinesische und internationale Gerichte serviert, im kleinen Ananda Spa verwöhnen Sie die Angestellten mit Herzlichkeit und professionellen Heilmassagen.
Banjar Tabola, Sidemen
Tel. 08 21 47 10 38 84
www.samanvaya-bali.com

Lange Zeit Zentrum der balinesischen Kultur

Geschichte

Als gegen Ende des 15. Jh.s die Hindus auf Java so verfolgt wurden, dass vielen nur die Flucht auf die Nachbarinsel Bali übrig blieb, war unter ihnen auch Batu Renggong, der Sohn des Fürsten Widjaya. Sein Vater hatte sich, um der Gefangenschaft zu entgehen, selbst verbrannt – ein Schicksal, das sein Sohn nicht teilen mochte. Mit einigen Hundert Anhängern (darunter viele Priester) floh er nach Bali, wo er in Gelgel, einem kleinen, ca. 5 km südlich von Klungkung gelegenen Ort, einen Palast baute, sich zum Dewa Agung (= Großfürsten) und Gelgel zum Regierungssitz erklärte. Um 1710 übersiedelte der Hofstaat in das wesentlich günstiger gelegene Klungkung, wo Fürst Di Made, ein Ururenkel von Fürst Widjaya, einen neuen Palast errichtete. Aus dieser Zeit stammt vermutlich auch die **Gerichtshalle Kerta Gosa.** Klungkungs Bedeutung wuchs in den folgenden Jahren so stark, dass in dieser Gerichtshalle alle wichtigen Rechtsstreitigkeiten der ganzen Insel verhandelt und Verbrecher abgeurteilt wurden. Klungkung spielte auch eine wichtige Rolle während der niederländischen Okkupationsversuche. Nachdem die Niederländer im Norden Städte wie Singaraja und Buleleng unter ihre Kontrolle gebracht hatten, gelangte eine Vorhut unter der Leitung des Kaufmanns **Cornelis de Houtman** bis nach Klungkung, wo sie vom Dewa Agung, der sich sehr für europäische Lebensart interessierte, als Gäste willkommen geheißen wurde. Einige Zeit später vereinbarte man die Aufnahme von Handelsbeziehungen. Im 18. Jh. verlor Klungkung immer mehr an Bedeutung und Einfluss an das nahe Gianyar. Zwar einigte sich der Dewa Agung mit den Herrschern der benachbarten Fürstentümer auf ein gemeinsames Vorgehen gegen die Niederländer, doch verfügte er nicht über die militärischen Mittel, sich gegen die drohende Invasion zu wehren. Klungkung war dann auch eine der ersten Gegenden, die von den Niederländern erobert wurden. Dabei kam es 1908 auch hier zu einem Massenselbstmord, der die Balinesen bis heute tief bewegt: Als die Niederländer vor den Toren des Palastbezirks standen, öffneten sich diese und ein Zug von etwa 250 Männern, Frauen und Kindern kam heraus. Sie hielten vor den verdutzten Invasoren an, dann stieß sich der Dewa Agung einen Kris in die Brust – ein Beispiel, dem alle anderen folgten (▶ Denpasar). Den Niederländern war dies jedoch nicht genug: Wer sich nicht selbst getötet hatte oder nur schwerverletzt war, starb im Kugelhagel ihrer Gewehre.

Wohin in Klungkung und Umgebung?

Moderne Zweckbauten

Von der Pracht des alten Klungkung ist nicht mehr viel zu sehen; die Niederländer rissen nahezu alle repräsentativen Bauten nieder. Das heutige Aussehen der Stadt wird deshalb weitgehend von modernen Zweckbauten bestimmt.
Erst in den 1980er-Jahren wurden einige Gebäude wieder hergestellt bzw. rekonstruiert. Sie erinnern an die große Zeit der Stadt, als Klungkung Zentrum von Kunst und Kultur auf Bali war und zahlreiche bedeutende Maler hervorbrachte.

★ Taman Gili

Im Zentrum der Stadt erstreckt sich der Taman Gili (= Garten der Insel), eine **gepflegte Parkanlage,** die etwa den Umrissen des Puri Agung, der einstigen Fürstenresidenz, entspricht. Inmitten eines von Lotosblumen besetzten Teichs steht das **Bale Kembang**, ein kleiner Pavillon mit schönen Wayang-Malereien im Innern.

★★ Kerta Gosa

Ehemalige Gerichtshalle

Wunderbar anzusehen ist die Mitte des 18. Jh.s errichtete Kerta Gosa wegen ihrer **einzigartigen, ebenfalls im Wayang-Stil ausgeführten Malereien** im Dachstuhl. In diesem Stil malen noch heute einige Künstler in und um Klungkung. Die Deckengemälde – ursprünglich auf Leinwand gemalt; erst im Zuge einer Restaurierung 1960 fixierte man sie auf haltbaren Zementplatten – zeigen u. a., welche Strafen verurteilten Delinquenten drohten. Stand der zu Verurteilende also vor seinen Richtern, bekam er, wenn er nach oben schaute, einen Eindruck dessen, was ihn nach dem Urteil erwartete: Ehebrechern werden da beispielsweise

Bale Kembang: die »schwimmende Wartehalle« des Gerichts

die Genitalien abgebrannt, Frauen müssen beim Gang durch das Feuer in die Gesichter ihrer abgetriebenen Kinder schauen und Diebe werden in siedendem Öl zu Tode gequält. Als Gegensatz dazu ist aber auch der Himmel und seine Belohnungen für die Menschen zu sehen, die in ihrem Leben Gesetz und Ordnung befolgt haben.
In der Mitte der Gerichtshalle stehen sechs reich verzierte Stühle um einen Tisch, an dem die drei Richter (Pendanda-Priester) und die Beisitzer Platz nahmen. Zur Anlage gehört auch ein kleines Museum.
tgl. 8 – 17.30 Uhr | Eintritt: 30 000 Rp.

Kunst und Kunsthandwerk

Kamasan und Banda

Der kleine Ort Kamasan, ca. 2 km südlich von Klungkung, ist bekannt für seine **Maler,** die noch die traditionelle Wayang-Technik pflegen. Hier gibt es auch eine weithin bekannte Künstlerschule, in der traditionelle mit modernen Malweisen kombiniert werden. Neben der Stoffmalerei ist Kamasan bekannt für seine kreativen **Bronze- und Silberschmiede**.
In Banda (Jl. Pertigaan), 5 km westlich von Klungkung, findet sich das Museum Seni Lukis Klasik. Es wird auch **Gunarsa Museum of Classical and Modern Art** genannt, da es von dem balinesischen Künstler Dr. Nyoman Gunarsa gegründet wurde. Neben Gunarsas Studio und einer Sammlung seiner Arbeiten werden Objekte des 17. bis 19. Jh.s sowie moderne und abstrakte Werke gezeigt.
Mo. – Sa. 9 – 16 Uhr | Eintritt: 25 000 Rp.

Kusamba

Kleiner Küstenort

Folgt man der Straße von Klungkung in Richtung Amlapura, erreicht man nach wenigen Kilometern Kusamba mit seinem schwarzen Strand. Die Bewohner des Dorfs leben vorwiegend vom Fischfang sowie von der Salzgewinnung. Unterwegs sieht man immer noch die Spuren des heftigen Vulkanausbruchs von 1963.

★ Reisterrassen und mehr

Ferienidyll

Ganz in der Nähe liegt **Sidemen,** berühmt für seine herrlichen Reisfelder und -terrassen. In den letzten Jahren entstanden in der Umgebung zahlreiche kleine Hotels, entwickelte sich das in einem herrlichen Flusstal gelegene Sidemen zum alternativen Zentrum für Yoga, Kunst und Kultur. Mehrere Kunsthandwerksbetriebe fertigen hier aufwendige Batiken für Sarongs bzw. weben auf traditionellen Webstühlen. Schon der deutsche Maler Walter Spies (▶ Interessante Menschen) genoss die ländlich-reizvolle, typisch balinesische Dorfatmosphäre; er besaß in der Umgebung ein kleines Landhaus mit atemberaubendem Panoramablick auf Balis heiligen Vulkan. Nach dem Tod von Spies 1942 wurde sein Domizil in Iseh, nur 8 km vom Mount Agung entfernt, vom Schweizer Maler Theo Meier genutzt und entwickelte sich in späteren Jahrzehnten zum Magnet für Kunstinteressierte. Heute kann das prächtig restaurierte und mit einem Pool mit Blick auf den Vulkan ausgestattete **Walter Spies House**,

Je nach Jahreszeit sind die sorgsam angelegten Reisfelder sattgrün, gelblich-braun oder bereits abgeerntet.

das schon von Bali-Fan Mick Jagger und anderen illustren Gästen bewohnt wurde, von jedermann gemietet werden, der bereit ist, den hohen Preis zu zahlen.
www.walterspies.com

★ KUTA

Region: Südbali | **Einwohner:** 70 000 | **Höhe:** Meereshöhe
Entfernung: 9 km südwestlich von Denpasar

Der herrliche, kilometerlange Kuta Beach machte den kleinen Ort bereits in den 1930er-Jahren berühmt, als ein Amerikaner das erste Strandhotel Balis eröffnete. Längst sind die Hippies und Surfer weitergezogen, doch den Kuta-Mythos beleben Hunderte von Losmen und Hotels, Bars, Clubs, Tattoo-Shops und Stände, an denen Klamotten verkauft werden. In Kuta wird rund um die Uhr gefeiert, fließt das eisgekühlte Bintang Bier schon vormittags in Strömen. Während die einen den Ort als balinesische Version von Ballermann verunglimpfen, verbringen andere, hauptsächlich jüngere Australier, hier mit Begeisterung ihre Urlaubstage.

Berühmter Urlaubsort

Die leichte Erreichbarkeit trägt natürlich auch entscheidend zur Beliebtheit von Kuta bei: Balis bekanntestes Ferienzentrum liegt nur wenige Kilometer nördlich des internationalen Flughafens.
Hier entstanden die ersten landestypischen Unterkünfte für Touristen, Losmen und Homestay genannt. Heute ist Kuta mit den nördlich liegenden Orten **Legian** und ▶ **Seminyak** zusammengewachsen und ganzjährig Anziehungspunkt vorwiegend jüngerer Reisender aus Australien, Japan und Europa. **Mehr als 500 Unterkünfte** aller Preiskategorien stehen bereit, darunter das legendäre »Poppies«, eines der ältesten Hotels im Zentrum von Kuta, seit seiner Eröffnung eine beliebte Adresse für Reisende, eine wunderschöne tropisch gestaltete Anlage.Seit das Zentrum von Kuta »generalüberholt«, nämlich mit einer modernen Kanalisation versehen wurde und Blumenschmuck die Attraktivität erhöht, ziehen die belebten Verkaufsgassen auch immer mehr Reisende aus den Fünf-Sterne-Hotels von Nusa Dua an. In den Abendstunden trifft man auf den Straßen Tausende von Besuchern aus aller Welt.
Der weitgehend schattenlose **Kuta Beach,** durch eine viel befahrene Straße von Restaurants und Hotels getrennt, entspricht zwar nicht den Klischees tropischer Paradiesstrände, ist aber dennoch beliebt zum Schwimmen, Sonnenbaden und Surfen. Als **Treffpunkt junger Individualreisender** füllt er sich in den späten Vormittagsstunden.

KUTA LEGIAN

1 Made's Warung
2 Wali Warung
3 Poppie's Restaurant
4 Cafe Sardinia
5 TJ's Mexican

1 Discovery Kartika Plaza
2 Santika Beach
3 Best Western Resort
4 The Patra Bali Resort
5 Hard Rock Hotel
6 Poppie's Cottages

KUTA ERLEBEN

BADUNG GOVERNMENT TOURISM OFFICE
Jl. Benasari 7
Kuta
Tel. 03 61 75 61 75
Fax 75 61 76

Kuta liegt an der Straße zwischen dem Flughafen und Denpasar. Gute Verbindungen mit Bus und Bemo, ebenso zu anderen touristischen Zielen wie Ubud oder Lombok (Bus / Fähre).

TEXTILIEN UND LEDER
Kuta und Legian sind die beliebtesten Einkaufsadressen auf Bali für Textilien. Hier finden sich ungezählte Shops, Boutiquen und Schneidereien. Angeboten werden internationale Markenartikel ebenso wie preiswerte Kopien, Batiken und fantasievolle Mode im balinesischen Hippie-Stil, dazu aus Leder gefertigte Kostüme, Hosen, Mäntel und aus Seide genähte Kleider und Hemden.

BALI MALL GALERIA
Zweistöckiges Shoppingcenter mit zahlreichen Boutiquen und Outlets (Ralph Lauren, Puma, Adidas), die Markenware zu günstigen Preisen verkaufen. Der große Granmedia Book Shop bietet eine hervorragende Auswahl an landeskundlicher Literatur, auch wunderschöne Bildbände. Food Court im zweiten Stock.
Jl. Bypass Ngurah Rai
Simpan Dewa Ruci, Kuta

KUTA KIDZ
Riesiges, fantasievolles und farbenfrohes Angebot an Kleidung für Jungen und Mädchen zu günstigen Preisen:
Bemo Corner, Kuta
www.kutakidz88.com

SURFER GIRL
Eine größere Auswahl gibt es wohl nirgendwo sonst: Verkauft werden die Kollektionen von 82 Herstellern (z. B. Billabong, Paul Frank, Body & Soul). Surfer Girl ist mittlerweile selber Kult, die Einkaufstaschen des Ladens gelten als angesagtes Mitbringsel.
Jl. Legian 138, Kuta
www.surfer-girl.com

WATERBOM PARK
Kinder und jung gebliebene Erwachsene besuchen gerne den Waterbom Park mit zahlreichen Wasserrutschen, Schwimmbecken und Liegestühlen unter Palmen.
Jl. Kartika Plaza
tgl. 9 – 18 Uhr
Eintritt: 440 000 Rp.
www.waterbom-bali.com

In Kuta konzentriert sich das Angebot an Diskotheken, Bars und Nachtclubs. Nummer eins für viele Kuta-Liebhaber ist nach wie vor das **Hard Rock Café** (Jl. Pantai) mit täglich wechselnder Livemusik. Zahlreiche weitere Nachtclubs und Kneipen liegen an der Jl. Seminyak.

1 MADE'S WARUNG €€
Ein Warung, der wie ein kleines Imperium wirkt: von den Einweisern auf

den Parkplätzen über die diversen Lokale, die allesamt unter einem Dach versammelt sind, bis zu den daneben liegenden Shops für Textilien, Bücher und Schmuck. Bereits seit über 40 Jahren bietet das Made's Speisen in enormer Vielfalt, u. a. auch Spare Ribs, Pasta und Blueberry-Pancakes.
Jl. Pantai, Kuta
Tel. 03 61 75 52 97
www.madeswarung.com

2 WALI WARUNG €€
Für beste und stets frisch zubereitete Gerichte sorgen Wayan und seine aus Schweden stammende Frau Asa in ihrem farbenfroh und mit Bambus und Rattan gestalteten Restaurant im Zentrum von Legian.
Jl. Padma Utara 16, Legian
Tel. 03 61 76 28 60
www.waliwarung.com

3 POPPIE'S RESTAURANT €€
Das legendäre Restaurant entführt von Kutas lebhaften Straßen in eine kleine Oase. Man nimmt Platz in einem der offenen Pavillons mit Blick in den zauberhaft gestalteten Garten, die Karte verzeichnet neben Cocktails und frischen Obstsäften balinesische und internationale Gerichte. Günstig und gut ist Gado-Gado, evtl. gefolgt von einem üppig-süßen Schokoladenkuchen.
Jl. Poppies 1, Kuta
Tel. 03 61 75 10 59
www.poppiesbali.com

4 CAFÉ SARDINIA €€
Das Restaurant liegt in dem Einkaufskomplex »Beachwalk« mit Terrasse zum Kuta Beach und zum Meer. Außer Pizza, Pasta & Co. gönnt man sich hier auch einen Café Latte oder doppelten Espresso im Anschluss ans Shopping oder nach dem Strandbesuch.
Beachwalk, Jl. Pantai, Kuta
Tel. 03 61 8 46 49 66
www.cafesardinia.com

5 TJ'S MEXICAN €€
Seit mehr als zwei Jahrzehnten genießt eine treue Fangemeinde hier Guacamole, Tacos und Enchiladas im Zentrum von Kuta, donnerstagabends trifft man sich zum Büfett und hört Mariachi-Musik.
Poppies Lane I 24, Kuta
Tel. 03 61 75 10 93
www.tjsbali.com

1 DISCOVERY KARTIKA PLAZA €€€
Das alteingesessene Strandhotel (Meerblick von allen Zimmern) bietet ein großes Spektrum von Gästeräumen, allesamt gepflegt und mit minimalistisch-reduzierter Einrichtung; grandios sind die Beachfront Villas mit privatem, abgeschirmtem Garten und eigenem Pool direkt am Meer, Butler-Service und anderen luxuriösen Extras. Das nebenan liegende Discovery-Shoppingzentrum ist mit dem Hotel durch einen Übergang verbunden.
Jl. Kartika Plaza
South Kuta
Tel. 03 61 75 10 67
www.discoverykartikaplaza.com

2 SANTIKA BEACH €€€
Das luxuriöse Strandhotel (164 Z.) liegt inmitten eines tropischen Landschaftsparks am Rand von Kuta. Es setzt auf Ruhe und gediegene balinesische Eleganz, zwei großzügig angelegte Pools sowie ein schön gestaltetes Spa.
Jl. Kartika Plaza
Tel. 03 61 75 12 67
www.santikabali.com

3 BEST WESTERN RESORT €€€
Ein gewaltiger tropischer Baum mit meterlangen Luftwurzeln steht im Hof des Hotels, auf den Rattanstühlen daneben genießen die Gäste einen Kaffee oder zur Dämmerung ei-

nen Sundowner. Ebenso schön ist das am Pool gelegene Restaurant, nach Sonnenuntergang in romantisches Licht gerückt. Die Zimmer sind geräumig und geschmackvoll eingerichtet. Aufpassen muss man bei der Anfahrt, da es in Kuta gleich drei Best-Western-Hotels gibt; dieses liegt nahe beim Flughafen (mit Shuttlebus), zum Strand sind es aber 4 km.
Jl. Kubu Anyar 118, Kuta
Tel. 03 61 76 70 00
www.bestwestern.com

4 THE PATRA BALI RESORT & VILLAS €€€

So lässt sich auch Kuta genießen: Das elegante 5-Sterne-Hotel (72 Z.) vereint stilvolles balinesisches Dekor mit den Annehmlichkeiten eines internationalen Strandresorts. Hier können Sie, ungestört vom Rummel Kutas, auf Teak-Liegen am Pool oder am Strand himmlisch entspannen. Bei der Reservierung sollte man allerdings darauf achten, auch ein Zimmer in Pool- bzw. Strandnähe zu bekommen, da die Wege innerhalb der großen Anlage doch beträchtlich sind. Ideal auch für die An- und Abreise, da nahe beim Flughafen.
Jl. Ir. H. Juanda South Kuta Beach, Kuta, Tel. 03 61 9 35 11 61
www.thepatrabali.com

5 HARD ROCK HOTEL €€

Neben dem Hard Rock Café eröffnete vor einigen Jahren das erste Hard-Rock-Hotel Asiens (418 Z.) mit der überall auf der Welt verbreiteten Ausstattung und Musiker-Memorabilia, diversen Restaurants, Pool und Spa.
Jl. Pantai
Tel. 03 61 76 18 69
www.hardrockhotels.net/Bali

6 POPPIE'S COTTAGES €€

Kult-Treff langjähriger Bali-Fans: Die im Zentrum von Kuta gelegene Anlage mit 20 Bungalows (cottages) wurde vor 30 Jahren von US-Amerikanern erbaut, mehrere Male modernisiert und erweitert. Die Zimmer sind mit balinesischem Kunsthandwerk ausgestattet. Zum »Poppies« gehören üppige Gärten, ein von Pflanzen umwucherter Pool und ein Restaurant, das zur Frühstückszeit der In-Treffpunkt Kutas ist.
Jl. Segara Batu Bolong (Poppies Lane)
Tel. 03 61 75 10 59
www.poppies.net

Zentrum von Kuta

Jalan Legian

Die Jalan Legian erstreckt sich vom Ortskern mehrere Kilometer weit nach Norden. Hier liegen ungezählte Boutiquen, Cafés, Restaurants, Kneipen und Diskotheken. Selbst geschneiderte günstige Batik-Moden werden an offenen Verkaufsständen dargeboten. In den kleinen Spas und »Wellness-Salons« nebenan genießt man für wenig Geld traditionelle Massagen und Ölkuren. Reisebüros bieten Inseltouren und internationale Flüge, Tattoo-Studios werben um Kundschaft. Je weiter nördlich man geht, desto teurer werden die Restaurants und Unterkünfte. Hier steht auch das Human Tragedy Monument, das an den 12. Oktober 2002 erinnert. Bei einem Sprengstoffanschlag fanden an dieser Stelle 202 Menschen aus 22 Ländern den Tod (▶ S. 214).

Legian

Die in Ost-West-Richtung verlaufende Jalan Melasti, die die Jalan Legian kreuzt, bildet die Grenze zu Legian. Der gleichnamige Strand ist breiter und die Ruhe wird nicht durch Autoverkehr gestört.

AB AUFS BOARD

Vor dem Surfspaß muss man vor allem eines: paddeln gegen die Kraft der Wellen. Dann das Brett wenden, die Welle ausgucken und losrudern, was das Zeug hält. Man spürt, wie die Welle das Board erfasst! Jetzt das Board fest in beiden Händen halten, aufstehen und – jaaaa! Stehen, fahren, gleiten, surfen, fliegen – mindestens zehn Meter weit. Zehn magische Meter, die man nicht vergisst ...

★★ LOMBOK

Indonesische Provinz: Nusa Tenggara Barat | **Fläche:** 4725 km²
Höhe: 0 – 3726 m ü.d.M. | **Einwohner:** 3 Mio. | **Hauptstadt:** Mataram

EXTRA-
KARTE

Weiße, unberührte Sandstrände und eine Handvoll Luxusunterkünfte: Das westlich von Bali liegende Lombok ist zwar so groß wie die Nachbarinsel, jedoch weit weniger populär. Bei einem Besuch werden Sie feststellen, dass die nur 35 km entfernte »Insel der Sasak«, der sich mehrheitlich zum Islam bekennenden Einwohner, so ganz anders ist als Bali. Eher trocken statt tropisch, ruhig statt rummelig, provinziell statt international. Einen Badeort namens Kuta gibt es jedoch auch hier.

Allenfalls Rucksacktouristen kamen auf die Insel, die von Landeskennern gern als »das Bali von früher« beschrieben wurde. Damit ist es seit einigen Jahren vorbei; jetzt gibt es auch hier eine gute touristische Infrastruktur. Bei einem Besuch von Lombok empfiehlt es sich, sich auf die Besonderheiten der Insel einzustellen. Alles ist hier ein wenig stiller und langsamer. Die Bevölkerung ist vom Tourismus längst noch nicht so beeinflusst wie jene auf Bali. Was auf der Nachbarinsel mehr oder weniger geduldet bzw. akzeptiert wird, kann auf Lombok einen Affront bedeuten. Dies gilt v. a. dann, wenn man sich im Inselinneren bewegt und mit den **Sasak**, den Urbewohnern Lomboks, in Berührung kommt.

»Das Bali von früher ...«

Die Insel ist mit einer Fläche von 4725 km² nur unwesentlich kleiner als Bali. Beide trennt die ca. 40 km breite und bis zu 3000 m tiefe Lombok-Straße (Selat Lombok), die zugleich eine tier- und pflanzengeografische Grenze (**»Wallace-Linie«**, S. 183) zwischen der malaio-asiatischen und der malaio-australischen Flora und Fauna darstellt. Markantester Punkt der Insel ist der Vulkan Gunung Rinjani mit einer Höhe von 3726 m, der dritthöchsten Erhebung in Indonesien. Der Rinjani erstreckt sich in ost-westlicher Richtung und nimmt mit seinen Ausläufern nahezu die gesamte nördliche Inselhälfte ein.

Seit der Unabhängigkeitserklärung 1945 Teil Indonesiens

Geschichte

Einst von den balinesischen Fürsten der Karangasem-Dynastie regiert, die es jedoch eher als Anhängsel betrachteten, wurde Lombok Mitte des 17. Jh.s von den Fürsten der Insel Sulawesi (Celebes) okkupiert. 1740 geriet der westliche Teil der Insel aber wieder unter die Herrschaft der Karangasem-Dynastie, die auch den östlichen Teil Balis (► Amlapura) kontrollierte, bevor der Raja von Karangasem 1849 die gesamte Insel seinem Reich einverleibte. 1838 entstand das vereinigte Fürstentum Lombok; fünf Jahre später erkannten die Fürsten von Mataram die niederländische Oberhoheit an. 1891 schlugen die Niederländer einen Aufstand der Sasak nieder und gliederten Lombok gänzlich in das von ihnen geschaffene Niederländisch-Indien ein. Lombok war in der Folgezeit **Ausgangspunkt für die Strafaktionen** der niederländischen Kolonialherren gegen Bali. Dabei erwiesen sich die Sasak-Herrscher von Lombok als willfährige Helfer; ihnen waren die niederländischen Streitkräfte willkommen, um sich aus der Hegemonie Balis zu lösen. Heute gehört Lombok zur indonesischen Provinz Nusa Tenggara Barat.

Ende Juli und im August 2018 haben mehrere zum Teil **schwere Erdbeben** auf Lombok schwere Schäden verursacht, zahlreiche Tote und Verletzte waren zu beklagen. Im September 2018 folgten weitere Nachbeben. Die Wiederherstellung der Infrastruktur im Norden von Lombok wird lange Zeit in Anspruch nehmen, im Süden und Südwesten wurden nur vereinzelte Schäden gemeldet. Mit Nachbeben muss in dieser Region auch weiterhin gerechnet werden.

LOMBOK ERLEBEN

LOMBOK TOURISM OFFICE

Jl. Raya Senggigi, Km 8
Senggigi, Lombok
Tel. 03 70 6 65 02 38
www.lombok-tourism.com

RINJANI NATIONAL PARK

Jl. Arya Banjar Getas
Lingkar Selatan, Ampenan
Tel. 03 70 6 60 88 74
www.rinjaninationalpark.com

LOMBOK

Lombok ist von Bali mit Garuda und Lion's Air (s.S. xxx, ca. 30 Minuten) zu erreichen. Angeflogen wird der im Süden der Insel bei Praya liegende Bandara International Airport (ww. lombokairportonline.com), 40 km südlich von Mataram bzw. 50 km vom Badeort Senggigi. Von Singapur aus ist Lombok täglich mit Singapore Airlines in 2,5 Stunden zu erreichen. Auf dem Flughafen stehen mit Taxameter ausgestattete und klimatisierte Wagen zweier Taxiunternehmen bereit bzw. verkehren komfortable Busse nach Mataram und Senggigi.

Von Serangan an der Südküste und Padang Bai an der Ostküste von Bali verkehrt zweimal tgl. der **Bluewater Express** (www.bluewater-express.com) nach Teluk Kode an der Westküste von Lombok.

Boote und Fähren von Padang Bai auf Bali legen auf Lombok im Hafen von Lembar, ca. 30 km südwestlich von Mataram, an.

SENGGIGI ART MARKET

Der Kunsthandwerksmarkt (Pasar Seni) von Senggigi in der Jalan Raya Senggigi versammelt zahlreiche kleinere Geschäfte und Boutiquen, die – abgestimmt auf den Geschmack der Besucher – hochwertiges Kunsthandwerk aus Lombok (u. a. mit Muscheln und Seegras verzierte Keramiken, schwarze Tongefäße, Webarbeiten in kräftigen Mustern und Farben und Teak-Arbeiten) anbieten.

ASMARA €€€

Ob Thunfisch-Carpaccio und Meeresfrüchte-Pizza, Sasak-Reistafel oder hausgemachte Ravioli: Hier schmeckt es immer wieder ausgezeichnet. Zum Wohlfühlen trägt die inspirierend mit Kunstobjekten und bunten Gemälden gestaltete Umgebung bei und für viele auch die Tatsache, dass »man« sich hier trifft. Auch nur zu einem Cappuccino und dem Checken der eingegangenen Mails ist man hier ein gern gesehener Gast. Im angeschlossenen Shop ihrer »Asmara-Collection« verkaufen die Inhaber handgewebte Kissenbezüge aus Seide, Wandbehänge in traditionellen Sasak-Designs, handgeschnitzte Masken aus abgelegenen indonesischen Inseln und andere seltene Antiquitäten.
Jl. Raya Senggigi, Senggigi
Tel. 03 70 69 36 19
www.asmara-group.com

YESSY CAFÉ €€

Hier treffen sich Langzeitreisende zum kühlen Bier und Quatschen mit Freunden, kommen Hotelgäste, um die leckeren Früchtecrepes und hausgemachten Kuchen, Gado Gado mit frischer Erdnusssauce oder Fisch vom Grill zu ordern.
Jl. Raya Senggigi, Senggigi
Tel. 03 70 69 31 48

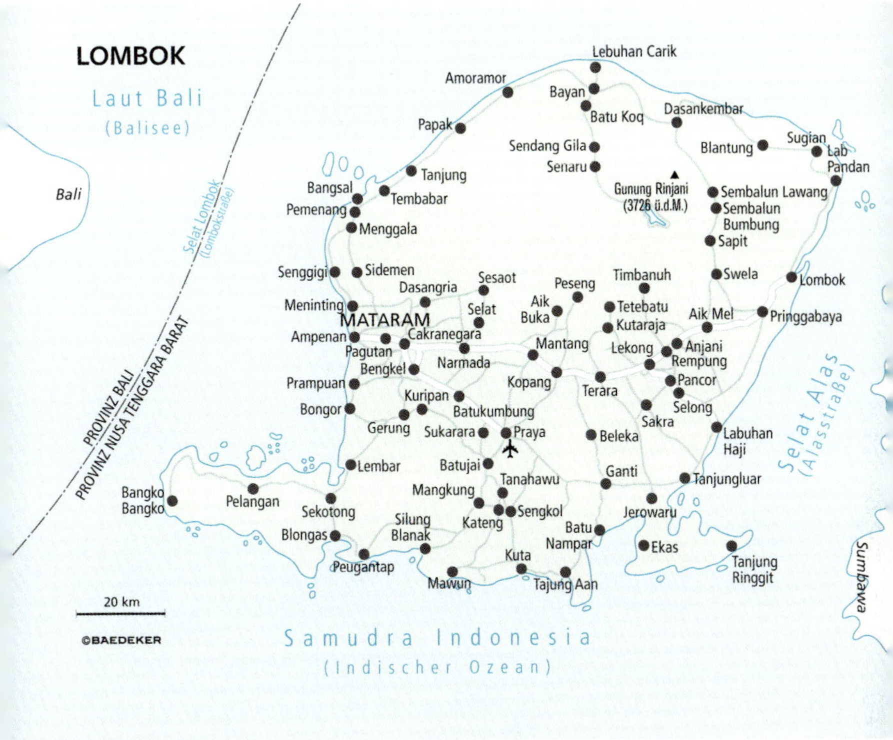

SHERATON SENGGIGI BEACH HOTEL €€€

Das erste 5-Sterne-Hotel der Insel liegt direkt am weißen Senggigi Beach. Warme Stoffe, Kronleuchter, Rattan und koloniale Möbel prägen die Atmosphäre im hohen, offenen Hauptbau. Die 154 Zimmer befinden sich in flachen Gebäuden mit Blick auf das Meer oder den Tropenpark. Auch wer hier nicht wohnt, sollte abends durch die bezaubernd erleuchteten Gärten spazieren und in einem der Restaurants speisen. Besonders schön ist das Büfett am Pool, untermalt von Gamelan-Klängen und Tanzdarbietungen.

Tel. 03 70 69 33 33
Jl. Raya Senggigi, Km. 8, Senggigi,
www.sheratonsenggigi.com

QUNCI VILLAS €€€

Kleine, feine Anlage. Gewohnt wird in 20 Villen (ab 40 m²) mit moderner und puristischer Ausstrahlung, für balinesische Atmosphäre sorgen Ikat-Webstoffe, offene Badezimmer und der Blick in die tropische Gartenanlage oder aufs Meer. Nach Sonnenuntergang erleuchten Fackeln den Pool und den Garten. Geboten werden auch Massagepavillons und ein edles Restaurant.

Jl. Raya Mangsit, Senggigi
Tel. 03 70 69 38 00
www.quncivillas.com

PURI MAS BOUTIQUE RESORT & SPA €€

Privat und individuell: Der holländische Besitzer, ein ehemaliger Profitänzer, schuf ein Kleinod im lokalen Stil. Unmittelbar nach dem mit dramatischen Holzschnitzereien verzierten Tor betritt man eine verzauberte Welt. Die 17 Zimmer verteilen sich auf kleine Häuser mit eigener Veranda, ausgestattet mit indonesischen Antiquitäten. Hindu-Gottheiten bewachen den Tropengarten, der an das Meer – mit einem nur schmalen Strandabschnitt – grenzt.
Mangsit Beach, Tel. 03 70 69 38 31
www.purimas-lombok.com

MASKOT BEACH RESORT €

21 entzückende Bungalows am Strand von Senggigi mit vielen Wassersportangeboten. Im kleinen Resort-Restaurant werden das Frühstück im balinesischen wie »american style«, Fruchtsäfte und landestypische Gerichte serviert.
Jl. Raya Senggigi
Senggigi
Tel. 03 70 69 33 65

DHARMARIE €

Kleine, preiswerte Anlage direkt am Strand, einfache Bungalows mit Klimaanlage, dazwischen Rasen und tropische Blumen. Ermäßigte Preise bei längerem Aufenthalt.
Senggigi Beach
Tel. 03 70 69 30 50

Besonderheiten

Leben auf Lombok

Auf der Insel Lombok leben etwa 3 Mio. Bewohner; 85 % von ihnen zählen sich zu den **Sasak,** den Ureinwohnern. Die Sasak stammen wohl aus dem nordwestlichen Indien, möglicherweise aber auch aus Birma (heute Myanmar), woher sie etwa im 14. Jh. zuwanderten. Ein Indiz für ihre birmanische Abstammung könnte die große Ähnlichkeit von Sasak-Trachten mit jenen der in Myanmar lebenden Bergstämme sein. Ihren Lebensunterhalt bestreiten die Sasak in erster Linie aus der Landwirtschaft. Die große Mehrheit der Sasak ist **muslimisch**, nur noch ca. 10 % der Bewohner Lomboks bekennen sich zum hinduistischen Glauben. Allerdings bekennen sich manche, besonders in den Bergdörfern des nördlichen Inselteils, noch zu der alten **Wetu-Telu-Religion**, einer Form des Islam mit Elementen des Ahnenkults, des Hinduismus und der Verehrung von Naturheiligtümern.
Die unterschiedlichen Einflüsse sind an Sprache, Kultur und Traditionen deutlich zu erkennen. Heute leben noch rund 30 000 Balinesen auf der Nachbarinsel. Wie auf Bali spielt auch auf Lombok der Reisanbau eine wichtige Rolle; die Reisterrassen sind jedoch bei Weitem nicht so kunstvoll und systematisch angelegt. Daneben gibt es Gemüse- und Tabakplantagen. Die Ernte wird kaum exportiert, sondern dient fast ausschließlich der Versorgung der einheimischen Bevölkerung.
Wenn auch seit einigen Jahrzehnten ein gewisser Trend zur Verstädterung der Bevölkerung zu bemerken ist, so lebt der überwiegende Teil der Sasak doch heute noch in typischen Dörfern. Charakteristische Kennzeichen dieser im traditionellen Stil erbauten Siedlungen sind die

Reishäuser (Lumbung). Sie werden ausschließlich aus den natürlichen Materialien Lehm und Holz auf Stelzen gestellt; gedeckt sind die meist quadratischen Häuser mit Gras, manchmal auch mit Reisstroh. Das Lumbung ist ein sehr praktisch konzipiertes Gebäude: Unten werden die Haus- und Nutztiere gehalten, in der Mitte wohnen die Menschen und unter dem hohen, halbrunden Dach bewahrt man die Vorräte auf. Sasak-Häuser dienen im Übrigen heute als Vorbilder für Hotelneubauten.

Mataram · Ampenan · Cakranegara

Inselhauptstadt

Mataram (340 000 Einw.) ist die Hauptstadt Lomboks und der Verwaltungssitz der indonesischen Provinz Nusa Tenggara Barat. Allerdings ist Mataram heute so mit den beiden ursprünglich selbstständigen Nachbarorten Ampenan und Cakranegara zusammengewachsen, dass sich die Grenzen fast gänzlich verwischt haben. Dennoch konnte jeder Teilort etwas von seinem ursprünglichen Charakter bewahren: **Ampenan** ist wegen seiner Lage unmittelbar am Meer die Hafenstadt geblieben, hat aber an Bedeutung erheblich verloren. Auf den bunten Märkten und Basaren von **Cakranegara** geben die im Lauf der Jahrhunderte zugewanderten Chinesen nach wie vor den Ton im wirtschaftlichen Leben an. Deshalb nennen die Einheimischen den Ort auch etwas spöttisch »Chinatown«.
Abgesehen vom Museum von Mataram gibt es im Stadtbereich von Mataram-Ampenan-Cakranegara kaum nennenswerte Sehenswürdigkeiten. Einige interessante Umgebungsziele sind jedoch leicht zu erreichen.

Allerlei zu Land und Leuten

★ Museum Lombok

Wer sich für die Geschichte der Insel, vor allem aber für die seiner Bewohner interessiert, sollte einen Besuch im Museum Lombok nicht versäumen. Zu den Exponaten gehören neben einigen Dokumenten und Schriftstücken zahlreiche Werkzeuge, Gerätschaften, Waffen und handwerkliche Erzeugnisse. Die Bauweise der traditionellen Sasak-Häuser veranschaulichen einige Modelle. Die meisten Gegenstände sind mit Beschreibungen in indonesischer und englischer Sprache versehen.

Jl. Panji Tilarnegara 6 | So. – Do. 8 – 14, Fr. bis 11 Uhr | Eintritt: 3000 Rp.

Ein wenig vernachlässigt

Meru-Tempel

Interessant ist auch der 1720 von dem balinesischen Fürsten Karang erbaute Meru-Tempel in Cakranegara. Im innersten Teil der weitläufigen Anlage erheben sich mehrere Merus, die der hinduistischen Trinität Shiva, Vishnu und Brahma geweiht sind.

Traumstrand auf Lombok – und keine Menschenseele weit und breit

Von Hindus und Anhängern der Wetu-Telu-Religion verehrt

★ Lingsar-Tempel

An einem bestimmten Tag zu Beginn der Regenzeit (Oktober – Dezember) ist der Lingsar-Tempel **Pilgerziel vieler Gläubiger beider Religionen**. Durch ein Gespaltenes Tor (Candi Bentar) betritt man eine breite, alleeartige Straße; links und rechts liegen zwei Teiche. Etwa in der Mitte der Straße steht linker Hand das Hindu-Heiligtum auf rechteckiger Basis (Betreten nicht gestattet) mit vier Schreinen. Der linke ist auf den Gunung Agung, den Sitz der Götter auf der Nachbarinsel Bali, ausgerichtet. Ein weiteres Heiligtum wird von den Anhängern der Wetu-Telu-Religion besucht. Dahinter befinden sich Bassins, in denen die Gläubigen rituelle Waschungen vornehmen.

Einst Gerichtshalle und Treffpunkt der hinduistischen Fürsten

Mayura-Wasserpalast

Unweit der Jalan Seiaparang liegen die Reste des Mayura-Wasserpalasts, der um 1744 erbaut wurde und Teil des Palasts der Fürsten von Bali war. In einem künstlich angelegten Teich erhebt sich ein an den Seiten offener Pavillon, der vom Ufer über einen schmalen Damm erreichbar ist.

Kleinere Sehenswürdigkeiten

Pura Segara (Wassertempel)

Von Ampenan nordwärts am Strand entlang gelangt man zu dem Wassertempel Pura Segara. Am Weg liegen einige kleine Fischerdörfer mit bunt bemalten Holzbooten. Unweit vom Pura Segara befinden sich ein chinesischer und ein muslimischer Friedhof.

Senggigi · Sukarara

Größte Touristenenklave auf Lombok

Senggigi

Vor wenigen Jahren waren die einheimischen Kinder an der Strandküste der Lombok-Straße noch fast ganz unter sich, inzwischen ist hier das Touristenzentrum **Senggigi Beach** (18 km nördlich von Ampenan) mit zahlreichen, individuell gestalteten Boutique-Hotels in bester Strandlage. Cafés, Warungs und kleine, offene Lokale beleben die Restaurantszene, am späten Nachmittag trifft man sich auf einen Sundowner zur Happy Hour in einer der Strandbars. Schöner kann man den Sonnenuntergang kaum genießen.

Weberdorf

Sukarara

Die kleine Siedlung Sukarara liegt gut 25 km südöstlich von Mataram und ist bekannt für die in traditionellem Stil von den Einwohnern gefertigten Webwaren. Die oft in monatelanger Handarbeit kunstvoll gewebten Textilien werden vor Ort zum Verkauf angeboten und haben ihren angemessenen Preis.

★★ Aufstieg auf den Gunung Rinjani

Hinweis

Der 3726 m hohe Gunung Rinjani zählt zu den beliebtesten Touristenattraktionen auf Lombok. Nach mehreren schweren Erdbeben im Sommer 2018 ist er **mindestens ein Jahr für Besucher gesperrt**. Die Trekking-Routen wurden so stark beschädigt, dass sie für Wanderer zu gefährlich sind.

Heiliger Berg

Mehrtägige Bergtour

Eine Besteigung des Inselvulkans Rinjani gehört zu den eindrucksvollsten Erlebnissen, die man auf Lombok haben kann. Daher sollte die sehr lohnende Bergtour so gestaltet werden, dass man genügend Zeit hat, die einzigartige, seit 1984 unter Naturschutz stehende Vulkanlandschaft zu genießen. Den **Gunung Rinjani**, der von den Sasak und den Balinesen gleichermaßen als heiliger Berg verehrt wird, kann man von verschiedenen Seiten besteigen. Empfehlenswert ist die relativ leichte Besteigung von Senaru im mittleren Norden der Insel aus. Hier gibt es nicht nur etliche Einheimische, die sich als Bergführer anbieten, sondern mit Sicherheit weitere Touristen, die sich gern zu Gruppen zusammenschließen. Die meisten Bergführer besorgen auch die notwendige Ausrüstung.
Von Mataram fährt man zunächst per Bus oder Bemo nach Anyar; von dort sind es nur wenige Kilometer bis **Senaru.** Hier sollte man übernachten und erst am nächsten Tag die ca. 12 km lange Strecke bis zum **Kratersee Segara Anak** in Angriff nehmen. Der Aufstieg,

den man am besten frühmorgens vor Sonnenaufgang beginnt, ist recht einfach: Man folgt zumeist ausgetretenen Pfaden sowie Wegzeichen, die ab Sengara von 1 bis 200 durchnummeriert sind.
Man sollte sowohl über reichlich Zeit als auch über eine ausreichende körperliche Konstitution verfügen, wenn auch noch der Vulkangipfel bestiegen werden soll. Vom Kratersee ist dieser in etwa 4,5 Stunden zu erreichen. Oben bietet sich eine prächtige Aussicht nicht nur auf den Kratersee und über die ganze Insel Lombok, sondern auch bis zu Balis heiligem Berg, dem Gunung Agung.
Außerhalb der Regenzeit kann man vom Kraterrand in gut drei Stunden zum Kratersee hinabsteigen. Vom See führt ein Weg in etwa 1,5 Stunden zu den stark schwefelhaltigen und bis zu 70 °C heißen Quellen, aus denen der kleine Fluss Kali Putih (= Weißer Fluss) entsteht. Hier wie auch am Rand des Kratersees gibt es einfache Lagermöglichkeiten, die es erlauben, den Aufenthalt auf mehrere Tage auszudehnen.

Blick auf den Gunung Rinjani und den Segara-Anak-See

★ LOVINA

Region: Nordbali | **Einwohner:** 5 000 |
Höhe: Meereshöhe | **Entfernung:** 10 km westlich von Singaraja

J 2

Tattoo-Studios neben kleinen, von Bougainvilleen überwucherten Pensionen, Clubs mit lauter Techno- und Reggae-Musik, Shops, in denen Bob-Marley-Shirts neben Buddhas zum Verkauf stehen: Lovina ist ein Paradies für Langzeittraveller, die in den vielen Gästehäusern entlang des kilometerlangen, dunklen Strands überwintern.

Refugium für Individualtouristen

Bereits in den 1960er Jahren entwickelte sich im Norden Balis, weit ab von den Stränden Kutas und Seminyaks entlang des dunklen Lavastrands ein frühes Zentrum der Hippie-Kultur. Lange prägten einfache, etwas heruntergekommene Pensionen und Restaurants den Charakter des Küstenstreifens. Denn eigentlich handelt es sich bei Lovina nicht um ein Dorf, sondern eher um ein eine Anzahl von kleinen Sandbuchten mit touristischer Infrastruktur. Elf Kilometer misst die von einer Handvoll von Dörfern gebildete und über die Küstenstraße miteinander verbundene Region. Der Name, so heißt es, habe sich entwickelt in Anspielung an die einstigen Blumenkinder, die sich auf den Weg machten, den Norden Balis zu entdecken, und deren Lebensphilosophie sich um »Love and Peace« drehte. Längst ist Lovina schicker geworden, haben sich kleine, individuelle und höchst liebevoll ausgestattete Hideaways angesiedelt. Noch immer sind die Preise hier angenehm niedrig, ist alles eine Spur weniger schick als beispielsweise in Seminyak. Den Strand teilt man mit den morgens zurückkehrenden bunten Fischerbooten, Platz, sein Handtuch irgendwo auszubreiten, gibt es dennoch im Überfluss.
Lovina ist **»der« Ort zum Beobachten von Delfinen**, die sich regelmäßig nahe der Küste tummeln. Darauf macht bereits eine große steinerne Delfinstatue aufmerksam, die an einer Stichstraße zum Strand im Dörfchen Kalibukbuk, dem Zentrum Lovinas, steht. Zum Dolphin Watching bricht man frühmorgens mit einem der vielen darauf spezialisierten Tour-Guides auf, meist handelt es sich um (ehemalige) Fischer, die sich so einen einträglichen Nebenverdienst sichern.

Rund um Lovina

Heiße Schwefelquellen

Die Quellen von Air Panas sind ein berühmtes Ziel mit Heilwirkung. Banjar
Umgeben von tropischen Pflanzen liegen die drei Becken, in denen

LOVINA ERLEBEN

Bus und Bemo: tgl. Touristenbusse von Perama in den Süden (Kuta, Sanur, Ubud). Wer aus Südbali mit öffentlichen Verkehrsmittel anreist, muss in Singaraja umsteigen und mit dem Bemo weiterreisen. Der Fernbus aus westlicher Richtung hält nach Anfrage an verschiedenen Stellen an der Hauptstraße.
Innerhalb des Ortes, der sich ca. 10 km in die Länge zieht, kann man sich sehr gut per Bemo fortbewegen.

THE DAMAI €€€

Eingebettet in üppige tropische Natur auf einem Hügel einige Kilometer entfernt von den Stränden liegt das stimmungsvolle, mit diversen Auszeichnungen versehene Boutique-Hotel (15 Villen und Studios). Besonders schön sind die (Pool-)Villen mit eigenem Inifinity-Pool und großzügigem Wohnzimmer. Schön sind die mit Kunsthandwerk ausstaffierten Studios zwar auch, jedoch mitunter etwas beengt. Auch die auf Bio-Zutaten setzende Küche des Damai und das romantisch gestylte Restaurant sind dafür ausgelegt, dass man gar nicht erst den Wunsch hegt, dieses Paradies zu verlassen, um sich etwa am Meer nach einem Restaurants umzuschauen.
Jl. Damai, Kayu Putih, Tel. 03 62 4 10 08
www.thedamai.com

KELAPA LOVINA BEACH VILLA €

Eine gute Wahl und direkt am Strand ist das tadellos gepflegte kleine Hotel, das durch freundlichen, unprätentiösen Service und Zimmer mit moderner, komfortabler Ausstattung und Meerblick punktet.
Pemaron, Jl. Raya Pemaron, Tel. 03 62 2 61 96,
www.kelapalovinabeach.com

THE GLOBAL VILLAGE KAFE €

Einer der besten Plätze, um in Lovina einen richtigen italienischen Espresso zu trinken, und dazu ein tolles, inspirierendes Café mit einem großen Angebot an südamerikanischem Streetfood, indonesischen Leckereien, europäischen Salaten, Vollwertkuchen und tropischen Smoothies. Der aus Singapur stammende Geschäftsmann Andy Bracey schuf mit Balinesen das Global-Village-Hilfsprojekt, das in der Umgebung Gesundheits- und Bildungseinrichtungen baut und unterstützt. Alle Einnahmen, auch die aus der angeschlossenen Galerie für lokales Kunsthandwerk, unterstützen Bedürftige.
Kalibukbuk, Jalan Raya Lovina, tgl. 8 – 22 Uhr

seit Jahrhunderten Hautprobleme und Rheuma kuriert werden. Das Wasser sprudelt aus dem Rachen steinerner Nagas, mythischer schlangenähnlicher Wesen, die die Schutzgötter der Quellen sind. Die schöne, friedvolle Umgebung und die entspannende Wirkung des warmen Wassers laden ein, hier ein paar Stunden zu bleiben und im angeschlossenen Café eine Kleinigkeit zu essen.
10 km westlich | tgl. 8 – 18 Uhr | Eintritt: 10 000 Rp.

Balis einziges buddhistisches Kloster

★ Brahma-Vihara Arama

Kennen Sie die vier Brahma Viharas, die vier in ihren positiven Wirkungen unermesslichen Geisteszustände? Geläufig sind Ihnen auf jeden Fall die deutschen Bezeichnungen der vier Tugenden Liebe, Mitgefühl, Mitfreude und Gleichmut – geistige Eigenschaften, die es für jeden Buddhisten anzustreben gilt. In der Tat ist das Kloster eine Oase der Ruhe und der Meditation. Jeder ist eingeladen, durch die wunderschöne und inspirierende Anlage zu spazieren, eine **Miniaturversion des großartigen Borobodur auf Java**, die in den 1960er-Jahren von Bhikku Giri Rakhita, einem zum Buddhismus konvertierten einheimischen Brahmanen, erbaut wurde. Praktiziert wird eine Richtung des u.a. in Thailand und auf Sri Lanka verbreiteten Theravada-Buddhismus. Die von kleinen Teichen und Blumen flankierten Wege führen Sie zur Haupthalle. Hier meditiert man zwischen Skulpturen des Buddhas, die das Leben des Erwachten von seiner Geburt als Königssohn in Nordindien bis zu seiner Erleuchtung unter dem Bodhi-Baum im indischen Bodhgaya darstellen. In einer kleineren Halle sehen Sie eine goldene Buddha-Statue, die flankiert wird von zwei wunderschönen Avalokiteshvara-Statuen, Darstellungen sog. Bodhisattvas, die zum Wohle aller Wesen die Buddhaschaft anstreben, auf ihrem spirituellen Weg bereits sehr weit fortgeschritten sind und im Falle Avalokiteshavaras universelles Mitgefühl verkörpern.

12 km südwestlich von Lovina, 1,5 km westlich von Banjar
tgl. 8 – 18 Uhr | Eintritt frei, kleine Spenden werden erbeten
https://brahmaviharaarama.com

★★ MENGWI

Region: Südwestbali | **Einwohner:** 20 000 | **Höhe:** 95 m ü.d.M.
Entfernung: 16 km nordwestlich von Denpasar | **Anfahrt:** Von Denpasar-Ubung aus bestehen regelmäßige Verbindungen mit Bussen und Bemos. Bemos findet man auch entlang der Straße nach Mengwi.

Ein Candi Bentar, ein Gespaltenes Tor, markiert den Eingang zum berühmten Taman Ayun. Wenn auf Bali, der Insel, auf der die Verehrung des Wassers im Mittelpunkt des Lebens und der spirituellen Praxis der Bewohner steht, ein Ort den schönsten und vor allem bedeutendsten Wassertempel besitzt, ist er höchster Wertschätzung gewiss. In diesem Sinne ist das kleine Mengwi, einst Mittelpunkt des gleichnamigen Königreichs, noch heute eine ganz besondere Adresse.

L 7

Balis zweitgrößte Tempelanlage

Mengwis Herrscher, spirituell wie politisch von großem Einfluss, spielten lange Zeit eine wichtige Rolle in der balinesischen Machtpolitik, genossen aber auch hohes Ansehen bei der lokalen Bevölkerung. Der Pura Taman Ayun, inmitten eines Sees erbaut, dessen Wasser anschließend weitergeleitet wird zu den umliegenden Reisfeldern der Region, wurde 1634 als Zentraltempel und auf Anordnung des weitsichtigen Herrschers von Mengwi, Raja I Gusti Agung Anom, erbaut. Seine Nachfolger wussten sich wiederholt mit anderen Mächten zu arrangieren, zunächst mit den Fürsten des nahen Klungkung und Gianyar, später auch mit niederländischen Kolonialherren. 1891, mit der Eroberung des Fürstentums durch die Herrscher von Tabanan und Badung, war es mit der Eigenständigkeit zu Ende.

Wohin in Mengwi und Umgebung?

★★ Pura Taman Ayun ▶ Abb. S. 217

Im »schwimmenden Blumengarten«
Als einer der Reichstempel des einstigen balinesischen Raja-Reichs ist der Pura Taman Ayun mit anderen Tempeln der Insel verbunden, sowohl mit den Bergtempeln, geweiht den Göttern der Oberwelt – wie Gunung Agung und Gunung Batur – als auch den Meeresheiligtümern wie z.B.. Ulu Watu, geweiht Rudra, einer Erscheinungsform Shivas. Sie betreten die imposante Tempelanlage, eine der größten der Insel, durch ein dreistufiges Gespaltenes Tor. Ein elfstufiger Meru, getragen von einem Elefanten, symbolisiert den heiligen Weltenberg Mahameru, den Mittelpunkt des Universums. Im innersten Hof, den man durch ein Gedecktes Tor (Candi Korung) betritt, erheben sich nicht weniger als 27 Bauwerke unterschiedlicher Bedeutung und Bestimmung. Die große Bedeutung des Pura Taman Ayun lässt sich daran erkennen, dass in ihm nicht nur Gottheiten verehrt werden, für die der Tempel gebaut wurde, sondern auch solche, die während der Festlichkeiten aus anderen Heiligtümern »zu Besuch« kommen. Dazu gehören etwa die Götter, die auf dem Gunung Agung bzw. dem Gunung Batur wohnen.

★ Affenwald von Sangeh

Wie so vieles auf Bali ist auch der Affenwald von Sangeh, ca. 10 km nördlich von Mengwi gelegen, zu einem vom Tourismus geprägten Ort geworden. Bevor man in den Wald kommt, in dem **Hunderte von Affen in freier Natur** leben, muss man vom Parkplatz einen Weg nehmen, der von Souvenirläden gesäumt ist. Der Legende nach gelten die Affen als heilig, sind sie doch die lebenden Nachfahren des Affenkönigs Hanuman, einer der zentralen Figuren des indischen Epos »Ramayana« (▶ S. 230). Zu ihrer Verehrung dient der Pura Bukit Sari, ein wohl im 17. Jh. entstandener Tempel mitten im Wald. Eindrucksvoller als der Tempel sind die mächtigen, sonst nirgendwo auf Bali wachsenden Bäume in seiner Umgebung, deren Herkunft ungeklärt ist.

Vorsicht: Manchmal sind die Affen ziemlich angriffslustig; das gilt besonders für Affenmütter mit Jungen. Um nicht gebissen zu werden, hält man deshalb besser Abstand. Kamera- und Handtaschen sollte man während eines Spaziergangs durch den Wald verschlossen halten; Brillenträger sollten wissen, dass die Affen gern mit geraubten Sehhilfen ihren Spieltrieb befriedigen.
Problematisch ist es auch, die Tiere zu füttern. Nähert man sich mit einer Tüte Nüsse oder mit Bananen, reißen die Affen einem das Futter aus der Hand, und manche Tiere verfolgen die Touristen, um schnell an die Leckerbissen zu gelangen.

DER TEMPELPRIESTER

Mengwi am Pura Taman Ayun, dem nach dem Muttertempel Besakih zweitgrößten und zweitwichtigsten Heiligtum Balis: Alle schauen auf den großen Pagodenturm der Reisgöttin Devi Sri mit elf Dächern. Ein ganz in Weiß gekleideter Tempelpriester versorgt völlig in seine Aufgabe versunken jeden, auch den kleinsten Tempel der Anlage mit Opfergaben. Einen Blick für die Touristen hat er nicht.

RITUELLE REINIGUNG

Elf Brunnen, elf Götter und unter jedem Gott und Wasserstrahl wäscht man symbolisch die Seele, das Herz, innere Organe ... Das Wasser ist belebend frisch, das Bassin hüfttief, bekleidet ist man nur mit einem Sarong. Am Ende des Beckens segnet der Priester die Gereinigten, drückt ihnen Reiskörner auf Stirn und Hals. Jetzt innehalten und mit dem aus drei Schnüren geflochtenen Armbändchen die Kraft von Shiva, Vishnu, Brahma aufnehmen (▶ Tirta Taman Mumbul).

Quellheiligtum

Tirta Taman Mumbul

Ganz in der Nähe des Affenwaldes findet man eine weitere Attraktion, die bis 2016 nur Einheimischen bekannt war. Inmitten einer wunderbaren Landschaft, von schattenspendenen hohen Bäumen umgeben lädt Tirta Taman Mumbul Sangeh zu einer Pause ein, und eventuell auch dazu, an einer Reinigungszeremonie teilzunehmen.

tgl. 8 - 18 Uhr

★ NEGARA

Region: Westbali | **Höhe:** 120 m ü.d.M. | **Einwohner:** 25 000
Entfernung: 33 km südöstlich von Gilimanuk

D 5

Die mit Blumenkränzen ausstaffierten Wasserbüffel, die im vollen Galopp einen kleinen Karren ziehen, haben Negara in ganz Bali bekannt gemacht: Makepung heißen die zweimal jedes Jahr zwischen August und November ausgetragenen Wettkämpfe, bei denen es aber nicht nur um die Schnelligkeit der Büffel, sondern auch um deren Schönheit und Eleganz beim Laufen geht. Daneben werden besondere Tänze und Gamelan-Konzerte aufgeführt, sind die umliegenden Dörfer in Festtagstimmung.

Charmante Kleinstadt

ESie wollen dabei sein? Kein Problem, Besucher werden nicht nur gern gesehen, sondern auch besonders umworben. So gibt es eigens für Touristen gedruckte Übersichtspläne, die die einzelnen Rennen verzeichnen, bescheidene Versuche, Negara populär zu machen. Die muslimisch geprägte Stadt im Nordwesten kann zwar nicht mit Sehenswürdigkeiten punkten, ist aber umgeben von naturbelassenen und weitgehend menschenleeren Stränden, ein ideales Ziel, wenn Sie lange Spaziergänge am Meer mögen.

Wohin in Negara und Umgebung?

Das kleine Städtchen besitzt einige hübsche Häuser, die typisch sind für den in diesem Inselteil verwendeten Baustil. Auch gibt es mehrere Moscheen, die außerhalb der Gebetszeiten besucht werden können; man sollte jedoch vorher um Erlaubnis fragen.

»Balinesisches Ben-Hur-Rennen«

★ Wasserbüffelrennen

Seit etwa hundert Jahren kommt zweimal jährlich in das sonst etwas verschlafene Städtchen Negara: Mitte August und zwischen September und November, wenn die Wasserbüffelrennen veranstaltet werden. Den genauen Termin muss man entweder an der Hotelrezeption oder bei den Touristenbüros in Denpasar erfragen.
Dann strömen Tausende von Besuchern in die Stadt, darunter viele wettfreudige. Bei diesen Rennen zieht jeweils ein Büffelpaar einen zweirädrigen Karren, auf dem ein »Jockey« versucht, zum einen die Balance zu halten, zum anderen die plump wirkenden Tiere zu einer schnelleren Gangart zu bewegen. Erstaunlich ist, dass Wasserbüffel in der Lage sind, auf der ca. 2,5 km langen Renndistanz bis zu 50 km/h schnell zu rennen.

TRADITIONELLE BALINESISCHE MUSIK

Überall auf Bali wird Ihnen Gamelan begegnen, die für westliche Ohren erst einmal gewöhnungsbedürftige Musik mit ihren seltsam verstimmt klingenden Tönen und ihren sich endlos wiederholenden Rhythmen. Doch mit der Zeit erkennt man die Klangbilder, da sich je nach Region meditative oder schnelle Klangfolgen der verschiedenen Instrumente unterscheiden.

Gamelan hören und sehen

Gong (A)
markiert den Abschluss eines Musikabschnitts.

Kempuls (B)
kleine Gongs

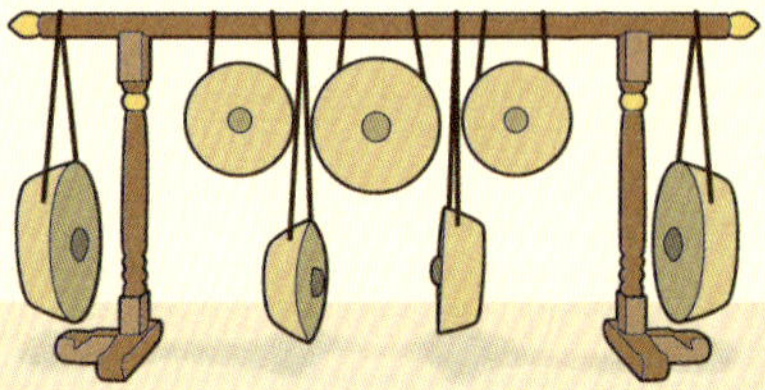

Slenthem (C)
hat einen Resonanzkörper aus Bambusrohren.

Gender (D)
wie das Slenthem, jedoch höher gestimmt und mit doppelt so vielen Klangplatten

Celempung (E)
26-saitiges Instrument, eine Art Zither

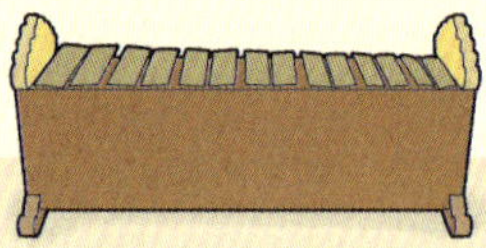

▶ **Tonarten**
Im Gamelan gibt es zwei Tonarten: das aus fünf Tönen bestehende Sléndro- und das aus sieben Tönen bestehende Pélog-System. Die Töne im Pélog heißen:

Penunggul	1
Gulu	2
Dhadda	3
Pélog	4
Lima	5
Nem	6
Barang	7

Pélog Bonang

Pélog im westlichen Notensystem

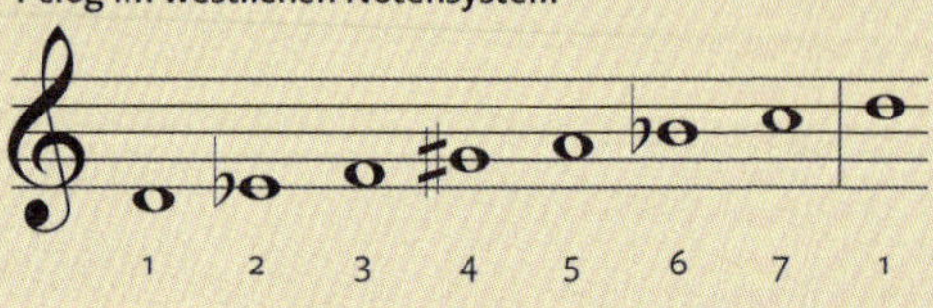

Kenong (F)
Kesselgongs

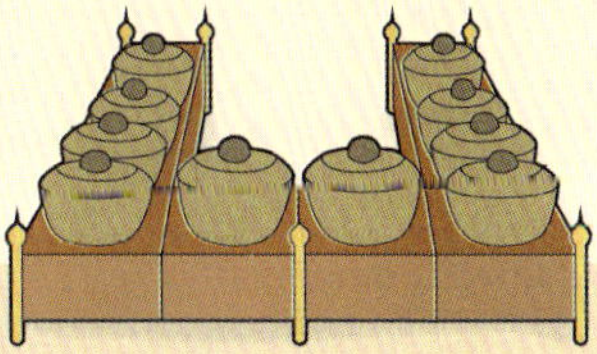

▶ **Aufbau eines Gamelan-Orchesters**

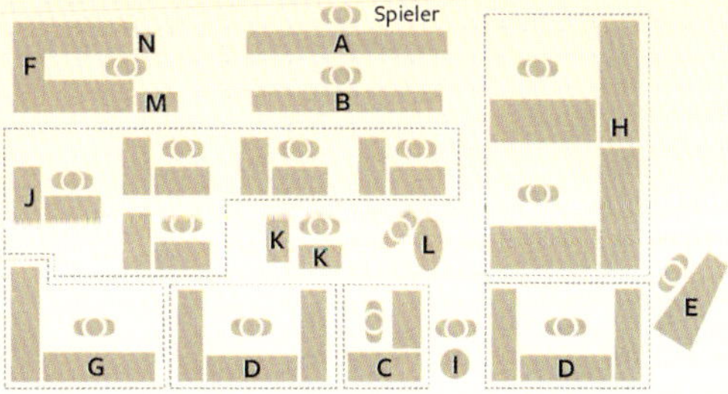

Gambang (G)
ähnlich wie ein Xylophon,
17 bis 20 hölzerne Klangstäbe,
Melodieinstrument

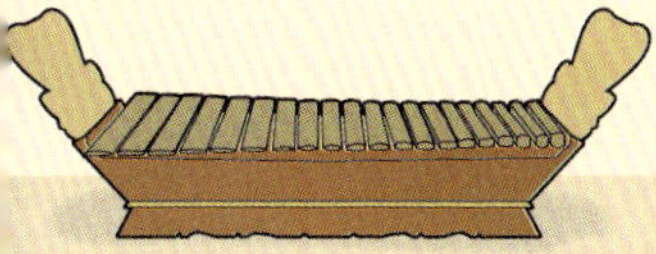

Bonang (H)
besteht aus 10 bis14 Bronze-kesseln, schmückt die Melodie aus.

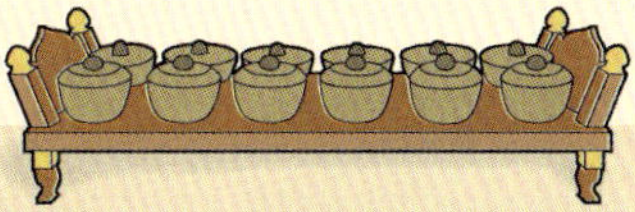

Suling (I)
Bambusflöte

Saron (J)
Metallophon mit
6 bis 7 Klangstäben,
spielt die Haupt-melodie.

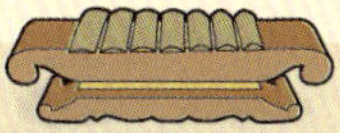

Kendang (K)
Trommel, gibt
den Takt vor, wird
vom Dirigenten
gespielt.

Rebab (L)
zweisaitiges
Streichinstrument,
Klang ähnlich einer
Geige

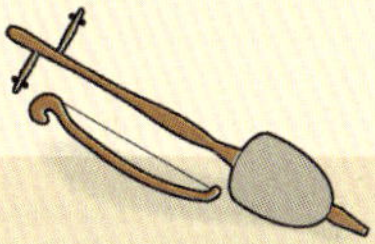

Kempyang (M)
& Kethuk (N)
kleine Kessel-gongs

▶ **Notation**
Anders als im westlichen Notensystem werden die Töne als Zahlen notiert.

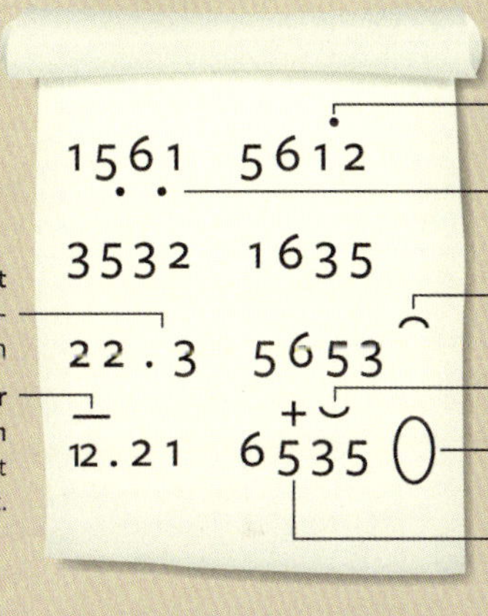

Punkt über der Zahl
eine Oktave höher

Punkt unter der Zahl
eine Oktave tiefer

Einfacher Punkt
Pause oder ausklingender Ton

Bogen über der Zahl
wird vom Kenong gespielt

Umgekehrter Bogen
wird vom Kempul gespielt

Strich über mehreren Zahlen
Noten werden doppelt so schnell gespielt.

Umkreiste Zahl
Gong

Plus über der Zahl
wird von Kethuk gespielt

NEGARA ERLEBEN

JEMBRANA GOVERNMENT TOURIST OFFICE
Jl. Surapati 1
Negara
Tel. 03 65 4 12 10

Von Denpasar geht es 97 km westwärts in Richtung Gilimanuk. Busse fahren regelmäßig von Denpasar-Tegal. Bemos nimmt man am besten ab Gilimanuk bzw. Pulukan.

JIMBARWANA €
Inmitten eines üppig blühenden tropischen Gartens liegt das günstige und komfortable Mittelklassehotel. Die besten Zimmer sind ausgerichtet zum gepflegten Pool und haben kleine Terrassen. Das Restaurant, das allerdings nur über Innensitzplätze verfügt, hat ein großes Angebot an balinesischen, indonesischen und chinesischen Spezialitäten im Angebot; Kräuter, Gemüse und Obst stammen aus eigenem Anbau.
Jl. Udayana 2, Tel. 03 65 4 10 60
www.jimbarwanahotel.com

Prächtig geschmückte Wasserbüffelgespanne liefern sich ein spannendes Rennen.

Auf der Straße nach Denpasar

Gamelan-Museum und Pulukan

Ein kleines privates Gamelan-Museum mit einer schönen Sammlung regionaler **Gamelans** (▶ Baedeker Wissen S. 120) kann man in **Sangkar Agung** aufspüren, wenn man Hinweisschildern mit der Aufschrift »Jegog Suar Agung« folgt. Der Ort liegt, etwas abseits der Straße nach Denpasar, ca. 12 km südöstlich von Negara entfernt. Folgt man der Straße weiter, kommt man durch das kleine Städtchen Pulukan, das vor allem Reisenden gefällt, die sich abseits des großen Touristenrummels aufhalten wollen. Es gibt allerdings nur Unterkünfte mit bescheidenem Komfort; Surfer werden sich aber über die **guten Wellen** freuen.

★ NUSA DUA

Region: Südbali | **Höhe:** Meereshöhe. |
Entfernung: 25 km südlich von Denpasar

Ist das noch Bali? Breite, von Autos und Mopeds weitgehend freie Straßen führen durch eine tropische, von einer Hundertschaft von Gärtnern gepflegte Paradieslandschaft. Gewaltige Denkmäler thronen auf den diversen Kreiseln, die wie kleine Parks gestaltet sind. Wegweiser zu den Resorts, die inmitten gewaltiger Grundstücke am Meer thronen, lesen sich wie das »Who's Who« der internationalen Luxushotellerie. Das auf der Halbinsel Bukit Badung liegende Nusa Dua ist eine auf dem Reißbrett geplante Version von Bali.

L 10

Luxuriöse Enklave

Es ist, wie alles im Leben, reine Ansichtssache: Die einen Besucher lehnen das bereits in den 1970er-Jahren von der Bali Tourism Development Corporation (BTDC) geplante und der Weltbank mitfinanzierte Nusa Dua und dessen 5-Sterne-Hotels als untypisch und steril ab, die anderen genießen die luxuriöse Enklave, die sie für zwei Wochen nicht mehr verlassen. Ausreichend Platz gibt es in Nusa Dua genug und in der Umgebung liegen einige reizvolle Ausflugsziele, sodass einem so schnell nicht langweilig wird. Die hellen und feinsandigen, kilometerlangen Strände Nusa Duas werden von Hotelangestellten täglich gereinigt und sind daher, auf Bali eher selten, top gepflegt. Ein Shuttle Bus verbindet die Hotels kostenfrei mit der **Bali Collection,** einem großen, ansprechend gestalteten Einkaufskomplex, in dem die Boutiquen, Kaufhäuser, Cafés und Restaurants inmitten eines tropischen Areals liegen.

Komplek BTDC Nusa Dua, Benoa, Kuta Selatan | tgl. 10 – 22 Uhr
www.bali-collection.com

NUSA DUA ERLEBEN

Der KuraKura-Touristenbus fährt (alle 2 Std.) auf zwei Routen und verbindet Nusa Dua mit dem Verkehrsknotenpunkt Kuta.
Die Bali Mandara Toll Road über die Bucht von Benoa verbindet Nusa Dua mit dem Flughafen und der Jl. By Pass Ngurah Rai westlich von Sanur.

LOTUS GARDEN €€€

Zwischen Wasserteichen und -spielen kann man hier mediterrane Küche genießen. Zwar an der Hauptstraße, aber dennoch ruhig und gemütlich.
Jl. Ngurah Rai, Tel. 0361773378

NUSA DUA BEACH GRILL €€

Entspannte Strandatmosphäre, frisches Seafood und tolle Drinks - was will man mehr?
Jl. Pura Gegar (beim Mulia Resort, Gegar Beach)

GRAND HYATT €€€€

Das offene, im typisch balinesischen

Stil gehaltene Empfangsgebäude ist die richtige Einstimmung für das top gepflegte Luxushotel, in dem es auch angesichts der gewaltigen Größe der in einem tropischen Landschaftspark am Meer liegenden Anlage für jeden Gast seinen persönlichen Lieblingsbereiche zu entdecken gibt. Das beginnt bei den fünf Pools, einem Dutzend auch (innen-)architektonisch toll gestalteten Restaurants und reicht bis zu den Zimmern mit zur Lagunenlandschaft ausgerichteten Terrasse.
Kawasan Wisata Nusa Dua
Tel. 03 61 77 12 34,
www.bali.grand.hyatt.com

AMANUSA €€€€

Nach wie vor die berühmteste Adresse von Nusa Dua: Das Resort oberhalb des Meeres beim Nusa-Dua-Golfplatz gehört zur legendären Aman-Gruppe und verwöhnt seine Gäste mit persönlichem Service: Wer seine perfekte, im ypischen Aman-Stil auf Understatement und puristisches Design setzende Villa verlässt, um am Hauptpool zu relaxen, wird mit gekühlten Obsthäppchen, Magazinen und Wasser versorgt, im Restaurant mit dem Namen angesprochen. Hier genießt man »splendid isolation« auf höchstem

Damit das Wasser vor der Küste von Nusa Dua ruhig und ideal zum Schwimmen ist, wurden hier künstliche Wellenbrecher installiert.

Niveau, kein Wunder, dass die Stammgäste sich mitunter als »Aman-Junkies« bezeichnen.
Jl. Nusa Dua
Tel. 03 61 8 46 85 85
www.aman.com/villas/nusa-dua

RITZ CARLTON NUSA DUA €€€€

Vielleicht liegt es auch an den überaus komfortablen Boxspringbetten und den seidenweichen, auf Wunsch täglich gewechselten, schneeweißen Bettlaken und dünnen Daunendecken, dass man hier so traumhaft schläft. Per Fernbedienung schiebt man dann die Vorhänge zurück,
öffnet die Tür zum großen Balkon und genießt den selbst zubereiteten Kaffee beim Blick über den Indischen Ozean. Wen es nach ultimativem
Luxus verlangt, der bucht eine der sechs Sky-Villen: Penthouses mit eigenem Infinity-Pool und kleinem balinesischem Pavillon auf dem Dach, die Bäder mit Regenfalldusche und Orchideen. Großartig ist auch das Spa, in dem hinter einer steinernen Wand die Sonne Balis der Innenschau und spiritueller Atmosphäre Platz macht. Im Erdgeschoss locken diverse Hydrotherapie-Becken mit unterschiedlich temperiertem Meereswasser, ein Jungbrunnen für die Haut. 279 Suiten, 34 Villen.
Jl. Raya Nusa Dua Selatan
Tel. 03 61 8 49 89 88
www.ritzcarlton.com/de/hotels/indonesia/bali

ST. REGIS €€€€

Ein Hotel, in dem die kleinsten Zimmer 90 m² große Suiten sind, auf Wunsch ein Butler beim Auspacken des Koffers hilft und den Cappuccino aufschäumt, leistet man sich nicht alle Tage. Direkten Zugang zum weißen Sandstrand haben Sie von den mit balinesischen Ikats und Kunstwerken, Whirlpool und Tauchbecken ausgestatteten Villen. Kein Wunder, dass das Beachfront-Resort auch im luxusverliebten Nusa Dua Maßstäbe setzt. Vor dem Dinner in einem der vier Restaurants trifft man sich auf einen Cocktail in der King Cole Bar, dem Original des New Yorker St. Regis nachempfunden, oder – etwas zwangloser – in der Vista Bar am Strand. Tagsüber ist das »Gourmand Deli« eine Top-Wahl, in dem es u.a. belegte französische Baguettes und internationale Köstlichkeiten gibt. 79 Suiten, 42 Villen.
Kawasan Pariwisata Nusa Dua,
Tel. 03 61 8 47 81 11,
www.stregisbali.com

Wohin in Nusa Dua?

Kunst der Pazifikkulturen

Museum Pasifica

Ein »Muss« ist ein Besuch im Museum Pasifica, dem größten Kunstmuseum auf Bali. Es setzt seinen Schwerpunkt auf zeitgenössische Werken balinesischer Maler und Bildhauer sowie aus ganz Asien und dem pazifischen Raum. Auch europäische Maler, die in Indonesien bzw. in Polynesien lebten und arbeiteten, sind vertreten, unter ihnen auch Adrien-Jean Le Mayeur (▶ Baedeker Wissen, S. 138) .
BTDC Area, Block P, Kuta Selatan (gegenüber dem Einkaufskomplex Bali Collection) | tgl. 10 – 18 Uhr | Eintritt: 100 000 Rp.
www.museum-pasifika.com

Landzunge mit schönem weißem Sandstrand

Tanjung Benoa

Den Norden von Nusa Dua nimmt die schmale Landzunge von Tanjung Benoa ein, ihr gegenüber liegt der gleichnamige Hafen. Hier ankern Fischerboote, Containerschiffe und hin und wieder auch Jachten. In Benoa ändert sich die für Nusa Dua typische Luxusszenerie etwas, weicht einfacheren, von Balinesen betriebenen Shops, Restaurants und Cafés am Wegesrand. Die meisten Urlauber vergnügen sich hier beim **Wassersport,** dem man in Benoa in vielen Variationen frönen kann, vom Bananaboat-Fahren bis zum heute auch auf Bali angesagten Wakeboard. Von Benoa sind Überfahrten zur **»Schildkröteninsel« Pulau Serangan** möglich, die im Mangrovengürtel direkt vor Bali liegt. Das kleine, kaum mehr als 70 ha große Eiland war bis vor wenigen Jahrzehnten für **Meeresschildkröten** eine der Hauptablegeplätze ihrer Eier.

Reinschnuppern in unterschiedliche »Welten«

★ Hotel Hopping

In Nusa Dua erfreuen sich Besucher mangels echter Sehenswürdigkeiten am »Hotel Hopping«. Man bummelt entlang der gepflasterten Uferstraße, wirft einen Blick auf die dort liegenden Hotels und plant ggf. einen abendlichen Restaurantbesuch. Spektakulärste Hoteleröffnung in den letzten Jahren war die des **Ritz Carlton** in Sawangan ganz im Süden von Nusa Dua. Das Erlebnis beginnt mit dem Betreten einer weiten, offenen Halle hoch auf den Klippen, durch die der Wind weht. Willkommen im aufregendsten Hotelfoyer Nusa Duas mit einem 180-Grad-Blick über den Küstenstreifen! Panoramascheiben geben den Blick frei auf das tief unten, sozusagen auf Meeresniveau zwischen einer tiefgrün schimmernden Dschungellandschaft angelegte Resort. Dann geht es in den Fahrstuhl, der – die nächste Überraschung – komplett verglast und senkrecht über den Klippenrand nach unten führt.

Rund um Nusa Dua

Tempel auf spektakulärsteiler Felsklippe

★★ Pura Luhur Ulu Watu (▶ Abb. S. 7)

Hoch auf den Klippen der Südwestspitze der Bukit-Badung-Halbinsel und etwa 80 m über dem Meer thront der aus Korallenstein erbaute Felstempel Pura Luhur Ulu Watu, ein **Meeresheiligtum** mit überragender Bedeutung. Der Ulu Watu, der den Rang eines Staatstempels besitzt und in den Verzeichnissen der sechs heiligsten Tempel Balis, dem sog. Sadkahyangan, geführt wird, ist Shiva in seiner Erscheinungsform als zorniger Gott Rudra gewidmet. Einer Festung gleich schützt der Pura Luhur Ulu Watu die Insel vor den nach Ansicht der Balinesen im Meer beheimateten dämonischen Kräften und deren unheilsamen Einflüssen. Der Pura Luhur Ulu Watu, der nahezu 1000 Jahre alt ist, gilt als höchst gesegneter Ort: Unter anderem soll hier der im 16. Jh. vor der Ausbreitung des Islam nach Bali geflüchtete javani-

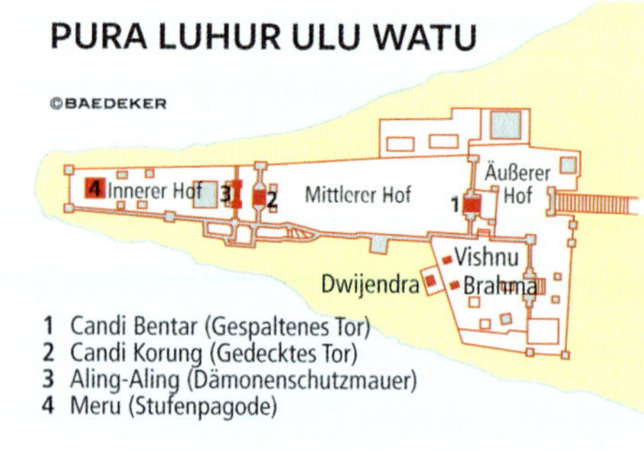

sche Hindu-Priester Sanghyang Nirartha, meditiert haben und höchste Erleuchtung, die Erkenntnis der wahren Natur allen Seins, erlangt haben. Ein schmaler, gewundener Weg führt entlang der Anlage, für deren Betreten Ihnen am Eingang der obligatorische Sarong ausgehändigt wird. Ins Allerheiligste, den mittleren und inneren Hof, dürfen gleichwohl nur Hindus. **Halten Sie Ihre Taschen verschlossen**, denn die vielen hier herumturnenden Affen, niedlich aussehende Langschwanzmakaken, sind sehr zutraulich und stibitzen bei jeder sich bietenden Gelegenheit glitzernde Wertsachen und Sonnenbrillen. In einem kleinen **Amphitheater** beim Ulu Watu wird täglich zur Zeit des Sonnenuntergangs und hauptsächlich für Touristen der Kecak-Tanz vor der eindrucksvollen Kulisse des Tempels aufgeführt

tgl. 9 – 19 Uhr | Eintritt: 40 000 Rp. | Kecak-Tanzvorführung: tgl. 18 Uhr | Eintritt: 100 000 Rp.

★★ NUSA PENIDA

Regierungsbezirk: Klungkung | **Fläche:** 322 km²
Höhe: 0 – 529 m ü.d.M. | **Einwohner:** 48 000

O-Q
9/10

Die Insel ruft: Nur acht Kilometer vor Balis Südostküste liegt die kleine, weithin unbekannte Inselgruppe, die traumhafte Auszeiten im kristallklaren, türkis schimmernden Meer und an naturbelassenen Sandstränden bietet. Bereits die Überfahrt im Schnellboot oder – noch schöner – per Auslegerboot ist ein erfrischendes Abenteuer. Neben Penida ist es besonders das kleinen Nusa Lembongan, das die Tagestouristen anzieht. Dabei kann man hier auch gut übernachten, denn es gibt mehrere, nette Gästehäuser direkt am Meer.

Surf- und Tauchrevier

Das Kalksteinmassiv, das den Inselkern von Penida durchzieht, steigt bis zu einer Höhe von 529 m auf. Wirtschaftliche Bedeutung besitzt keine der drei Inseln; der wasserdurchlässige Karstboden eignet sich kaum zur landwirtschaftlichen Nutzung. Der bescheidene Haupter-

NUSA PENIDA UND NUSA LEMBONGAN ERLEBEN

PENIDA

Nusa Penida gehört zu Bali und ist z.B. von Sanur und Padang Bai (südwestlich von Amlapura) aus per Schnellboot bzw. Fähre zu erreichen. Von Sanur aus dauert die Überfahrt mit dem Schnellboot gerade einmal 30 Minuten. Von Kusamba, etwa 6 km südöstlich von Klungkung, benötigen die Auslegerboote, die jeden Morgen verkehren, ca. 2,5 Stunden nach Sampalan bzw. Toyapakeh.

LEMBONGAN

Man erreicht Nusa Lembongan (Anlegestelle bei Jungutbatu) entweder von Toyakapeh auf Penida oder von Sanur auf Bali mit Ausleger- oder auch mit kleinen Motorbooten (Fahrpreis aushandeln!).

NUSA LEMBONGAN RESORT €€€–€€€€

Neben einem Strand in der Sanghiang Bay und mit Blick auf den Vulkan Agung bietet das Haus Ruhe, Erholung und viel Wassersport. Sehr gute indonesische und internationale Gerichte kann man auf der Terrasse mit einer wunderbaren Aussicht auf Strand und Meer genießen. In der Nähe gibt es auch eine nette Bar.
Tel. 03 61 72 58 64

BUNGALOWS PEMDA €

14 einfach ausgestattete Zimmer, jedoch mit grandiosem Meerblick
Sampalan (gegenüber der Polizeistation)

werb ist daher die **Fischerei.** Besucher der Insel zieht es hauptsächlich an die Nordküste, ein ideales Revier für Surfer und Taucher. Früher diente Penida als **Verbannungsort** für in Klungkung verurteilte Verbrecher. Die geistergläubigen Balinesen stehen der Insel Penida recht misstrauisch gegenüber. Auf ihr vermuten sie nämlich den unheilvollen **Riesen Jero Gede Mecaling,** dem es schon einige Male gelungen sein soll, mit seinem Geistergefolge die Badung-Straße zu überwinden und Angst, Schrecken und Zerstörung über Bali zu bringen. Erst nachdem die Balinesen eine ähnlich aussehende Dämonenfigur angefertigt und an der Küste aufgestellt hatten, habe der Riese das Weite gesucht. Wenn die Balinesen auch heute noch am Abend vor dem Nyepi-Neujahrsfest (▶ Baedeker Wissen, S. 252) riesige Dämonenfiguren durch die Orte und dann zur Küste tragen, um sie dort zu verbrennen, so gilt das nicht zuletzt dem furchterregenden Riesen.

Wohin auf der Nusa Penida?

Hauptort der Insel

Erreicht man die Insel Penida von Kusamba her, so betritt man bei Sampalan wieder festen Boden. Hier gibt es allerdings außer einem nahe des Hafens stattfindenden Markt keine Sehenswürdigkeiten. Sampalan

Pilgerziel

Pura Taman Dalem Penataran Agung

Zwischen Sampalan und Toyapakeh liegt an der Nordküste der Insel in dem Hafendorf Ped der Pura Taman Dalem Penataran Agung. Der heilige Tempelschrein steht in einem künstlich angelegten, viereckigen Lotosteich etwa 50 m vom Strand entfernt.

Tempelhöhle mit außergewöhnlichem Ambiente

★ Goa Karangasari

Etwa 5 km südöstlich von Sampalan liegt die Höhle Goa Karangasari , auch **Goa Giri Putri.** Der Zugang zu dem Höhlensystem ist etwas versteckt; die Öffnung selbst misst nur 2,5 m im Durchmesser. Im Inneren beeindruckt die 15 m hohe Höhle, von der eine Reihe kleiner Seitenhöhlen abgeht (leuchtstarke Taschenlampe nicht vergessen bzw. bei den Einheimischen, die sich an der Straße vor der Höhle als Fremdenführer anbieten, ausleihen). Durchmisst man die ganze Höhle, so gelangt man zu dem gegenüberliegenden Ausgang in einer steilen Felswand. Im Inneren befinden sich ein großer **Hindu-Tempel** mit mehreren Altären. In der Höhle finden regelmäßig Zeremonien statt.

Was macht den Angel's Billabong so besonders? Seine Form und seine Farben! Wer gleich in der Frühe herkommt, hat diesen magischen Ort ganz für sich alleine.

Manta Point Bali

Der **Karang Dawa Viewpoint** (▶ Abb. S. 132) ist der berühmteste Aussichtspunkt auf Nusa Penida. Da der Viewpoint durch Instagram weltberühmt wurde, kann es hier wirklich voll werden! Von den Klippen führt ein Weg zu dem wunderschönen Kelingking Beach. Er ist aber nicht so einfach zu erreichen ist, da der Pfad eher in die Kategorie »sehr abenteuerlich« einzuordnen ist. Daher unbedingt festes Schuhwerk anziehen!

★ Kelingking Beach

Der Ort zählt aber auch zu den besten Manta-Spots der Welt! Es gibt viele Angebote für Schnorchel - und Tauchausflüge, denn die Wahrscheinlichkeit, einen großen **Mantarochen** live zu sehen, liegt hier bei ganzen 98 %! Die Mantas schweben hier verlässlich zu jedem Zeitpunkt an, da sie sich an dem Riff an der Steilküste von kleinen Fischen reinigen lassen.

Traumhaft schön!

Der Angel's Billabong ist ein Infinity-Naturpool direkt an der Steilküste. Er besticht durch seine grünblaue Farbe, außerdem hat man von dort einen fantastischen Blick über das Meer. Direkter Nachbar ist die Broken Bay, eine Bucht mit einem riesigen, runden Loch mitten in der Landschaft. Es ist mit türkis schimmerndem Meerwasser gefüllt, das durch ein weiteres Loch in einer Felswand hineinkommt. Beide Orte sind allerdings aufgrund der starken Strömungen **nicht zum Baden geeignet**. Doch man kann um die Bucht herumlaufen und das klare Wasser, den Sand und die Steilküste anschauen. Oder Sie setzen dich einfach ein wenig auf die Wiese und genießen den Ausblick und die Sonne!

★ Angel's Billabong und ★ Broken Beach

Badeparadies mit Hindernissen

Auf Nusa Penida findet man viele schöne Strände – einsam und abgelegen oder zentral mit Beachbar-Flair. Schroffe Klippen, weißer Sand und klares Wasser, doch oft ist die Straße recht holprig und Abstieg zum Strand extrem anstrengend. An der Westküste gibt es einige zugängliche Badestrände, u.a. der Strand von Toyakapeh verlockt zum Schwimmen, Schnorcheln und Tauchen. Allerdings sind hier die Gezeiten recht stark ausgeprägt. Es gibt zeitweise gefährliche Unterwasserströmungen und manchmal werden Haie gesichtet. Die bekannte **Crystal Bay** ist recht gut zu erreichen, allerdings ist an ihrem Strand auch viel los! Die Bucht ist perfekt zum **Schnorcheln und Tauchen,** hier trifft man mit etwas Glück auf die seltenen Mola Molas. Da tagsüber viele Ausflugsboote von Bali und Nusa Lembongan hierherfahren, empfiehlt es sich, erst am späten Nachmittag oder am frühen Morgen zu kommen, wenn es etwas ruhiger ist. An der Inselsüdküste ist das Baden hingegen nicht möglich. Dafür beeindruckt hier die **starke Brandung** an den bis zu 200 m hohen, jäh ins Meer abfallenden Steilklippen.

Strände

Nusa Lembongan

Badestrände

Leere Strände und eine tolle Unterwasserwelt
Die Insel (3500 Einw.) lebt von Tagesgästen, die zum Schnorcheln, Schwimmen, Surfen und Tauchen kommen und am späten Nachmittag nach Bali zurückkehren. Es gibt nur wenige Autos, man fährt mit dem Dreirad-Taxi. Hauptort der etwa 4 × 2 km großen Insel ist **Desa Lembongan.** Dekorierte Steinmauern umgeben die Häuser. In den Gärten sieht man Mangos und Bananen. Die Frauen der Insel ernten im Meer Algen, die zur Düngung, fein zerrieben für kosmetische und medizinische Behandlungen eingesetzt und an chemische Fabriken verkauft werden. Auf einem 50 m hohen Hügel liegen die Ruinen des hinduistischen Tempels **Pura Pancak**. Von dort hat man einen guten Blick über die Insel, das Meer sowie auf Bali und den Vulkan Agung. Hauptsehenswürdigkeit ist jedoch das **»Underground House«**, das ein Mann 15 Jahre lang in den Untergrund meißelte, mit Kammern, Gängen, Treppen, Küche und Bad; Schächte bringen Luft und Licht.
Preiswerte Unterkünfte findet man an der Sanghiang Bay und das Nusa Lembongan Resort bietet Komfort und Entspannung. Eine Fußgängerbrücke führt zur Nachbarinsel Nusa Ceningan.

Der Blick vom Karang Dawa Viewpoint ist einfach atemberaubend, am Ende der Klippen ragt eine kleine Felszunge mit dem Kelingking Beach in das Meer hinein.

★ PEMUTERAN

Region: Nordbali | **Höhe:** Meereshöhe | **Einwohnerzahl:** 7000
Entfernung: 120 km nordwestlich von Ubud

Das Fischerdorf an der Nordwestküste mit einem der abgelegensten Strände der Insel lockt mit klarem, ganzjährig um die 28 Grad warmem Wasser zum Schnorcheln, Tauchen und Betrachten der Tropenfische und Korallengärten vor der Küste.

D 2

Erst seit wenigen Jahren nimmt die Entwicklung hier an Fahrt auf. Mit dem wilden ▶ Bali-Barat-Nationalpark und den berühmten Tauchgründen vor der Tür besitzt Pemuteran gleich zwei touristische Trümpfe. Die dörfliche Umgebung ist, auch im Vergleich zu den properen Dörfern der Südküste, einfach und auch etwas ärmlich und der gräulich-braune Strand wirkt zunächst nicht sehr einladend. Dem gegenüber stehen die unberührte Naturlandschaft, eine urwüchsige Küstenszenerie und klares, blaues Wasser. Wer Wert auf Ruhe und Abgeschiedenheit legt, nimmt gerne die etwas längere Anfahrt in Kauf, um hier im Norden Balis zu entspannen. Die größte Attraktion von Pemuteran liegt unter Wasser: **Vorgelagerte Korallenriffe** ziehen seit einigen Jahren immer mehr Urlauber an. In den am Meer liegenden Resorts beginnt der Morgen sehr früh, es gibt Yoga am Strand, Schnorchel- und Tauchausflüge stehen an. Abends treten hin und wieder Bands auf, trifft man sich zum Seafood-Barbecue am Holzkohlengrill und erfreut sich an den grandiosen Sonnenuntergängen.

Idyllischer Küstenort

BAEDEKER MAGISCHE MOMENTE

SECHS-HAND-MASSAGE

Das Don't-disturb-Schildchen an der Tür zeigt eine anmutige balinesische Tänzerin. Hinter der Tür im Spa geben drei ebenso anmutige Masseurinnen ihr Bestes. Der Körper scheint zu schweben. Man spürt durch die sechs massierenden Hände gar nicht mehr das Bett, auf dem man liegt. Die Intensität ist durchdringend, die Wirkung ebenso betörend wie berauschend.
(▶Hotel Mata Hari, S. 134)

PEMUTERAN ERLEBEN

In Pemuteran halten alle Busse auf der Strecke Gilimanuk-Lovina-Singaraja.

Nahezu alle Hotels und Gästehäuser in Pemuteran verfügen über Restaurants und kleine Spas und organisieren Touren in den Nationalpark, einige unterhalten auch eigene Tauchschulen.

MATA HARI €€€

Eingebettet in einen gewaltigen, tropisch gestalteten Park am dunklen Lavastrand sind die 16 luxuriösen Gästevillen, die jeweils zwei großzügig mit Himmelbett, großer Terrasse und Außendusche im separaten Patio gestaltete Suiten beherbergen. Das aufwendig im Stil traditioneller Wassertempel gestaltete Parwathi-Spa offeriert vorzügliche balinesische Wellness- und Heilmassagen, auch Tauchexkursionen werden im Hotel organisiert. Das Mata Hari gehört einem deutsch-balinesischen Paar, das einen sanften, ökologisch ausgerichteten Tourismus favorisiert und gleich mehrere soziale Projekte ins Leben gerufen hat: Neben einem Kindergarten und einer Vorschule werden ein Altenheim sowie ein Waisenhaus unterstützt.

Jl. Raya Seririt-Gilimanuk
Pemuteran, Tel. 03 62 92 312
www.matahari-beach-resort.com

PONDOK SARI €€

Der deutsche Besitzer trug aus allen Inselteilen die Antiquitäten zusammen, die heute die im typisch balinesischen Stil aus Naturmaterialien und mit Palmblattdächern erbauten Cottages und Doppelvillen unter hohen, schattenspendenden Bäumen im großen Garten am Meer schmücken. Antike, handgeschnitzte Türen, Badezimmer mit Duschen im halb offenen Patio sowie Terrassen zwischen tropischen Pflanzen sind selbstverständlich für die großen, bis zum Giebel offen gestalteten Unterkünfte.

Pemuteran, Tel. 03 62 9 47 38
www.pondoksari.com

DIVING CENTER WERNER LAU

Einen hervorragenden Ruf genießt diese seit Jahrzehnte ansässige Tauchschule unter deutscher Leitung; tägliche Fahrten zum Unterwasser-Nationalpark der Insel Menjangan (► S. 47)

Pondok Sari Beach Hotel, Tel. 03 62 923 37, www.wernerlau.com

Bio-Rocks

Ein ungewöhnliches neues Riff

Das Bio-Rock-Projekt ist ein sog. Korallen-Konservierungsprogramm – der Versuch, ein künstliches Riff aufzubauen bzw. bestehende Schäden an den vorhandenen Riffen zu beseitigen. Unter Anleitung eines Ingenieurs bauten die Dorfbewohner größere und kleinere Metall- und Drahtkonstruktionen, die entlang dem bestehenden Riff im Meer versenkt wurden. Diese setzte man anschließend unter Strom, um das Wachstum von Korallen auf den dadurch entstehenden Kalk- und Salzkrusten zu fördern. Das künstliche Riff, dessen Anfänge ins Jahr 2000 zurückreichen, hat sich zufriedenstellend entwickelt und wurde von den Meeresbewohnern als natürliches Habitat akzeptiert.

★ SANUR

Region: Südbali | **Regierungsbezirk:** Badung | **Höhe:** Meereshöhe
Einwohner: 40 000 | **Entfernung:** 7 km südöstlich von Denpasar

M 9

Traditionsreich, freundlich, familiär: der lang gezogene Strandort an Balis Südostküste ist zwar nicht so glamourös wie Nusa Dua, weniger hip als Seminyak und bedeutend ruhiger als Kuta, verfügt jedoch über die relaxte Atmosphäre eines in vielen Jahren gewachsenen Strandorts, die zunehmend auch Familien anzieht. Ein »Muss« ist hier der Bummel entlang des kilometerlangen Beach Walk, eines gepflasterten Wegs, der sich unter hohen Bäumen zwischen Meer, Hotels und Strandbars entlangzieht.

Entspannter Badeort

Die Grundlagen dafür wurden allerdings schon in früheren Jahren geschaffen, als 1967 das erste Hotel mit internationalem Standard, das »Grand Bali Beach Hotel«, entstand. Dieser exponierte Betonklotz war Anlass dafür, die Baurichtlinien auf Bali zu ändern, und zwar dergestalt, dass kein neues Bauwerk höher sein darf als die höchste Palme in der Umgebung. Vor dem Strand liegt ein Korallenriff, zu dem Auslegerboote (jukung) fahren. Außer bei Ebbe kann man in der Lagune von Sanur schwimmen; hinter dem Riff ist die Strömung sehr stark.
Sanur gilt heute im Vergleich zu Kuta bzw. Legian als der etwas noblere Badeort. Entlang des Strands reihen sich entsprechende Luxusherbergen. Vielleicht ist deshalb auch der Sand etwas sauberer. Keinesfalls versäumen sollte man die **spektakulären Sonnenaufgänge über ▸ Nusa Penida** (Abb. S. 181)!

Wohin in Sanur und Umgebung?

Ein Ort für die Liebe

Museum Le Mayeur

Unweit vom Grand Bali Beach Hotel steht das Haus des 1958 verstorbenen belgischen Malers Le Mayeur, das als Museum eingerichtet worden ist (▸ Baedeker Wissen, S. 138).
tgl. 8 – 14 Uhr | Eintritt: 20 000 Rp.

Älteste Kunstwerk Balis

Steinpfeiler

Am südlichen Ortsrand, hinter dem Pura Belangjong, steht ein steinerner Pfeiler mit Inschriften auf Sanskrit, dessen Alter auf mehr als 1000 Jahre geschätzt wird.

Wie im Paradies

Orchideengarten

Ein wunderbarer Ausflug führt zum drei Kilometer nördlich von Sanur gelegenen Bali Orchid Garden, in dem man Tausende dieser

SANUR ERLEBEN

DENPASAR TOURIST OFFICE
Jl. Surapati 7
Denpasar
Tel. 03 61 22 36 02
www.balidenpasartourism.com

Regelmäßige Busverbindungen gibt es von Candi Dasa, Kuta, Lovina, Padangbai und Ubud. Bemos kann man entlang der Jl. Danau Tambligan und der Jl. Danau Poso anhalten.

Von Sanur fahren Unmengen von Schnellbooten nach ▶Lombok, den ▶Gili-Inseln, Lembongan und Penida (beide ▶Nusa Penida). Sie legen an einem Strandabschnitt südlich der Jalan Hang Tuah ab, allerdings nicht von einem Steg. Man muss also erst einmal durchs Wasser waten ... Es ist interessant, dem Kommen und Gehen zuzusehen, die meisten Unternehmen verfügen über Warteereiche im Schatten.

WASSERSPORT
Sanur ist Zentrum für vielerlei Wassersportarten. Außer den am Strand gelegenen Hotels bieten auch kleine Firmen und Privatpersonen Tauch- und Schnorcheltrips sowie Windsurfkurse an. Beliebt ist eine mehrstündige Bootsfahrt mit einem der vielen Auslegerkanus (Sonnenschutz nicht vergessen). Verliehen werden zudem Jetskis und Paddelboote.
Aufgrund der Nähe zur Hauptstadt herrscht an Wochenenden recht viel Betrieb am Strand; dann ist das Angebot der zahlreichen Stände, die Snacks und Kunstgewerbe offerieren, noch größer als an den anderen Tagen.
Eine empfehlenswerte Adresse für Surfunterricht und Tauchkurse ist:

BALI STAND UP PADDLE
Das ruhige Meer vor Sanur ist ideal, um mit einem geliehenen Board die ursprünglich aus Hawaii stammende Trendsportart zu testen. Die Betreiber dieser renommierten Surf-Schule versprechen, dass jeder innerhalb von 30 Minuten das SUP erlernen kann.
Villa Puri Ayu Resort
Jl. Cemara No. 4B
www.bali-standuppaddle.org

ENA DIVE CENTRE & MARINE ADVENTURE
Jl. Tirta Ening 1
Sanur
Tel. 03 61 28 88 29
www.enadive.co.id

Auf dem Pasar Sindhu, dem kleinen, täglich ab Sonnenuntergang stattfindenden **Nachtmarkt von Sanur** (Jalan Danau Tamblingan), locken einige Essensstände mit frisch zubereitetem Nasi Goreng, Bami Goreng oder Satay ebenso wie mit Meeresfrüchte-Crepes, gegrillten Garnelen und feurig marinierten, in Kokosnuss gewendeten Fischhappen.

❶ CASABLANCA €€
Hier schmecken Pizza und Pasta, Sandwiches und Gemüsesuppen, doch eigentlich sind die Gerichte eher Nebensache: Die Stammgäste, darunter viele Expats, kommen wegen der täglichen Livemusik. Jeden Abend spielt eine andere Band, freitagabends ist die Stimmung besonders ausgelassen.

1 Casablanca
2 Lilla Pantai
3 Warung Mamarita
4 Canang Kitchen & Bar

1 Fairmont Sanur Beach
2 Prama Sanur Beach
3 Inna Grand
4 Prime Plaza

EINE LIEBE AUF BALI

BAEDEKER WISSEN

Eine der berühmtesten Liebesgeschichten zwischen einem Ausländer und einer Balinesin war diejenige zwischen dem belgischen Maler Adrien-Jean Le Mayeur (1880 – 1958) und der Legong-Tänzerin Ni Pollok. Das Paar residierte in einer Villa in Sanur, die nach dem Tod von Ni Pollok zum Museum umgewandelt wurde.

Es geschah 1933: Ni Pollok, die beste Legong-Tänzerin Balis und eine Berühmtheit auf der Insel, wurde 16 und damit bald zu alt, Legong zu tanzen, da nach herrschender Auffassung die besten Tänzerinnen aus der Altersgruppe der 12- bis 17-Jährigen stammen. Als die grazile Schönheit durch Zufall den belgischen Maler Adrien Jean Le Mayeur traf, der ein Jahr zuvor auf die Insel gekommen war, verliebten sich die beiden ineinander. Ni Pollok wurde Le Mayeurs Modell, und aus dem einen Jahr, das der weit gereiste Maler auf der Insel bleiben wollte, wurden viele Jahrzehnte. Zwei Jahre nach dem ersten Treffen heirateten der Künstler und die Legong-Tänzerin.

Villa im Bali Style

In Sanur erwarb Ni Pollok ein Grundstück, und die beiden beschlossen, ein Haus zu errichten. Ni Pollok und Le Mayeur, Absolvent einer Technischen Schule und, wie er selbst sagte, hoffnungslos romantisch veranlagt, entschieden sich dafür, das Anwesen im traditionell-balinesischen Stil zu errichten. Hilfreich zur Seite stand ihnen der berühmte Bildhauer **Ida Bagus Made Pantri.**Mit viel Muße gingen sie daran, das Bauwerk zu errichten. **Zeit spielte keine große Rolle,** und erst nach zwei Jahrzehnten waren sich die Beteiligten darüber einig, dass ihr Projekt vollendet sei. Teak-Holz und herrliche Schnitzereien prägen das Innere. Einige hölzerne Fensterläden zeigen geschnitzte Szenen aus dem »Ramayana«, dem gewaltigen indischen Hindu-Epos. Allein die Fertigstellung eines verzierten Tisches, so heißt es, nahm über ein halbes Jahr in Anspruch. **Le Mayeur war Perfektionist:** Die Fenster richtete er so aus, dass jedes wie ein Gemälde wirkt und den Blick freigibt auf eine von ihm im Garten geschaffene Szenerie, zum Beispiel einen besonderen Blütenbaum, ein Kunstwerk oder den mit Lotos bewachsenen Teich.

Begeisterte Besucher

Le Mayeur wurde ein renommierter und hoch geachteter Maler, dessen Ruhm weit über die Grenzen Indonesiens hinaus reichte. Die Ausstellungen seiner Gemälde in Singapur (1937, 1941) und Kuala Lumpur (1941) waren außergewöhnlich große Erfolge. 1951 widmete das National-Geographic-Magazin Le Mayeur eine Geschichte und bemerkte verwundert, dass die Gastfreundschaft des belgisch-balinesischen Paars außergewöhnlich sei. In der Tat gingen Besucher, darunter auch viele ausländische Bali-Urlauber, in der Villa ein und aus und wurden von der Dame des Hauses und ihren Bediensteten mit Tabletts voller Köstlichkeiten bewirtet. Sogar Sukarno, den ersten Präsidenten Indonesiens, und den indischen Premierminister Nehru konnten Le Mayeur und Ni Pollok 1956 in Sanur

Le Mayeur war vom exotischen Charme und der graziösen Anmut der Legong-Tänzerinnen sehr angetan. Fast täglich dienten ihm Ni Pollok und einige ihrer Freundinnen als Modell.

begrüßen.Es soll Sukarno gewesen sein, der das kinderlose Paar zu der Idee inspirierte, dass nach ihrem Tod aus ihrem herrlichen Anwesen ein Museum werden sollte.

Museum Le Mayeur

Zwei Jahre später starb der Maler und wurde in Brüssel begraben. Ni Pollok blieb bis zu ihrem Tod 1985 im Alter von 68 Jahren in Sanur wohnen.
Die am Strand gelegene Le-Mayeur-Villa fiel an den Staat, der darin ein Museum einrichtete. Neben zahlreichen indonesischen Kunstschätzen und Antiquitäten sind 88 der **farbenfrohen Bilder von Le Mayeur** ausgestellt. Die zwei berühmtesten zeigen sein bevorzugtes Sujet, nämlich seine Frau.
Das Le-Mayeur-Museum liegt etwa 200 m nördlich des Grand Bali Beach Hotel in der Jl. Hang Tua in Sanur, hat täglich von 8 bis 14 Uhr geöffnet und kostet 10 000 Rp. Eintritt.

Jl. Danau Tamblingan 120
Tel. 03 61 28 72 63

❷ LILLA PANTAI €€

Sie sitzen in diesem Strandrestaurants auf bequemen Rattansesseln und können die Zehen in den Sand stecken oder drinnen die Atmosphäre eines traditionellen balinesischen Warang genießen. Die Cocktail-Auswahl ist groß, neben Klassikern wie Gado Gado, auf kleinen Tischgrills serviertem Chicken Satay, in Bananenblätter verpackten, scharfen Reisgerichten und anderen typisch indonesischen Gerichten sind die gegrillten Meeresfrüchte der absolute Renner. Zum Frühstück schmecken deftige, hausgebackene Vollkorn-Sandwiches, üppig mit Salaten, Käse und gegrilltem Huhn belegt.
Sanur Beach Street Walk
Jl. Duyung
Tel. 08 21 44 57 91 42

❸ WARUNG MAMARITA €

Serviert werden köstliche Tintenfischgerichte und fangfrischer Fisch vom Grill, auf Bestellung auch der balinesische Klassiker Babi Guling (Spanferkel).
Jl. Danau Tamblingan 152
Tel. 03 61 28 79 69

❹ CANANG KITCHEN & BAR €€

Sehr zu empfehlen: Das Essen ist ausgesprochen lecker, die Cocktails sehr gut, das Ambiente entspannt und der Service zuvorkommend.
Danau Tamblingan No.212
Tel. 03 61 28 88 32

❶ FAIRMONT SANUR BEACH €€€€

»Zeitgenössischer tropischer Stil« heißt das Credo in dem auffällig designten Luxushotel (120 Suiten und Villas) der renommierten kanadischen Kette, in dem selbst die kleinsten Wohneinheiten, 90 qm große und mit allerlei Hightech ausgestattete Suiten, begehbare Kleiderschränke, weiträumige Terrassen und einen 24-Stunden-Butler-Service beinhalten.
Jl. Kusuma Sari 8
Tel. 03 61 3 01 18 88
www.fairmont.com/sanur-bali

❷ PRAMA SANUR BEACH HOTEL €€€

Eines der größten Hotels von Sanur (428 Z.), gelegen in einem 8 ha großen Tropenpark am Meer, bietet die idealen Bestandteile für einen entspannenden Badeurlaub, vom umfangreichen Frühstücksbuffet bis zu gepflegten Rattan-Liegen mit Polsterauflagen am geharkten Sandstrand und großen Pools mit Swim-up-Bar.
Jalan Cemara
Tel. 03 61 28 80 11
www.pramasanurbeachresort.com

❸ INNA GRAND BALI BEACH HOTEL & SPA €€ – €€€

An diesem Hotel (574 Z.) kommt kaum ein Besucher vorbei: Es ist Sitz von mehreren Fluggesellschaften. Das im einzigen Hochhaus der Insel untergebrachte Hotel bietet komfortable, leider etwas steril eingerichtete Zimmer, zahlreiche Restaurants, Cafés, Bars und Shops.
Jl. Hang Tuah
Tel. 03 61 28 85 11
www.innagrandbalibeach.com

❹ PRIME PLAZA €€

Die von viel Wasser umgebene Anlage ist besonders familienfreundlich: Kinder mögen das »Camp Splash« mit Wasserrutschen und Spielmöglichkeiten; für die Erwachsenen gibt es ein vorzügliches Spa und gute Restaurants.
Jl. Hang Tuah 46
Tel. 03 61 28 17 81
www.spp.pphotels.com

wunderschönen, eleganten Pflanzen bewundern kann. Im Souvenirshop des Gartens werden u. a. Orchideenhonig und andere Produkte aus Orchideen verkauft.

Jl. Bypass Topathi | tgl. 8 – 18 Uhr | Eintritt: 100 000 Rp. | www.bali-orchidgardens.com

Ideale Windverhältnisse

Padang Galak

Padang Galak liegt nur wenige Kilometer nördlich von Sanur und bildet jedes Jahr im Juli einen Hauptanziehungspunkt für Einheimische und Touristen, wenn das **»Kite Festival«**, der große **Drachenflugwettbewerb,** stattfindet. War zunächst die Absicht, mit dieser Veranstaltung einen Anreiz zur Wiederbelebung der balinesischen Drachenbaukunst zu geben, so entwickelte sich der Wettbewerb inzwischen zu einer besonderen Touristenattraktion. Der schwarze Strand ist zudem ein beliebter Treffpunkt von Surfern.

BAEDEKER MAGISCHE MOMENTE

BALI-FLAIR

Schon beim Namen Bali schwingt Sehnsucht mit, Schönheit und Verwunschenheit. Dabei liegt das wahre Geheimnis von Bali, das jeden Besucher gefangen nimmt, im ganz normalen Alltag. Machen Sie die Augen auf und Sie werden irgendwann sehen, wie sich in dieser ganz eigenen Welt Religion, Natur, Kunst und Gemeinschaft harmonisch miteinander verbinden und der Fremde das Glück hat, Momente davon miterleben zu dürfen.

Wie in Kuta und Legian lassen sich auch in Seminyak wunderschöne Sonnenuntergänge erleben. Ein Muss ist ein Sundowner in einer der Strandbars mit Blick aufs Meer

★ SEMINYAK

Region: Südbali | **Höhe:** Meereshöhe | **Einwohner:** 35 000
Entfernung: 13 km südwestlich von Denpasar

K 9

Ein balinesisches St. Tropez mit allem, was den Aufenthalt so richtig schön macht, nämlich ausgefallene, luxuriöse Resorts, tolle Clubs und die besten Restaurants der Insel? Oder nur ein überfülltes Dorf, in dem der dichte Verkehr eine Plage ist, sich ein Klamottenladen an den nächsten reiht? Seminyak, eine glamourösere Version von Kuta, ist beides: tropisches Strandparadies, balinesisch durch und durch und gleichzeitig sehr touristisch. Bestes Beispiel dafür sind Mades Warung, seit einem halben Jahrhundert »der« Ort, um typisch balinesisch zu essen, und das Ku De Ta, ein angesagter Beach Club, in dem schon die hohen Preise für italienisches Mineralwasser signalisieren, dass sich hier die Jeunesse dorée zum Chillen trifft.

Balis »Beverly Hills«

Längst ist die Kleinstadt inselweiter Treffpunkt der Partyszene. In der Jalan Camlung Tonduk reiht sich eine Bar an die andere, gibt es Boutiquen mit dem typischen Angebot an Strandklamotten und Beachhouse-Kleinmöbeln. Das in einem gewaltigen Tropenpark nahe dem Meer liegende Oberoi gehört zu den ältesten Hotels des Badeorts, der mittlerweile dabei ist, sein exklusives Flair etwas zu verlieren, und vom Bauboom auch in den Randbezirken geprägt ist. Längst geht das einstige »Beverly Hills« Balis nahtlos über in Legian und das anschließende Kuta. Boutiquen, Hotels, Restaurants und Cafés – alles ist in Seminyak aber noch immer etwas exklusiver und vor allen Dingen auch eine Spur teurer. Wem der Ort zu kommerziell geworden ist, der weicht aus nach Canggu. Dort prägen Surfershops und trendige Cafés die Bohème-Atmosphäre, liegen zahlreiche, von Ausländern bewohnte und äußerst fantasievoll gestaltete Villen inmitten von Reisfeldern, Häuser, die auf den gängigen Portalen auch zum (längerfristigen) Mieten angeboten werden.

Der **Seminyak Beach** ist breit und feinsandig, die Ruhe wird nicht durch Autoverkehr getrübt. Leider stören häufiger auftretende Unterwasserströmungen das Badevergnügen (u. a. angezeigt durch Markierungsflaggen); v. a. Familien mit kleinen Kindern müssen besonders vorsichtig sein bzw. auf die Swimmingpools der Hotels ausweichen. Diese gehören zu den besten der Insel, versteckt in weitläufigen tropischen Anlagen am nördlichen Rand von Seminyak. Doch unübersehbar ist inzwischen der Trend zum Schnellen und Billigen; neben Bars, in denen Touristen rund um die Uhr »feiern«, locken Souvenirläden und günstige Café-Restaurants.

SEMINYAK ERLEBEN

GOVERNMENT TOURIST INFORMATION CENTRE
Jl. Benasari 7
Kuta
Tel. 03 61 75 40 92

Seminyak liegt abseits der Straße vom Flughafen zur Hauptstadt Denpasar; gute Bemo-Verbindungen nach Kuta-Legian und Denpasar.

Die in den Boutiquen Seminyaks angebotene Mode wird von Designern aus Asien und Australien entworfen und gehört zu den exklusivsten und teuersten Balis. Teak-Möbel und Deko-Artikel werden geschätzt von den zahlreichen in Seminyak und dem Nachbarort Canggu ansässigen Ausländern.

POTATOE HEAD
Zwei Restaurants, drei Bars und ein Infinity Pool, dazu jede Menge junger, schicker Besucher, coole Lounge-Musik und starke Drinks – in Balis berühmtestem Club geht täglich die Post ab.
Jl. Petitenget 51B
Kerobokan Kelod
Tel. 361 4737979
www.ptthead.com

GATEWAY OF INDIA €€
Einfache Ausstattung, aber die beste indische Küche der Südwestküste, z. B. Kadai Chicken.
Jl. Abimanyu 10
Tel. 03 61 73 29 40
www.baliindianfood.com

GADO-GADO €€€€
Gilt seit mehr als 20 Jahren als eines der besten Restaurant von Seminyak, u. a. tragen dazu die exquisite Strandlage und das edle Interieur bei. Man nimmt einen Cocktail in einer der offenen Lounges, bevor man sich zum Essen setzt: Krebs-Ravioli, Meeresfrüchte-Risotto oder Lammkoteletts – alles schmeckt vorzüglich.
Jl. Camplung Tanduk 99
Tel. 03 61 73 69 66
www.gadogadorestaurant.com

KU DE TA €€€
Das asiatisch-italienische Restaurant ist hervorragend, doch eigentlicher Treff ist die dazugehörige schicke Lounge-Bar am Meer. Hier gönnt man sich einen der vorzüglichen Drinks oder Champagner-Cocktails.
Jl. Laksmana
Tel. 03 61 73 69 69
www.kudeta.net

WARUNG OCHA €€
Günstige Preise, beste Qualität und eine angenehme Atmosphäre im kleinen, lauschigen Patio-Garten erklären die große Beliebtheit des Restaurants. Neben frischen Obst- und Gemüsesäften locken Cocktails und ein großes Angebot an balinesischen und indonesischen Speisen, internationalen Klassikern und frischen Backwaren.
Jl. Raya Seminyak 52
Tel. 03 61 73 62 22

THE OBEROI €€€€
Seit mehr als 30 Jahren eine der ersten Adressen auf der Insel (75 Z.),

stilvoll wie alle Hotels der indischen Luxuskette. Im Amphitheater-Restaurant werden dreimal pro Woche zum Büfett balinesische Tänze aufgeführt; romantisch und luxuriös ist das Kura-Kura-Restaurant, nur wenige Schritte vom Meer entfernt.
Jl. Kayu Aya
Tel. 03 61 73 03 61
www.oberoihotels.com/oberoi_bali

THE LEGIAN €€€€

Asiatischer Minimalismus, glänzendes, dunkles Tropenholz und üppige Blumenarrangements prägen das wunderschöne, von der Architekturlegende Ibrahim Jaya gestaltete Beach-Hotel mit 67 Suiten, von denen die kleinste noch 99 m² misst und über Terrassen mit einem »daybed« zum Meer hin verfügt.
Nach Sonnenuntergang zeigt sich The Legian in ganzer Schönheit, wenn unzählige Lichter die Gärten erhellen und das Meer illuminieren. Unaufdringlicher, perfekter Service, Schweizer Management.
Jl. Kayu Aya
Seminyak Beach
Tel. 03 61 73 06 22
www.ghmhotels.com

COURTYARD BY MARRIOTT BALI SEMINYAK RESORT €€€

Eine abgeschiedene Idylle hoch über der Bucht: Hier sind Sie nahe dran an allem, was Seminyak zu bieten hat, und doch meilenweit entfernt vom Trubel. Beeindruckend ist bereits die offen gestaltete Lobby, die schon beim Betreten einen eindrucksvollen Blick auf die Anlage und das dahinter liegende Meer bietet. In dem kleinen Shopping-Komplex nebenan bekommen Sie im Mövenpick- Café die besten Kuchen und Torten von Seminyak.
Jl. Camplung Tanduk No. 103 SP, Dhyana Pura,
Tel. 03 61 8 49 96 00
www.marriott.com/hotels/travel/dpssm-courtyard-bali-seminyak-resort

UMA CANGGU €€€€

Wenn bekannt wird, dass die Besitzerin eines neuen Hotels Christina Ong heißt, weiß man auf Bali schon Bescheid: Die aus Singapur stammende Gründerin der legendären Como-Gruppe, der u.a. das Como Shambhala Resort in Ubud gehört, hat mit dem 2018 eröffneten Surfer-Hotel am Echo Beach Bali (114 Z.) eine neue Lifestyle-Destination geschenkt.
So spannend und exklusiv wie das Resort ist auch das italienisch-asiatische Design-Konzept von Koichiro Ikebuchi und Paola Navone, beide Meister in subtiler Understatement-Gestaltung. Neben weiträumigen Zimmern gibt es auch Penthouse-Suiten mit traumhaftem Panoramablick auf den Ozean. Mit Balis wohl exklusivster Surf-Schule, Top-Restaurant und Beach-Club, bereits kurz nach Eröffnung neuer In-Treff der Region.
Jalan Pantai batu Mejan, Echo Beach
Tel. 03 61 3 02 22 28
www.comohotels.com/uma canggu

BALI AGUNG VILLAGE €€

Steinmetzarbeiten, mit Reet gedeckte Dächer und balinesische Einrichtungsdetails: Die stilvolle, dennoch günstige Anlage mit liebevoll mit Himmelbetten und historischen Drucken ausgestatteten Zimmern und »Deluxe-Villen« verwöhnt die Gäste mit ihrer ruhigen Lage, Pool-Bar und Restaurant. Und am Strand ist man auch gleich, zu Fuß sind es nur wenige Minuten.
Jl. Sari Dewi
Tel. 03 61 73 03 67
www.bali-agung.com

★ SINGARAJA

Region: Nordbali | **Entfernung:** 80 km nördlich von Denpasar
Höhe: 15 m ü.d.M. | **Einwohner:** 100 000

J/K 2

Singaraja, »der König der Löwen«, wird von den meisten Besuchern links liegen gelassen. Die hübschen Kolonialbauten der holländischen Epoche mit ihrem leicht verstaubten Charme und der alte Hafen können mit den Stränden der westlich gelegenen Badeorte kaum konkurrieren. Dabei gibt es in Singaraja wie auch in nächster Umgebung noch so manchen Tempel, so manches romantische Bauwerk zu entdecken.

Balis zweitgrößte Stadt

Die Gegend um das heutige Singaraja war wohl schon im 10. Jh. besiedelt. Doch erst gegen Ende des 16. Jh.s erlangte die Siedlung unter dem damaligen Regenten Raja Panji Sakti größere Bedeutung. Sie erhielt ihren Namen Singaraja nach der Residenz, die der Raja 1604 dort erbauen ließ. Bei den Bestrebungen der Niederländer, Bali unter ihre Herrschaft zu bringen, spielte Singaraja eine wichtige Rolle. Nachdem mehrere Versuche fehlgeschlagen waren, gelang es ihnen 1849, die Festung zu erobern. Später wurde die Stadt Sitz der niederländischen Kolonialverwaltung und blieb bis 1946 Inselhauptstadt.

Wohin in Singaraja und Umgebung?

Verschiedene fremde Einflüsse

Singaraja

Das ursprüngliche Singaraja **mit zahlreichen Häusern im niederländischen Kolonialstil** liegt etwas landeinwärts; nördlich schließen die Stadtteile Pegulangan und Pabeanbuleleng an. Der Ort macht einen deutlich ruhigeren Eindruck als die heutige Inselhauptstadt Denpasar. Erwähnenswert sind in Pabeanbuleleng ein reizvoller chinesischer Tempel am Alten Hafen, zwei kleine Moscheen und der tägliche lebhafte Große Markt (Tama Lila) an der Jalan Ahmad Yani.

Einer der interessantesten Hindu-Tempel in Nordbali

★ Pura Dalem

Den Pura Dalem an der Jalan Gajah Mada betritt man durch ein kleines Gespaltenes Tor (Candi Bentar) und kommt in den ersten Tempelhof. Dann wendet man sich nach links und passiert ein weiteres, reich verziertes Tor, das den Blick in den überraschenderweise etwa 2 m tiefer gelegenen zweiten Hof freigibt. Auf der linken Seite steht das Bale Gong, rechts das Bale Pemalaiyagan, in dem während der Tempelfeste die Götter von den Menschen willkommen geheißen werden. An der rechten Seite der Mauer zwischen dem ersten und dem zweiten Hof befindet sich ein Hochsitz für die Priester, daneben ein Opfergestell.

Am Ende der Anlage führen Stufen auf eine Steinterrasse, auf der sich die Gedongs für die verschiedenen Gottheiten erheben. Beachtenswert sind die fein gestalteten **erotischen Reliefs** im gesamten inneren Tempelbezirk.

★ Gedong-Kirtya-Bibliothek

Einzigartige Sammlung von Lontar-Schriften

Einen Besuch der Gedong-Kirtya-Bibliothek am östlichen Ende der Jalan Veteran im Sasana-Budaya-Komplex, dem alten Palast des Königreichs von Buleleng im Süden der Stadt, kann man demjenigen empfehlen, der nicht nur großes Interesse an der balinesischen Geschichte, sondern möglichst auch Niederländisch-Kenntnisse hat. In der 1928 von den Niederländern gegründeten Bibliothek befinden sich nämlich außer **etwa 3000 auf Lontar-Palmblättern geschriebenen Manuskripten** zahlreiche Tagebücher, Zeitungen und Zeitschriften sowie 8200 historische Bücher aus der Zeit der niederländischen Besatzung. Die Bücher sind allerdings in schlechtem Zustand. Nur die Palmblatt-Manuskripte werden in Blechschachteln aufbewahrt; alles andere steht – im Übrigen ziemlich ungeordnet und ohne jegliche Systematik – in Regalen. Wer aber die nötige Zeit mitbringt oder einen verregneten Tag zu einem Ausflug in die Geschichte der Insel Bali nutzen will, dürfte in der Gedong-Kirtya-Bibliothek die eine oder andere aufschlussreiche Entdeckung machen; das Aufsichtspersonal gewährt Einblick in fast den ganzen Bestand. Vor dem Verlassen des Gebäudes wird ein Eintrag in das Gästebuch erwartet.

Mo. – Do. 7.30 – 15.30, Fr. 7 – 12.30 Uhr | Eintritt: 10 000 Rp.

★ Gitgit-Wasserfall

Für viele der schönste Wasserfall Balis

Bei dem Dorf Gitgit, von Singaraja etwa 10 km südöstlich landeinwärts in Richtung Bedugul gelegen, stürzt im dichten Dschungel der Gitgit-Wasserfall herab. Man geht vom Parkplatz etwa 800 m auf einem Weg mit mehreren Stufen, vorbei an Reisfeldern, Nelkenbäumen und durch tropische Vegetation. Verkaufsbuden bieten Futter für die zahlreichen Affenfamilien, außerdem Patchwork-Decken und Kunsthandwerk. Kurz nach dem Bezahlen des Eintritts an einem Kassenhäuschen spürt man schon die Gischt des Wasserfalls, der aus etwa 35 m Höhe in eine Schlucht mit einem Bach stürzt. »Duschen« und Baden sind erlaubt.

Zugang tgl. 9 – 17 Uhr | Eintritt: 10 000 Rp.

Sangsit

Mit hinduistischen und chinesischen Stilelementen

Bei dem Dorf Sangsit, ca. 6 km nordöstlich von Singaraja, steht der üppig geschmückte **Pura Beji,** ein der Fruchtbarkeits- und Reisgöttin Dewi Sri geweihter Tempel. Er gehört einer Gemeinschaft von Reisbauern (Subak) und ist mit seinem zentralen Hauptgebäude ein Paradebeispiel für den Baustil Nordbalis. Das aus drei Teilen bestehende Gespaltene Tor zum Innenhof der Anlage ist prächtig verziert. An seiner Außenseite erkennt man mehrere von fein geformten Lotosblüten umrahmte Dä-

SINGARAJA ERLEBEN

BULELENG TOURIST OFFICE

Jl. Ngurah Rai 2, Tel. 03 62 2 51 41
www.balibulelengtourism.com

Die Straße nach Singaraja führt von Denpasar nordwärts über Mengwi und Bedugul oder – ungleich reizvoller – von Denpasar bis Kapal, dann westwärts über Antosari nach Pengastulan und weiter entlang der Küste über Lovina Beach. Von Denpasar-Ubung gibt es täglich Busverbindungen. Bemos fahren entlang der Küstenstraße nach Lovina Beach.

Die meisten Restaurants Singarajas liegen an der Hauptstraße Jl. J. A. Yani und bieten chinesische Küche.

1 RESTAURANT WIJAYA € – €€

Auch Nicht-Hotelgäste speisen gern im besten Haus der Stadt. Neben indonesischen Gerichten werden Sandwiches, Suppen und Salate angeboten.
12 Zimmer mit Bad und Klimaanlage oder Ventilator, kleiner Innenhof, aufmerksamer Service.
Jl. J. Sudirman 74, a
Tel. 03 62 2 19 15

monenfratzen. Dahinter steht eine Geisterschutzmauer (Aling-Aling), die von zwei Schlangen flankiert wird. Das zentrale Heiligtum, ein geschlossener Schrein (Gedong) für die Göttin Dewi Sri sowie die Pavillons und die Mauern, die den Tempel umgeben, sind mit überschwänglichen Verzierungen und Reliefs versehen. Beim Verlassen des Tempels sieht man an der Außenmauer jeweils drei Ramayana-Figuren zur Rechten und zur Linken. An dem ansonsten schlichten **Pura Dalem** von Sangsit sind vor allem die fein ausgearbeiteten Steinreliefs sehenswert.

SUKAWATI · BATUAN

Region: Zentralbali | **Höhe:** 95 m ü.d.M. | **Einwohner:** 15 000
Entfernung: 17 km nordöstlich von Denpasar | **Anfahrt:** Von Denpasar geht es nordostwärts in Richtung Gianyar. Es gibt regelmäßige Busverbindungen von Denpasar-Kereneng. Bemos findet man entlang den Straßen von Denpasar bzw. von Gianyar.

M 7/8

In den Regalen stapeln sich handgeflochtene Körbe und aus Blech gefertigte Schachteln aller Größen, es gibt Sarongs und Tempelschals, Bambusschreine und Dutzende anderer farbenprächtiger Accessoires. Der Markt von Sukawati ist für Balinesen eine der Top-Adressen für Tempelzubehör und entsprechend voll. Besucher zieht es zu den nebenan liegenden Ständen für Gemälde und Kunsthandwerk.

Voller Kunsthandwerk

Sukawati und Batuan sind **bekannt für ihre zahlreichen Kunsthandwerker,** die ihre Erzeugnisse in den Geschäften entlang der Durchgangsstraßen anbieten. Deren Herstellung hat hier Tradition: Der fürstliche Palast von Sukawati war in früheren Zeiten Aufenthaltsort namhafter Künstler. Ein für Touristen interessanter Anlaufpunkt ist der **»Art Market«** (Pagar Seni) im Zentrum von Sukawati, wo viele Händler Skulpturen, Puppen, Schnitzarbeiten, Fächer, Kostüme und mehr anbieten. **Batuan** hat eine gewisse Berühmtheit erlangt für den eigenständigen Malstil, der nach ihm benannt ist. Bei dieser Stilrichtung, die um 1920 zunehmend an Bedeutung gewann, stehen weniger mythisch-religiöse Bildinhalte, sondern vermehrt **expressionistische Darstellungen** aus dem Leben der balinesischen Bevölkerung im Mittelpunkt.
Dabei veränderten die Künstler, die bis dahin das Objekt nur als Staffage für den eigentlich viel wichtigeren Hintergrund gesehen und gemalt hatten, die Gewichtung und wandten ihre Aufmerksamkeit immer mehr der darzustellenden Person oder Landschaft zu. Als Ursache für diesen Stilwechsel, der in die Zeit der niederländischen

Kolonialherrschaft fällt, nimmt man an, dass es vornehmlich die neuen Herren waren, die Aufträge an die lokalen Künstler vergaben und ihnen auch das Wissen um europäische Maltechniken und Malutensilien zugänglich machten. Der Batuan-Stil gewann später weiter an Einfluss, als mit den ersten Touristen auch malende Künstler aus aller Welt nach Bali kamen und die Einheimischen unterrichteten; unter ihnen waren die heute noch hoch geschätzten Maler Walter Spies (▶ Interessante Menschen) und Rudolf Bonnet. In den Orten rings um Sukawati bzw. Batuan, z.B. in **Puaya,** bieten ebenfalls viele Handwerksbetriebe ihre Produkte an.

★★ TABANAN

Region: Südbali | **Höhe:** 105 m ü.d.M. | **Einwohner:** 12 000
Entfernung: 24 km nordwestlich von Denpasar

K 7

Willkommen in den Reisterrassen! Gleich nördlich der hübschen Provinzhauptstadt liegen Tabanans spektakuläre, weil steil terrassierte Reisfelder, die seit 2012 zum UNESCO-Welterbe gehören. Hier sprudelt es aus unzähligen Bambusrohren, gelangt das Wasser aus kleinen Bächen, Tunneln und Röhren zu wirklich jedem Reisfeld, selbst zur kleinsten Parzelle. Zwischendrin immer wieder zu sehen: kleine Bambusschreine voller Opfergaben, die Devi Sri, der Göttin des Mondes und der Fruchtbarkeit, gewidmet sind.

Geschenk der Götter

Reis ist für jeden Balinesen viel mehr als nur ein Nahrungsmittel, er ist ein Geschenk der Götter an die Menschen. Kein Wunder, dass die Provinz Tabanan, berühmt für ein jahrhundertealtes Reisanbausystem, das weltweite Nachahmer fand, in Bali so hoch angesehen ist. **Subak** heißt das Bewässerungssystem, das die UNESCO zum Erbe der Menschheit zählt.
Tabanans Regenten spielten eine wichtige Rolle während der Zeit der niederländischen Okkupationsversuche. Über Jahrhunderte bewahrte Tabanan seine Macht und zählte v. a. unter seinem Herrscher Gusti Pandji Sakti (um 1700) zu den einflussreichsten Fürstentümern auf Bali. Als die Niederländer am 22. Juni 1846 an der Küste landeten, reichte die Verteidigungskraft der Balinesen nur für wenige Tage. Als es den Niederländern schließlich gelungen war, Tabanan einzunehmen, und sie vor dem Palast standen, griffen die verbliebenen Mitglieder der Fürstenfamilie zum Kris und begingen rituellen Selbstmord (Puputan).

BALIS REISTERRASSEN

Wie kunstvoll angelegte Landschaftsgärten klettern die sattgrünen Reisterrassen Balis an den Berghängen empor. Bis zu drei Ernten im Jahr können die Reisbauern einfahren. Rund 5 % der gesamten indonesischen Reisproduktion stammen von Bali, das nur 0,3 % an der gesamten Fläche Indonesiens ausmacht: nicht zuletzt ein Erfolg des nur auf Bali existierenden Subak-Systems.

▶ **»Subaks« als Weltkulturerbe**
Um die Verteilung des Quellwassers sowie um den Bau und die Instandhaltung des Bewässerungssystems für die Reisterrassen kümmert sich eine »Subak« genannte dörfliche Genossenschaft. 2012 wurden fünf von Subaks bewirtschaftete Reisanbaugebiete von der UNESCO zum Weltkulturerbe erklärt.

▶ **Reissorten**
Auf Bali werden drei Reissorten angebaut. Sie unterscheiden sich geschmacklich und werden für verschiedene Zwecke verwendet.

Weißer Reis
Die im Alltag am meisten verwendete Reissorte, sowohl für den Verzehr als auch für tägliche Opfergaben.

Schwarzer Reis
Verleiht Desserts eine besondere Note, wird aber auch zur Zubereitung von Tee genommen.

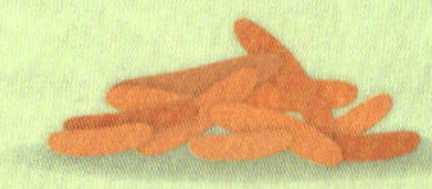

Roter Reis
Der seltenste und teuerste Reis wird meist in Zeremonien und ebenfalls zur Teezubereitung verwendet.

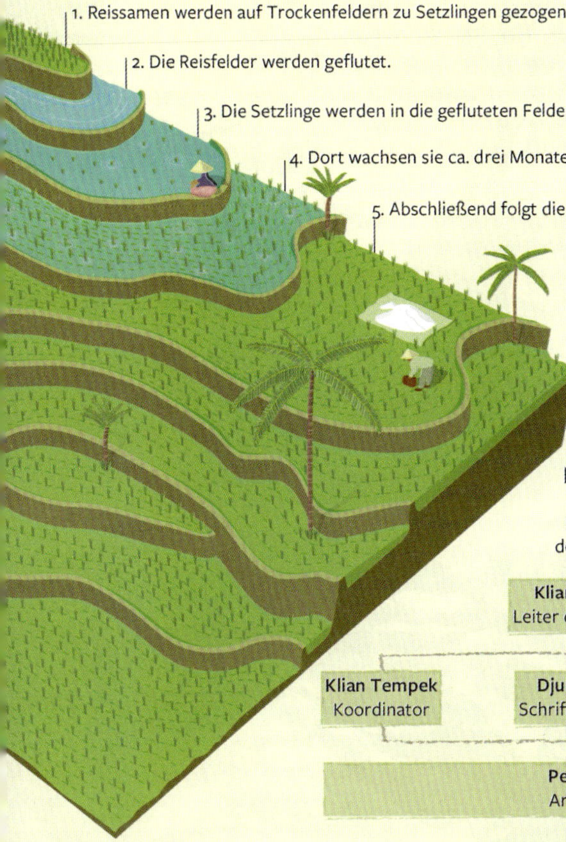

▶ **Organisation eines Subak**
Die Anzahl der Mitglieder hängt von der Größe, der Struktur und dem Terrain des Anbaugebiets ab.

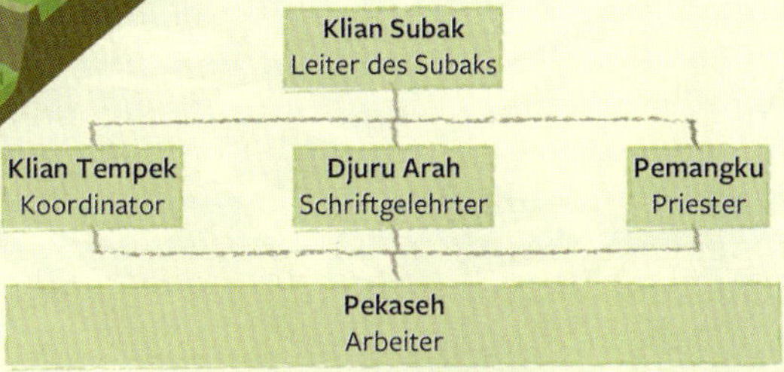

▶ **Reisproduktion weltweit in Mio. Tonnen pro Jahr (Ernte 2018/2019)**
Weltweit steht Indonesien an dritter Stelle der Reisproduktion. Bali trägt dazu 5% bei.

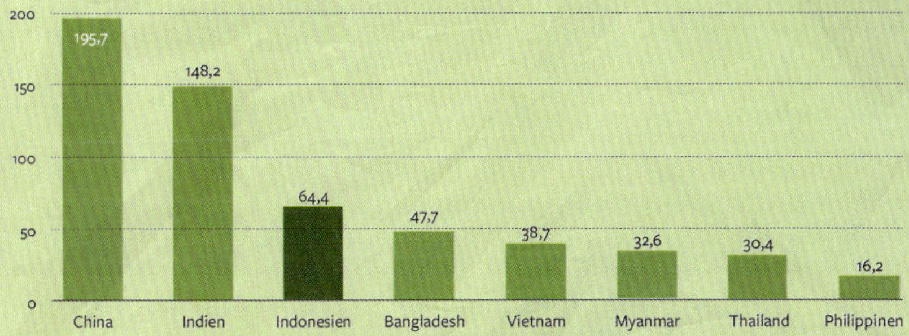

Wohin in Tabanan und Umgebung?

Alles über den Reisanbau auf Bali

Sabak-Museum

In Tabanan gibt es das dem jahrhundertealten Nassreisanbau gewidmete Sabak-Museum. Neben Ausstellungsräumen, in denen Sie auf Schaubildern das Prinzip des Reisanbaus erklärt bekommen und das traditionelle Werkzeug der Reisbauern ausgestellt sind, sowie aus Stein gehauene Darstellungen der Reisgöttin Devi Sri gibt es außerhalb gelegene Miniatursysteme des Sabak-Bewässerungssystems.
Jl. Gatot Subroto, Banjar Anyar, Kediri, Sanggulan
Tel. 03 61 81 03 15 | tgl. 8 – 16.30 Uhr

Ein Muss für jeden Besucher

★★ Reisterrassen von Jatiluwih

Die hügelige Landschaft in 700 Metern Höhe bietet genügend Aussichtspunkte, damit Sie das sich bis zum Horizont erstreckende Panorama der ineinander übergehenden Reisterrassen genießen können. Mitunter verlocken auch kleine Cafés zu einer Pause. Die etwa 35 km nördlich von Tabanan am Fuße des **Gunung Batukaru**, dem mit 2276 m zweithöchsten Berg der Insel, liegenden Reisterrassen

Mehrere Stunden sollten Sie sich schon Zeit nehmen für entspannte Spaziergänge auf den kleinen Wegen durch die Reisterrassen von Jatiluwih.

TABANAN ERLEBEN

TABANAN TOURIST OFFICE
Jl. Gunung Agung
Tel. 03 61 81 16 02

Nach Tabanan fährt man von Denpasar in Richtung Gilimanuk und Negara. Mit Bus und Bemo gibt es von Denpasar-Ubung tgl. Verbindungen.

Einige einfache Warungs liegen im Zentrum und um den Markt.

PURI ANYAR €€
Regelmäßig werden den Gästen des Puri Anyar »Palace Nights« geboten mit traditionellen Tänzen und kulinarischen Spezialitäten.
Baturiti, Kerambitan
(7 km westl. von Tabanan)
Tel. 03 61 81 27 74
www.balipurikerambitan.web.id

ALILA VILLAS SOORI €€€€
An der vom Tourismus noch weitgehend unberührten Westküste liegt ein außergewöhnliches Designhotel, eingebettet zwischen Reisfeldern, die sich bis zum Berg Batukau erstrecken, und schwarzem Vulkanstrand. Soo K. Chan, Inhaber der preisgekrönten Architektenbüros SCDA aus Singapur, entwarf für sich selbst dieses Boutique-Hotel (mit seltener »Green-Globe«-Zertifizierung). Exklusives Wohnambiente. Unübertrefflich ist das Dinner im Coast-Restaurant auf einer Terrasse am Meer.
Banjar Dukuh, Desa Kelating
Kerambitan
Tel. 03 61 8 94 63 88
www.alilahotels.com/soori

von Jatiluwih sind sicherlich die beeindruckendsten von ganz Bali. Immer höher schraubt sich die Straße, vorbei an kleinen Dörfern, in denen Reisanbau betrieben wird. Schließlich ist Jatiluwih erreicht inmitten eines Meers von hellgrün leuchtenden Reisterrassen (▶ Baedeker Wissen S. 152, Das ist Bali S. 20). Nur zu verständlich, dass dieser Ort übersetzt auch »wunderschön« heißt.

Einer der Nationaltempel Balis

★★ Pura Luhur Batukaru

Anschließend geht es zu einem weiteren Höhepunkt Balis. Ganz in der Nähe von Jatiluwih und umgeben von der tropischen Urwaldvegetation an den Hängen des Gunung Batukaru, liegt der alte, romantisch verwitterte Tempel Pura Luhur Batukaru. Die abgeschieden gelegene, fast verwunschen aussehende Anlage zieht sich in mehreren Etagen den Hang hinauf. Links vor dem Eingang zum ersten Tempelbezirk steht der kleine Pura Dalem; bemerkenswert ist der steinerne Thron für die Göttin Batari Uma (hier in der Erscheinungsform als Durga) mit einer Vishnu-Figur, die auf dem Göttervogel Garuda reitet. Im ersten Teil der in zwei Höfe gegliederten Tempelanlage stehen links und rechts mehrere Bale, die der Vorbereitung der Blumen- und

Spektakuläre Farben: das meerumtoste Heiligtum Tanah Lot bei Sonnenuntergang

Früchteopfer dienen. Den Zugang zum zweiten Teil bildet das traditionelle Gespaltene Tor mit kunstvollen Reliefs. Im zweiten Hof erheben sich mehrere Merus mit einer unterschiedlichen Anzahl von Pagodendächern. Der höchste (mittlere) Meru besitzt sieben Stufen und gehört Batara Panji Sakti. Links davon steht ein Meru , der den fünf Richtungsgottheiten Shiva, Vishnu, Ishvara, Brahma und Mahadevi gewidmet ist. Der Pura Batukaru ist alljährlich im März Ziel Tausender Pilger, die von ganz Bali kommen und während mehrerer Tage den Göttern Opfer darbringen. Dann wird der ansonsten recht unscheinbar wirkende Tempel farbenprächtig geschmückt.

Pfeffer, Ingwer, Zimt und Kakao

Zu Besuch im Gewürzgarten

In der Nähe des Tempels, aber auch auf der ganzen insel verteilt, sind Gewürzgärten, die in eine eigene Welt der Düfte entführen, zu finden. Man spaziert vorbei an exotischen Sträuchern und Gewächsen, schnuppert hier und da, kostet unbekannte Früchte und probiert eine Auswahl von Tee- und Kaffeesorten. Wer mag, auch den teuersten Kaffee der Welt, den Luwakkaffee, der so hergestellt wird: Die Schleichkatzen essen die reife rote Kirsche und scheiden sie mit ihrem Kern, der kostbaren Bohne wieder aus. Diese werden dann geröstet, gesäubert und wie normaler Kaffee weiter produziert. In den angeschlossenen Shops kann man schön verpackte Gewürze, Kaffee und Tee käuflich erwerben.

Badekleidung nicht vergessen!

★ Heiße Quellen Yeh Panas

Etwa 7 km südlich der kleinen Ortschaft **Wangayegede** sprudeln die schwefelhaltigen Quellen Yeh Panas. In der erst vor wenigen Jahren **großzügig gestalteten Anlage** lädt ein großes Becken zum Baden; darüber hinaus können umzäunte »Separees« mit Sprudelbädern gemietet werden.

Bekanntestes Fotomotiv Balis

★★ Pura Tanah Lot ▶ Abb. S. 126/127

Wenn es unter den vielen Sehenswürdigkeiten auf Bali eine gibt, die die Besucher der Insel auf keinen Fall versäumen sollten, dann ist es der Pura Tanah Lot (»Land inmitten des Meeres«). Allerdings bahnen sich Abend für Abend ganze Ladungen von Bustouristen, von Kuta, Legian und Sanur hierher gebracht, den Weg durch ein Labyrinth von Gassen mit Souvenirhändlern, um dann jenes Naturschauspiel mitzuerleben, das der **faszinierende Sonnenuntergang** hinter der Kulisse des verhältnismäßig kleinen Tempels auf einem Felsriff vor der Küste bietet. Erbaut wurde der Pura Tanah Lot, den man bei Niedrigwasser zu Fuß erreichen kann, von Pedanda Sakti Bau Rauh, der zu Anfang des 16. Jh.s vor den religiösen Verfolgungen auf der Nachbarinsel Java nach Bali flüchten musste und dort mehrere Tempel stiftete. Er hat einen eigenen Schrein im Pura Tanah Lot, in dem ihm gehuldigt wird. Höchstes Bauwerk im Tempelbezirk, der von Nicht-Hindus nicht betreten

werden darf, ist ein fünfstufiger Meru, Sitz der göttlichen Trinität. In einem weiteren Schrein »wohnt« eine heilige Schlange. Den besten Blick auf Tempel und Sonnenuntergang hat man von einer eigens dafür errichteten **Besucherterrasse**. Da sie jedoch regelmäßig bis auf den letzten Platz besetzt ist, empfiehlt es sich, früh da zu sein und nicht zu warten, bis die großen Busse der Reiseveranstalter angekommen sind.
tgl. 9 – 19 Uhr | Eintritt: 30 000 Rp.

★★ TAMPAKSIRING

Region: Zentralbali | **Höhe:** 630 m ü.d.M. | **Einwohner:** 1000
Entfernung: 78 km nordöstlich von Denpasar | **Anfahrt:** Die Straße nach Tampaksiring führt von Denpasar über Celuk in nördlicher Richtung. Von Denpasar fahren mehrmals täglich Busse. Eine gute Verbindung per Bus und Bemo besteht von Ubud.

Ein großes geteiltes Eingangstor markiert den Zugang, von überall her strömen die Menschen, Opfergaben auf dem Kopf. Da Quellwasser in Bali spirituelle Bedeutung genießt und der Legende nach Gott Indra es war, der das Quellheiligtum nahe dem kleinen Dorf Tempaksiring schuf, gehört Pura Tirta Empul zu den berühmtesten Wallfahrtsorten und ist einer der insgesamt neun balinesischen Staatstempel. Bereits Schulkinder lernen die Legende.

Zwei Heilig-tümer

Wenn es bei Tempaksiring nicht das bedeutende Quellheiligtum **Pura Tirta Empul** geben würde, kämen wohl nur wenige ausländische Besucher in den kleinen, bescheidenen Ort in Zentralbali. Nicht so bekannt, doch keineswegs unbedeutend sind die aus dem 11. Jh. stammenden Königsgräber von **Gunung Kawi** ganz in der Nähe. Um sich ein kleines Zubrot zu verdienen und auch etwas vom Tourismus zu profitieren, haben die Bewohner begonnen, ihre schönen Holz- und Hornschnitzarbeiten an der Straße zum Verkauf anzubieten. Die kann man zwar überall auf der Insel kaufen, hier gibt es sie jedoch in großer Auswahl und zu besonders günstigen Preisen.

Wohin in Tampaksiring und Umgebung?

Pura Desa

Sehenswert in Tampaksiring ist der **Vishnu-Tempel** Pura Desa. Die Anlage mit zwei Höfen liegt an der Hauptstraße in Richtung Norden und besitzt in ihrem ersten Hof einige mit schönen Schnitzereien und Reliefs verzierte Pavillons.

Uraltes Heiligtum und Pilgerziel

★★ Pura Tirta Empul

Die Entstehung des berühmten Quellheiligtum ist verbunden mit einer der Legenden, an denen die Götterinsel so reich ist: Als Bali unter einer verheerenden Dürre litt, hervorgerufen von der drachenähnlichen Dämonin Vitra, die das Wasser aller Seen und Flüsse ebenso wie den Regen unter ihre Herrschaft gebracht hatte, erschien Gott Indra in Tirta Empul. Er stieß eine Lanze in die Erde und nahm damit der Dämonin ihre Macht, sodass die Wasser wieder fließen konnten.

Die Anfänge von Tirta Empul gehen zurück ins Jahr 960. Seit damals sprudelt es aus etwa drei Dutzend Wasserspeiern. Die Balinesen besuchen Tirta Empul, das »kristallklare Wasser«, um sich **spirituell zu reinigen**. Touristen sind gern gesehen, wenn sie die Kleiderordnung respektieren und sich zurückhaltend benehmen. Alle Besucher müssen einen Sarong tragen, Frauen dazu ein T-Shirt. Hunderte von kleinen, aus Palmblättern geflochtenen Opfergabenschälchen bedecken die Wasserspeier. Menschen sitzen neben den steinernen Wasserbecken und meditieren.

Einmal im Jahr waschen die Bewohner der umliegenden Dörfer in den Becken symbolisch ihre Töpfe, Schalen und Wasserkannen. In dem kleinen Becken ganz rechts sammeln sich die »fünf heiligen Wasser« Pari Suda, Panglukatan, Sudamala, Tirtha Teteg und Bayan Cokor; in der Beckenmitte erhebt sich ein Gedong, das dem Gott des Quellheiligtums vorbehalten ist. Aus den Quellen schöpfen viele Besucher; das heilige Wasser findet Anwendung u. a. bei den Durchgangsriten.

Jl. Tirta, Manukaya (2,5 km nördlich von Tampaksiring)
tgl. 8 – 18 Uhr, Eintritt: 15 000 Rp.

Gästehaus der indonesischen Regierung

Wisma Negara

Oberhalb der Anlage des Quelltempels steht die ehemalige **Sommerresidenz** Wisma Negara, die der indonesische Staatsgründer und langjährige Präsident **Sukarno** (▶ Interessante Menschen) in den 1950er-Jahren bauen ließ. Der Palast besteht aus zwei Teilen, die durch einen schmalen Taleinschnitt voneinander getrennt, jedoch durch einen Steg miteinander verbunden sind. Heute dienen die in modernem Stil errichteten Gebäude als Gästehaus der indonesischen Regierung. Die Besichtigung ist zeitweise möglich; man benötigt dazu jedoch seine Ausweispapiere. Von den weitläufigen Parkanlagen bietet sich ein guter Blick über das Quellheiligtum im Tal.

Von Obst- und Nelkenplantagen umgeben

★ Taro

Eine der ältesten Siedlungen auf Bali ist Taro (10 km nordwestlich von Tampaksiring) mit dem beeindruckenden Tempel **Pura Gunung Raung,** dessen Form an den gleichnamigen ostjavanischen Berg erinnern soll. Bekannt ist der Ort auch für **Albino-Kühe,** die für reli-

OBEN: Gunung Kawi ist eine der beeindruckendsten Tempelanlagen auf Bali. Sie dient auch heute noch als Andachtsstätte für viele Hindus.

UNTEN: Mädchen beim Gebet im Quellheiligtum Tirta Empul

giöse Zeremonien entliehen werden. Sie weiden südlich des Dorfs kurz vor dem **Elephant Safari Park,** in dem man die Umgebung vom Rücken eines Sumatra-Elefanten aus betrachten kann. Dem recht teuren Safari Park (Eintritt inkl. Transport aus dem jeweiligen Badeort und zurück 70 US-$ bzw. 92 US-$ für den Elephant Safari Ride, www.balipvbgroup.com/elephant-safari-park) werfen Tierschutzgruppen immer wieder die wenig artgerechte Haltung der majestätischen Säugetiere (denen z.T. die Stoßzähne gekürzt wurden) vor. Der Park bietet auch Shows, in denen Elefantendressuren gezeigt werden.

Beeindruckende Felsmonumente

★ Gunung Kawi ▸ Abb. S. 161

Folgt man der Straße von Tampaksiring südwärts in Richtung Gianyar, trifft man nach 2,5 km auf eine **sakralarchitektonische Sehenswürdigkeit besonderer Art:** Gunung Kawi (= »Berg der Poesie«). Im schmalen Tal des Flüsschens Pakerisan, inmitten steiler Reisterrassen wurden insgesamt zehn Grabmonumente aus den Tuffstein-Felswänden herausgeschlagen. Verschiedenen Inschriften zufolge verehrte man hier Anak Wungsu, einst Herrscher über einen großen Teil von Java, mit seinen vier Frauen und weiteren vier Konkubinen – die acht Frauen ließen sich laut einer Legende nach dem Tod Anaks freiwillig verbrennen.

Steigt man von Tampaksiring kommend den schmalen Fußweg zum Gunung Kawi hinab, sieht man zunächst eine Gruppe mit vier Gedenkstätten. Am anderen Ufer des Pakerisan, der hier eine besonders reizvolle Landschaft durchschneidet, liegt linker Hand die Gruppe mit fünf Monolithtürmen; das etwas höhere könnte für Anak Wungsu sein. Rechts neben der Fünfergruppe befindet sich ein Komplex mit Mönchszellen (Erstes Kloster), in der Mitte ein Monolith mit bisher unbekannter Bedeutung. Folgt man der Pakerisan-Schlucht weiter südwärts, so stößt man auf ein zehntes Denkmal (möglicherweise für einen hohen Beamten von Anak).

Über dem östlichen Flussufer sowie unweit südlich vom zehnten Denkmal sind weitere Mönchszellen (Zweites und Drittes Kloster) aus den Felswänden gehauen.

Quellheiligtum

★ Pura Gunung Kawi Sebatu

Die in Terrassenform erbaute Anlage des Pura Gunung Kawi Sebatu erreicht man am besten, wenn man kurz nach dem Ortsende von Tampaksiring rechts abbiegt und der Beschilderung folgt (ca. 2,5 km). Drei Teiche bilden ein Ensemble, dazu kommt das Heiligtum in Form eines quadratischen Teichs; in seiner Mitte erhebt sich ein kleiner, offener Schrein mit einem Steinthron. Auch wenn die **Wasserspeier** von dichtem Moos bewachsen sind, kann man noch ihre außergewöhnliche Qualität erkennen. Stets verschlossen ist der seitlich gelegene eigentliche Quelltempel Pura Sakti Puseh.

★ TENGANAN

Region: Ostbali | **Höhe:** 242 m ü.d.M. | **Einwohner:** 450
Entfernung: 4 km nördlich von Candi Dasa | **Anfahrt:** Von Candi Dasa fährt man in nordwestlicher Richtung. Mit Bus oder Bemo gibt es keine regulären Verbindungen. An der Straße warten meistens Motorradtaxis (Ojek).

Sie tragen handgewebte Sarongs, deren Fertigung bis zu einem halben Jahr in Anspruch nimmt, geben sich dem Gamelan-Spiel hin und den strengen Regeln ihres Dorflebens: Die in Tenganan lebenden Bali-Aga leben ganz nach ihren vielen Bräuchen und für ihre häufigen rituellen Zeremonien. Die Touristen, die das Dorf mit offenen Armen empfängt, sind nur als Tagesgäste erwünscht.

Dorf der Bali-Aga

Die Einwohner von Tenganan, einem der ältesten Dörfer Balis, beherrschen die Kunst, vom Tourismus zu profitieren und sich doch nicht davon vereinnahmen zu lassen. Auch finanziell sind die Bali-Aga, die ihre Ahnenreihe bis zum mächtigen Gott Indra zurückverfolgen, sehr gut gestellt. Die dem Dorf gehörenden 900 ha bester Reisfelder und Ackerfläche sind verpachtet an ortsfremde Bauern und sorgen für regelmäßige Einkünfte. Ihre arbeitsfreie Zeit nutzen die Bali-Aga zur Pflege ihrer Traditionen. Noch heute lebt die auf rund 100 Familien angewachsene Gemeinschaft nach strengen Regeln, schottet sich von der übrigen balinesischen Gemeinschaft ab. Bei einem Rundgang durch das Dorf in Begleitung eines Bali-Aga erfahren Sie allerlei Überraschendes, z.B.: Die Bali-Aga kennen keinen individuellen Besitz.

Besondere Einwohnerschaft

Die Einwohner von Tenangan betrachten sich als vom Gott Indra selbst geschaffene und auserwählte Menschen. Zum Beweis dafür verweisen sie auf die im 14. Jh. auf Palmblätter geschriebene balinesische Schöpfungsgeschichte »Usana Bali«, in der berichtet wird, dass es sich bei den im Dorf lebenden exakt 30 Familien um **Nachfahren der Götter** handle. Die **Bali-Aga** (Alt-Balinesen) von Tenganan bilden – ähnlich wie jene in Trunyan (▶ S. 56) – eine eigenständige Gemeinschaft, die aus nach strengen Regeln organisierten Gruppen besteht. Jungen und Mädchen treten bereits im Alter von etwa acht Jahren nach einem Übergangsjahr in eine Gruppe (Truna bzw. Daha) ein. Von da an spielt das Elternhaus nur noch eine untergeordnete Rolle; die Erziehung zum vollwertigen Mitglied der Gemeinschaft (Krama Desa) übernimmt dann die Gruppe. Später sind die Kriterien Alter, Geschlecht, Beruf und Fähigkeiten ausschlaggebend für eine Eingliederung in die »richtige« Gruppe, in der man bis zu seinem Lebensende bleibt. Als »Lieblinge der Götter« sehen die Tengananer

Nur in Tenganan werden Stoffe im Doppel-Ikat-Verfahren hergestellt.

ihren Lebenszweck nicht in körperlich anstrengender Arbeit, sondern eher im Müßiggang – aber auch in der Bewahrung alter Traditionen und handwerklicher Künste. So haben die Tengananer die Zeit, sich z. B. dem Gamelan-Spiel, dem Weben kunstvoller Textilien – nur hier wird noch die **Kunst des Doppel-Ikats** gepflegt (▶ Baedeker Wissen, S. 258) – oder dem Kopieren alter Schriftstücke hinzugeben. Wer sich von der Gemeinschaft lossagt (z. B. eine Person aus einem anderen Dorf heiratet), verliert alle Rechte, die er sich als gebürtiger Tengananer erworben hat. Er wird zwar noch als Dorfbewohner geduldet, muss aber in den östlichen Teil des Dorfs, das Banjar Pande, umziehen und darf nicht mehr an den religiösen Feierlichkeiten teilnehmen.

★ Reise in die Vergangenheit

Gemächlich durch den Ort bummeln

Tenganan ist frei von Autoverkehr. Der Ort besteht aus drei parallel zueinander verlaufenden, in einer gedachten Linie vom Gunung Agung zum Meer hin ausgerichteten Straßen, an denen die Gehöfte mit den reisstrohgedeckten Wohnhäusern und Zweckbauten aufgereiht sind; möglicherweise wird man von den Bewohnern zur Besichtigung eingeladen. Es gibt viele Möglichkeiten, Stoffe (darunter auch die berühmten Doppel-Ikat-Stoffe) sowie Palmblatt- oder Korbflechtarbeiten zu erwerben. Im westlichen Teil des Dorfs befinden sich jene Gebäude, die den Versammlungen der Jungen- und Mädchengruppen dienen, sowie das Bale Agung, in dem sich die verheirateten Vollmitglieder der Dorfgemeinschaft versammeln. Oberhalb des Dorfs stehen der dem altbalinesischen Fürsten Pangus geweihte Pura Sembangan und der Pura Santi, Sitz der Gottheiten des Gunung Agung.

★★ UBUD

Region: Zentralbali | **Höhe:** 92 m ü.d.M. | **Einwohner:** 70 000
Entfernung: 25 km nordöstlich von Denpasar

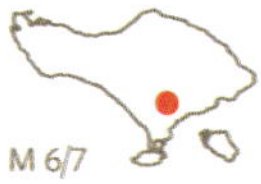

Der Heiler hockt auf einem Podest im Innenhof seines Hauses, ist weiß gekleidet und fühlt der Touristin den Puls. Dann schaut er ihr fest in die Augen und sagt, sie mache sich zu viele Sorgen über ihr Leben, habe Verdauungsprobleme und Rückenschmerzen. Mit Erscheinen des Bestsellers »Eat Pray Love« 2006 und der Hollywood-Verfilmung mit Julia Roberts als sinnsuchende Amerikanerin, die nach Ubud kommt, dort erst einen Heiler und dann die Liebe findet, wurde Balis spirituelles und Kunsthandwerkszentrum weltberühmt.

Dichter Verkehr verstopft die Straßen, trotzdem bieten Taxifahrer immer wieder ihre Dienste an, Boutiquen und Cafés reihen sich aneinander. Das soll Balis schönste Stadt sein? In Ubud, dem Kunst- und Kulturzentrum der Insel, muss man schon ein paar Tage bleiben, um hinter die Kulissen zu schauen, Zeit haben, die Umgebung zu erkunden, z. B. den Affenwald, die Reiher von Petulu oder die Kunsthandwerker von Mas.

Kunst- und Kulturzentrum Balis

Wohin in Ubud?

Palast der Fürstenfamilie von Ubud

★ Ubud Palace

Mitten in der Stadt (an der Kreuzung Jl. Raya Ubud und Monkey Forest Road) liegt der Ubud Palace mit dem Tempel **Puri Saren Agung**. Jeden Abend werden hier auf einer Bühne traditionelle Tänze dargeboten, den ganzen Tag werden Touristen von Verkäufern sanft gefragt, ob sie nicht ein paar Tickets kaufen wollen. Dabei ist die Darbietung alles andere als ein Touristenspektakel, sind die Tänze fest verwurzelt in der balinesischen Kultur.
Das einzigartige Anwesen, dessen vorderer Teil besichtigt werden kann, ist beileibe kein Freilichtmuseum, einen Teil des Palasts bewohnen nach wie vor die Angehörigen der früheren Herrscherfamilie.

UBUD ERLEBEN

UBUD TOURIST OFFICE

Jl. Raya
Ubud
Tel. 03 61 97 32 85

Von Denpasar verläuft die Straße nach Ubud nordostwärts über Kesiman und Sukawati. Es gibt täglich mehrere Busverbindungen von Denpasar-Kereneng; auch Bemos verkehren regelmäßig von Denpasar.

MUSIK, TANZ, LITERATUR

Gamelan-Musik, Barong- und Legong-Tänze, Kecak oder Aufführungen aus den hinduistischen Epen Mahabharata und Ramayana: Jeden Abend finden in Ubud und Umgebung mehrere Aufführungen statt. Die Kulisse könnte nicht stimmiger sein, denn meist handelt es sich um einen der zahlreichen Tempel oder ein Museum, in dem zu Ehren der Götter getanzt wird. Veranstaltungskalender gibt es beim Touristenbüro, in zahlreichen Hotels sowie u.a. im Casa- Luna-Restaurant in der Jalan Raya.

Das **Ubud Writers & Readers Festival** (www.ubudwritersfestival.com, Ende Okt./Anf. Nov.) zieht jährlich fünf Tage lang international bekannte Autoren und Schriftsteller nach Ubud. In den Museen, Hotels, Cafés und Restaurants der Stadt finden Lesungen und Kunstaufführungen statt, es wird diskutiert, einheimische Musiker treten auf mit australischen Musikern. Jede Veranstaltung steht unter einem bestimmten Motto.

KOCHKURSE

Ubud ist auch das Zentrum für **Cooking Classes**. Renommiert ist die Casa Luna Cooking School der seit Jahrzehnten auf Bali lebenden Australierin Janet DeNeefe in deren Honeymoon Guesthouse bzw. Casa-Luna-Restaurant (www.casalunabali.com/cooking-school), die eine Vielzahl von Schwerpunkten anbietet. Im Freien und in der großartigen Umgebung im Tal des Ayung finden die Veranstaltungen der Sokasi Cooking Class des Four Seasons Bali at Sayan (www.fourseasons.com/sayan) statt, die morgens mit einem Einkaufsbummel auf dem Markt beginnen.

WHITE WATER RAFTING

Ubud ist einer der besten Orte auf Bali, um eine Rafting-Tour zu erleben. Während der Regenzeit, also in den Monaten November bis März, führt der Ayung-Fluss viel Wasser und ist mitunter besonders reißend. Erfahrene Tour-Betreiber wissen um die Herausforderungen und sorgen für Sicherheit.

WELLNESS

In Ubud bieten zahlreiche Hotels, Gästehäuser und eigens dafür eingerichtete Spas balinesische Massagen. Wenn man durch die Straßen des Zentrums geht, entdeckt man zahlreiche Hinweise und Adressen. Einige der schönsten und teuersten Spas sind in den Fünf-Sterne-Hotels untergebracht. Frühzeitige Reservierung empfiehlt sich, da manche Behandlungen nur gebucht werden können, wenn keine Nachfrage seitens der Hotelgäste besteht.

Bodyworks

Auch wenn der Begründer des in ganz Bali bekannten Spas, der Yogi

und Heiler Ketut Arsana, wie so oft unterwegs ist, lohnt sich ein Besuch in seinem lebhaften Patio-Haus. Neben wohltuenden Massagen und Wellness Treatments, die in nett hergerichteten Räumen im ersten Stock stattfinden, kann man sich auch bei Ketuts Assistenten bei gesundheitlichen Problemen beraten lassen. Vorzüglich sind die mehrmals in der Woche von unterschiedlichen Lehrern angebotenen Yoga-Stunden. Auf einer Tafel steht, wann der Meister wieder zu Hause ist und man einen Termin mit ihm vereinbaren könnte.
Jl. Hanoman No. 25, Padang Tegal, Tel. 03 61 97 13 93
www.ubudbodyworks.com
tgl. 8 – 20 Uhr

Die Gegend rund um Ubud ist ein wahres Eldorado für Liebhaber von Kunsthandwerk: Ubud ist berühmt für die hohe Qualität der hier ausgestellten Gemälde, im Dörfchen Celuk sind hervorragende Silberschmiede zu Hause,in Mas gibt es Holzschnitzer und Batubulan ist das Dorf der Steinmetze.

❶ MOZAIC €€€
Gilt als bestes Restaurants nicht nur von Ubud, sondern von ganz Bali: vom Organic Tomato Tartar bis zum kunstvoll präsentierten Dessert »Textures of Chocolate, Strawberries and Ginger Flower Sorbet«. Ein besonderes (Geschmacks-)Erlebnis ist das 8-Gänge-Menü.
Jl. Raya Sanggingan
Tel. 03 61 97 57 68,
www.mozaic-bali.com

❷ CASA LUNA €€
Lieblingsplatz vieler Ausländer und Einheimischer, das durch Ambiente und Qualität der Speisen besticht. Auf zwei großen, zum Tropenwald hin geöffneten Etagen, ausgestattet mit Antiquitäten und indonesischen Teak-Möbeln, werden frisch aus dem Backofen stammende Kuchen und Pies, Obstsäfte sowie indonesische und westliche Gerichte serviert. Kostenfreier WLAN-Zugang, regelmäßig stattfindende Musikevents und Dichterlesungen.
Jl. Raya Ubud
Tel. 03 61 97 74 09
www.casalunabali.com

❹ MURNI'S WARUNG €€
Unweit des Tjampuan-Hotels liegt an der Brücke über den Fluss dieses traditionsreiche Café-Restaurant mit bezauberndem Blick in den Tropenwald.
Jl. Raya Campuhan
Tel. 03 61 97 52 33
www.murnis.com

❸ PESTO CAFÉ €
An der Monkey Forest Road werden balinesische Spezialitäten und mediterrane Gerichte serviert. Außerdem gibt es gute vegetarische Snacks.
Monkey Forest Rd.
(neben der Tama Gallery)
Tel. 03 61 97 58 84

❺ SWEET KOMANG'S GALLERY CAFÉ €
Ein deutsch-balinesisches Unternehmen in einer Seitenstraße in der Nähe des Ortszentrums: Adi's Gallery bietet Verkaufsausstellungen moderner balinesischer Kunst und die Hausherrin bereitet indonesische Gerichte, Süßigkeiten, Tee und Kaffee zu.
Jl. Bisma 102
Tel. 03 61 97 71 04

In Ubud gibt es eine kaum zu überschauende Vielfalt an Hotels und kleinen, familienbetriebenen Gästehäusern in allen Preisklassen. Außerhalb Ubuds, im Stadtteil Sayan und hoch über dem tiefen tropischen Tal, das der Ayung-Fluss geschaffen hat, lie-

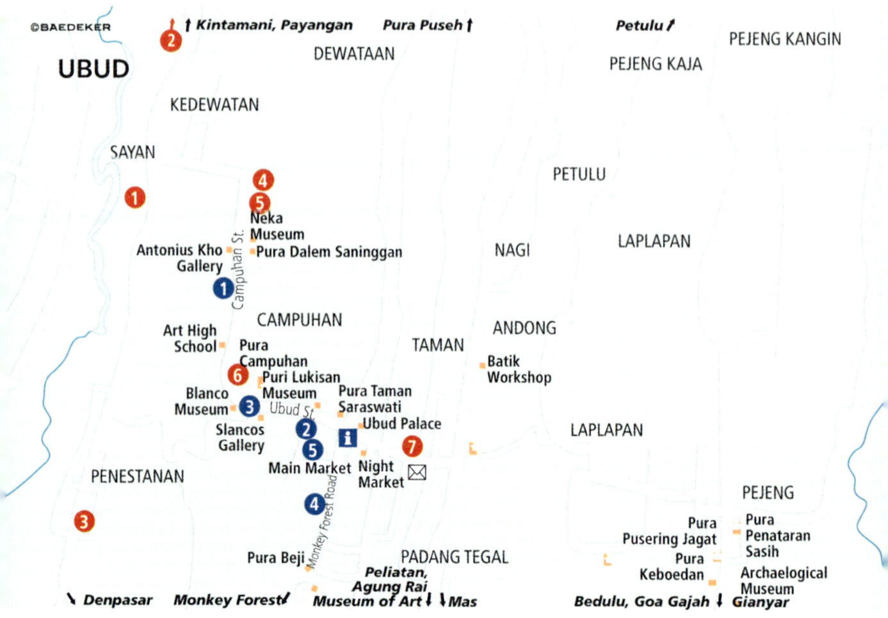

1 Mozaic
2 Casa Luna
3 Murni's Warung
4 Pesto Café
5 Sweet Komang's

1 Amandari
2 COMO Shambhala
3 Four Seasons
4 Ulun Ubud
5 Uma Ubud
6 Tjampuhan
7 Puri Saren Agung

gen einige der schönsten Hotels Balis, großartige Resorthotels wie das zur exklusiven Aman-Kette gehörende Amandari und das Como Shambala, in denen schon Stars wie Mick Jagger, Tom Cruise und Sting wohnten. Daneben gibt es zahlreiche (auch sehr luxuriöse, mit Swimmingpool ausgestattete) Cottages und Villen, die Sie tageweise (mitunter auch nur wochenweise) mieten können (u.a. bei www.airbnb.de).

1 AMANDARI €€€€

Kein anderes Hotel (30 kl. Villen) verkörpert so sehr den »Spirit« Balis wie das Amandari, eines der ältesten Luxushotels des Ortes und noch immer stilbildend für alle, die danach kamen. Die Gäste werden bei Ankunft von kleinen Tänzerinnen in einer Zeremonie willkommen geheißen – Schulmädchen, die in der vom Hotel seit der Eröffnung angebotenen traditionellen Tanzschule ausgebildet werden. Eine Mischung aus puristischem Zen-Stil und balinesischem Design prägt die von lokalen (Kunst-)Handwerkern gefertigten Villen, die entlang gepflasterter Wege über dem Ajung liegen. Hier fühlen Sie sich eher wie in einem balinesischen Dorf als in einem Hotel: Abends quaken die Frösche, Geckos huschen durch die Gärten, und wenn

BAEDEKER MAGISCHE MOMENTE

WOHNEN ZWISCHEN DEN REISFELDERN

Jedes balinesische Reisfeld hat seinen Schrein und seine Enten, seine Frösche und seine Reiher. Und jedes balinesische Reisfeld ist auch ein Kunstwerk, das bewirtschaftet wird. Es gibt nichts Schöneres, als in einer solchen innig-harmonischen Atmosphäre ein paar Tage zu Gast zu sein, von Vögeln geweckt und von den Fröschen in den Schlaf gequakt zu werden. Bei Vollmond wird sogar eine magische Nacht daraus.
(▶Hotel Amandari, S. 168)

Sie vom Essen im Restaurant (mit Musikbegleitung) zurückkommen, sind die Öllampen um den eigenen Pool entzündet. Die vom Amandari angebotenen Trekking-Ausflüge, Fahrrad-touren und Kochkurse, Besuche beim lokalen Heiler etc. sind allesamt tolle Erlebnisse.
Banjar, Jl. Raya Kedewatan
Kedewatan
Tel. 03 61 97 53 33
www.aman.com/resorts/amandari

❷ COMO SHAMBHALA €€€€

Shambhala ist ein Begriff aus dem Buddhismus und bedeutet »Ort der Glückseligkeit« – kein zu hoch gegriffener Name für ein Hotel, das nicht wenige für das schönste in Bali halten. Bereits die Lage auf dem Begawan Giri, dem »Berg des weisen Mannes«, ist einzigartig. Dazu kommt die von Balinesen als heilig angesehene Quelle, die unterhalb des Hotels sprudelt. Angeboten werden hier unter anderem maßgeschneiderte Ayurveda-, Yoga- und Wellness-Treatments unter Anleitung qualifizierter Therapeuten und Lehrer (s. Baedeker Wissen,S. 263).
Banjar Begawan
Desa Melinggih Kelod
Payangan (nördlich von Ubud)
Tel. 03 61 97 88 88
www.comohotels.com/comoshambhalaestate

❸ FOUR SEASONS AT SAYAN €€€€

Schon fast eine Sehenswürdigkeit ist das über einen Brücke und von der Dachterrasse mit gewaltigem Seerosenteich her zu betretende Luxushotel(60 Zimmer, 42 Villen). Fantastisch die Art und Weise, wie die moderne, schnörkellose Architektur mit der umgebenden Landschaft harmonisiert. Vom offenen Restaurant aus können Sie bereits beim Frühstück auf die unter Ihnen liegenden Reisterrassen schauen: Schöner kann ein Tag kaum beginnen. Großartig sind die mit eigenen Plunge Pools, offenem Wohnzimmer und Himmelbetten ausgestatteten Villen, von denen einige unmitttelbar am Fluss liegen. (s. Baedeker Wissen,S. 242).
Jl. Raya Sayan, Sayan
Tel. 03 61 97 75 77
www.fourseasons.com/sayan/

4 ULUN UBUD €€€
Charmantes Hotel im Stil eines balinesischen Dorfs inmitten der üppigen Natur. Dramatischer Blick auf den tief unten fließenden Tjampuhan-Fluss, koloniales Ambiente mit Himmelbetten, Moskitonetz und Antiquitäten.
Jl. Raya Sanggingan
Tel. 03 61 97 50 24
www.ulunubud.com

5 UMA UBUD €€€
Luxuriöses Hideaway in dichtem tropischem Grün oberhalb des Flusses Oos (ca. 20 Gehmin. ins Zentrum von Ubud), das die Synthese zwischen zeitgenössischem Minimalismus und reichem balinesischem Kunsthandwerk perfekt verkörpert. Die »Garden Rooms« besitzen offene Innenhöfe mit Koi-Teich, Schlafzimmer mit Four-Poster-Bett und dramatisch in Schwarz-Weiß gehaltenem Bad mit Außendusche. Das Restaurant »Kemiri« gehört zu den besten von Ubud, serviert wird moderne, leichte südostasiatische Küche.
Jl. Raya Sanggingan
Banjar Lungsiakan, Kedewatan
Tel. 03 61 97 24 48
www.comohotels.com/en/umaubud

6 TJAMPUHAN €€
Ein tolles Preis-Leistungs-Verhältnis zeichnet dieses traditionsreiche Anwesen (63 Cottages) aus, Ubuds bekannteste Adresse, eine Art Denkmal der lokalen Hotellerie. Bereits 1928 eröffnet und in fürstlichem Besitz, einst Heimat des deutschen Malers Walter Spies, wird Sie das Tjampuhan als Gesamtkunstwerk aus üppiger tropischer Natur und fantastischen Steinmetzarbeiten in den öffentlichen Bereichen begeistern. Mehrere Pools werden von frischem Quellwasser gespeist und ein Erlebnis ist stets der Besuch in der Natursteingrotte.
Jl. Raya Campuan, Sayan
Tel. 03 61 97 53 68
www.tjampuhan-bali.com/

7 PURI SAREN AGUNG €
Stilvoll und günstig zugleich: In dem Fürstenpalast im Zentrum von Ubud logiert man in einfachen, teilweise mit antikem Mobiliar ausgestatteten Zimmern; lebhaft und nicht immer ruhig – dafür ist der Aufenthalt hier sicher unvergesslich.
Jl. Raya Ubud
Tel. 03 61 97 50 75

Prinz Tjokorda Gde Putra Sukawati, der älteste der drei Prinzen der Familie, der u.a. in Australien und der Schweiz lebte, ist hier zu Hause und engagiert sich für die balinesische Kultur. Er ist Präsident des Puri-Lukisan-Museums mit seiner einzigartigen Gemäldesammlung und er ist mit verantwortlich für den Beschluss der Stadt, in Ubud keine Hochhäuser und keine Moscheen zu erlauben. Der Großvater der Prinzen, der von seinen Angestellten nur mit »Your Royal Highness« angesprochen wurde, war in den 1930er-Jahren maßgeblich beteiligt an der Gründung der Pita-Maha-Schule für Malerei.

Traumhafte Kulisse

★ Pura Taman Saraswati

Ganz in der Nähe befindet sich der Saraswati-Tempel mit seinem wundervollen **Lotosblumenteich**. Er bietet einen passenden Hintergrund für die mehrmals wöchentlich stattfindenden **Tanzaufführungen** mit Gamelanmusik. Auffallend sind die kunstvollen Schnitzarbeiten zu Ehren von Saraswati, der Göttin der Künste und der Weisheit.

Das älteste Kunstmuseum der Stadt

★ Puri Lukisan

Das Puri Lukisan wurde 1954 gleich unterhalb des Marktes in der Hauptstraße von Tjokorda Gde Agung Sukawati, dem damaligen Fürsten von Ubud, und dem niederländischen Maler Rudolf Bonnet gegründet. Ziel war die internationale Vermarktung und Präsentation balinesischer Malerei. Neben permanenten und wechselnden Ausstellungen finden hier immer wieder interessante Workshops statt, können Sie lernen, Gamelan zu spielen, oder sich darin üben, klassische Malereien im Ramayana-Stil auszuführen. Zu den bemerkenswertesten Bildern gehören die Tuschezeichnungen von I Gusti Nyoman Lempad (1862-1978), einem Ausnahmekünstler, der auch an der Gestaltung zahlreicher Tempel und Häuser in Ubud beteiligt war. Puri Lukasan, der »Palast der Malerei« besteht aus vier nach den Himmelsrichtungen benannten Gebäuden. Sie können hier u.a. zeitgenössische Werke der in der Umgebung von Ubud lebenden Künstler sehen und sich mit den in Bali vorherrschenden künstlerischen Stilen vertraut machen. Gewaltige, froschähnliche Wesen, Monster mit Glubschaugen und Hörnern, Kreaturen der Träume und der Finsternis, sie alle sind typisch für den sog. Batuan-Stil, benannt nach einem etwa 10 km südlich von Ubud liegenden Dorf. Daneben beherbergt das Museum Werke von Bonnet ebenso wie die von ihm gestiftete Gemäldesammlung.
Jl. Raya Ubud | tgl. 9 – 18 Uhr | Eintritt: 85 000 Rp. |
Tel. 03 61 97 11 59 | www.museumpurilukisan.com

Museum, Galerie und Kulturzentrum

★ Agung Rai Museum of Art

Das von der einflussreichen Kunstsammlerfamilie Agung Rai gegründete und 1996 offiziell eröffnete Agung Rai Museum of Art (ARMA) ist in traditionellen, an Tempel erinnernden Gebäuden untergebracht und umgeben von herrlichen Gärten, Seerosenteichen und Springbrunnen. Die äußerlich so **idyllische Umgebung** findet ihre Entsprechung in den farbenfrohen ausgestellten Werken der international bekannten Künstler. Auch besitzt das ARMA neben seinen zahlreichen Gemälden von Rudolf Bonnet und Le Mayeur einen ganz besonderen Schatz, nämlich die Bilder von Walter Spies: auf Bali die einzigen des deutschen Künstlers.
Zu sehen sind außerdem Werke von Raden Saleh (1811 – 1880), einem für die damalige Zeit sehr weit gereisten, u.a. in Europa lebenden und Malerei studierenden javanischen Adeligen, der als Wegbereiter der modernen balinesischen Malerei gilt. Das Museum, das ganz der Bewahrung und Förderung balinesischer Kunst gewidmet ist, ist auch regelmäßig Bühne für Tanzvorführungen, außerdem finden Workshops zur modernen Malerei oder dem Gamelan ebenso

statt wie Tagungen und Seminare. Einen Teil des tropisch gestalteten Anwesens nehmen das Arma Resort, ein überaus schönes und gepflegtes Hotel, sowie das Arma Restaurant ein.Hier lohnt es sich, nach einem Besuch der Ausstellung in zurückgezogener Atmosphäre bei einem Kaffee noch etwas zu verweilen und das umfangreiche Informationsmaterial des ARMA zu studieren.
Jl. Raya Pengosekan | tgl. 9 – 18 Uhr | Eintritt: 80 000 Rp.
www.armabali.com/museum

★ Blanco Museum

In einem prächtigen tropischen Garten
Kunstfreunde sollten einen Besuch im zum Museum umgestalteten Haus des 1999 verstorbenen Malers **Antonio Maria Blanco** (▶ Interessante Menschen) nicht versäumen. Es befindet sich unweit westlich vom Ortszentrum. In den Räumen gewinnt man einen Einblick in das vielseitige Schaffen dieses exaltierten Künstlers, der es zu Lebzeiten hervorragend verstand, sich einem kunstsinnigen Publikum aus aller Welt zu präsentieren. Blancos Anwesen, das ihm von einem balinesischen Fürstensohn zur Verfügung gestellt wurde, ist heute das Kernstück der Stiftung **»The Blanco Art Foundation«**. Sie unterstützt viele begabte junge Künstler u. a. durch die Organisation von Gemeinschaftsausstellungen.
tgl. 9 – 17 Uhr | Eintritt: 50 000 Rp. | www.blancomuseum.com

Noch schöner, wenn es zartrosa blüht ... Im Café Lotus kann man entspannen und den Blick auf den zauberhaften Saraswati-Tempel genießen.

Verbindung von Kunst, Kultur und Religion

★ Neka Museum

Ganz im Stil eines traditionell-balinesischen Anwesens angeordnet ist das auf mehrere Pavillons verteilte Kunstmuseum. Geschaffen wurde die Einrichtung von Sujeta Neka, dem Sohn des Malers und Begründers der Pita-Maha-Künstlergruppe Wayan Neka. Früh erkannte dieser den Wert zahlreicher auf Bali entstandene Kunstwerke, die er zu sammeln begann ebenso wie die Werke von Walter Spies und Rudolf Bonnet. Als Neka die Werke balinesischer Künstler in Galerien in Ausland entdeckte, reifte in ihm der Entschluss, in Ubud einen repräsentativen Rahmen für die Werke einheimischer Maler zu schaffen. Im Neka Museum wird deutlich, wie eng das balinesische Kunstschaffen mit der Kultur und der Religion verbunden ist. Im Mittelpunkt der im ersten Pavillon ausgestellten Arbeiten im Wayang-Stil stehen Geschichten des hinduistischen und javanischen Pantheons: Götter, Menschen und Dämonen, deren Schultern und Brust dem Betrachter zugewandt sind, werden im Dreiviertelprofil gezeichnet, beide Augen sind sichtbar. Der Reiz der äußerst detailreichen Malereien ergibt sich u.a. aus den verwendeten Naturfarben: aus Lampenruß gewonnenes Schwarz, aus zerstampften Schweineschädeln hergestelltes Weiß, aus Indigo gewonnenes Blau sowie Gelb und Rot. Im ersten Stock untergebracht ist eine Ausstellung antiker Kris-Dolche, für männliche Balinesen ein Ritualgegenstand von magischer Bedeutung und höchstem Wert.

Jl. Raya Sanggingan | tgl. 9 – 17 Uhr | Eintritt: 75.000 Rp.
www.museumneka.com

Ganz entspannt

★ Yoga-Hochburg

Das Kunsthandwerkszentrum Ubud ist auch Yoga-Hochburg, an nahezu jeder Ecke wird Unterricht angeboten. Neben kleinen Studios gibt es große, inselweit bekannte Schulen, neben einheimischen kommen auch immer wieder bekannte australische oder US-amerikanische Lehrer und so ziemlich jede Yoga-Schule ist vertreten. Gegen die Schwerkraft gerichtetes Anti-Gravity-Yoga, das in Ubud u.a. vom Four Seasons Hotel at Sayan (▶ S. 242), angeboten wird, ist auch für Neu-Einsteiger leicht zu praktizieren und bietet schnelle Erfolgserlebnisse. In Ubud und Umgebung leben viele Expats, die man beim Yoga oder in einem der vielen Cafés trifft. Auch bei »digitalen Nomaden«, Ausländern, die ihren Arbeitsplatz dort einrichten, wo es schnelles Internet gibt, gilt Ubud als angesagter Ort.

Freche Affen

★ Monkey Forest

Zu Fuß gut zu erreichen ist der südlich vom Ortszentrum gelegene Affenwald (Monkey Forest), der zwar bei Weitem nicht so groß ist wie jener von Sangeh (▶ S. 176), jedoch in einer schöneren Landschaft liegt. Wenn man die unvermeidlichen Erdnuss- und Souvenirverkäufer hinter sich gelassen hat, gelangt man zu einem riesigen Waringin-Baum, unter dem ein steinernes Äffchen sitzt. Im **Pura Da-**

lem Agung Padang Tegal, dem **Heiligtum** im Affenwald, tummeln sich Hunderte kleiner Affen, die sich leicht füttern lassen, bisweilen aber angriffslustig sind. Vor allem Brillenträger sollten sich vorsehen; die Affen greifen sogar in die (Hosen-)Taschen.
Am Tempel, der ein gutes Beispiel für die südbalinesische Sakralarchitektur ist, sind das Gedeckte Tor (Candi Korung) und der auf einem gestuften Sockel ruhende und reich reliefierte Glockenturm (Kulkul) mit einem Klöppel in Phallusform beachtenswert.

Rund um Ubud

Heilige Vögel

Petulu

Vogelfreunde sollten unbedingt einen Abstecher nach Petulu, nur ca. 3 km nördlich von Ubud, machen. Auf den Bäumen der Umgebung lassen sich gegen Abend große Scharen von – den Balinesen – heiligen weißen Reihern nieder.

Grün in allen Schattierungen

★★ Reisterrassen von Tegallalang

Kurz nach Sonnenaufgang, wenn das Licht das zarte Grün der Grashalme in allen Schattierungen zum Leuchten bringt, sind die bekannten Reisterrassen von Tegallalang, knapp 9 km nördlich von Ubuds Stadtzentrum, von beinahe magischer Schönheit. Packen Sie Sonnenhut und Wanderschuhe ein und machen Sie einen Spaziergang durch die Terrassen. Während der Monsunzeit ist die Atmosphäre besonders zauberhaft, dann sind die Reisterrassen kräftig grün. Da dies kein Geheimtipp mehr ist, haben sich entlang der Straße mittlerweile zahlreiche Souvenirstände etabliert, zudem wird beim Dorfeingang ein kleiner Eintrittspreis fällig (▶ Das ist Bali S. 20).

»Elefantenhöhle«

★★ Goa Gajah Abb. S. 41

Eine steile Treppe führt hinab ins Tal und zum Badeheiligtum, einem gesegneten Ort und seit mehr als einem Jahrtausend als **Kultort von Hindus und wohl auch Buddhisten** verehrt. Der aufgerisse Rachen eines gewaltigen steinernen Kopfes, der eine leichte Ähnlichkeit mit einem Elefantenkopf aufweist, vermutlich aber die Erscheinungsform des Hindu-Gottes Shiva als Riese Pasupati darstellt, markiert den Eingang zur Elefantenhöhle (Goa Gajah, Abb. S. 41), die – sehr zur Verblüffung ihrer Entdecker im Jahre 1923 – in exakter Nord-Süd-Ausrichtung angelegt wurde. Für die meisten Besucher ist die Gestaltung des Höhleneingangs das eigentliche Juwel der Anlage, während sich ihnen die Bedeutung des als Heiligtum verehrten Höhleninneren eher selten erschließt. Am Ende der T-förmigen Höhle sehen Sie auf der

Am Ende der Monkey Forest Road leben mehrere Gruppen von Langschwanzmakaken in einem Freigehege.

linken Seite eine vierarmige Statue von Ganesha, dem Elefantengott und einem der Söhne Shivas. Die auf der rechten Seite aus einer Steinplatte herausgeschlagenen drei Lingams repräsentieren die Einheit von Brahma, Vishnu und Shiva. Jeweils acht kleinere Lingams umgeben jeden der Steine: Es handelt sich um die acht Richtungsgottheiten.

Erst 1954 wurde der davor liegende **rituelle Badeplatz** entdeckt, der vermutlich auch zur Entnahme von heiligem Wasser für Zeremonien diente: zwei Becken, die von sechs prächtigen Quellnymphen (Widadari) aus Stein umgeben sind. Die Opfergöttinnen halten Krüge in der Hand, aus denen sich das Wasser in die Becken ergießt. Im kleinen, neben dem Komplex liegenden Tempel Pura Taman ziehen sich Balinesen mitunter zum Beten zurück oder werden von Priestern gesegnet. Über einen steilen Pfad gelangen Sie weiter hinab ins Tal des Pertanu zu einem weiteren spirituellen Kraftort: im 8. Jh. lebten und meditierten hier buddhistische Mönche. Zwei Statuen des aus der Unwissenheit erwachten Siddharta Gautama, der zum Buddha, zum Erleuchteten, wurde, sind zu erkennen, ebenso wie niedrige Mauerfragmente, die darauf hinweisen, dass hier einst ein Kloster stand.

3 km südöstlich an der Straße nach Bedulu | tgl. 8 – 18 Uhr
Eintritt: 30 000 Rp.

Archäologisches Museum

Gedong Arca

Am östlichen Ortsausgang von Bedulu liegt an der Straße nach Pejeng das reich bestückte Museum Gedong Arca Purbakala. Im Innenhof werden insgesamt **53 Tuffsteinsarkophage** unterschiedlicher Größe aufbewahrt, die etwa aus der Zeit um 300 v. Chr. stammen sollen. Sie wurden zu Beginn der 1970er-Jahre an 37 verschiedenen Orten auf Bali gefunden und in Bedulu gesammelt; einige weisen Beschädigungen auf, die vermutlich durch Grabräuber bzw. unsachgemäße Ausgrabung verursacht wurden. In den Sarkophagen wurden die Verstorbenen in einer Art Hockstellung bestattet. Man vermutet eine Versinnbildlichung des ewigen Zyklus von Geburt, Tod und Wiedergeburt, wobei der Verstorbene aus einer Embryo-haltung heraus wiedergeboren wird. Eindrucksvoll ist der Sarkophag, der bei Taman Bali (nahe Bangli) gefunden wurde und in der **Form zweier aufeinanderhockender Schildkröten** – Symbole der Unterwelt – gestaltet wurde. Der Kopf der unteren Schildkröte trägt menschliche Gesichtszüge. Ausgestellt sind etliche Schmuckstücke, Gerätschaften und Werkzeuge aus der Steinzeit und der Bronzezeit. Diese Funde sind zumeist nicht das Ergebnis planmäßiger Ausgrabungen, sondern wurden eher zufällig gemacht. Besondere Beachtung verdienen die in der näheren Umgebung von Bedulu und Pejeng gefundenen Miniaturstupas, die vermutlich aus der Zeit stammen, als auf Bali auch der Buddhismus heimisch war (8. – 10. Jh. n. Chr.).

tgl. 8 – 15 Uhr | Eintritt frei (Spende erwünscht)

Wie eine Bildergeschichte

Yeh Pulu

Etwa 1 km südlich von Bedulu liegt das Quellheiligtum Yeh Pulu mit einem 27 m langen und bis zu 2 m hohen **Felsenrelief**, das vermutlich zu den ältesten auf Bali gehört und Szenen aus dem Alltag zeigt. Allerdings herrscht unter Archäologen Uneinigkeit über Zweck und Inhalt dieses Reliefs; einige Bilder könnten möglicherweise den Gott Krishna darstellen bzw. Legenden erzählen, die sich um seine zahlreichen Erscheinungsformen ranken. Entstanden sind die lebensgroßen, sehr plastisch wirkenden Figuren vermutlich im 14. oder 15. Jh.

tgl. 7 – 18 Uhr | Eintritt: 3000 Rp. | www.yehpulu.com

Kunsthandwerkerdorf

Mas

Rund 4 km südlich von Ubud erreicht man das kleine Dorf Mas, das in erster Linie für seine handwerklich außerordentlich begabten Einwohner bekannt ist. Die Geschäfte und Ausstellungsräume zahlreicher **Holzschnitzer,** Bildhauer und anderer Kunsthandwerker befinden sich entlang der Hauptstraße. Die Werkstätten sind oft gleich nebenan, wo man den Künstlern über die Schulter sehen kann. Einige Holzschnitzer veranstalten Lernkurse für Anfänger und Fortgeschrittene. Am Ortsende liegen die Geschäfte der Möbelhersteller, die u. a. Tische, Stühle und Sitzgarnituren aus Bambus oder Rattan anfertigen.

H
HINTER-
GRUND

Direkt, erstaunlich, fundiert

Unsere Hintergrundinformationen beantworten (fast) alle Ihre Fragen zu Bali.

Der mehrstufige Schrein des Pura Ulun Danu spiegelt sich am Bratan-See. ▶

DIE INSEL UND IHRE MENSCHEN

Warum wird Bali die »Insel der Götter« genannt? Welchen Stellenwert hat der Reis und was trennt die Wallace-Linie? Auf den folgenden Seiten bringen wir Ihnen Bali näher.

Junge Insel vulkanischen Ursprungs

Bali ist die westlichste der **Kleinen Sunda-Inseln.** Sie ist von der viel größeren westlichen Nachbarinsel Java nur durch eine knapp 3 km breite Wasserstraße getrennt. Während im Tertiär entstandene, heute zerfurchte **Bergketten** den Westen Balis prägen, treten im Osten vier größere **Vulkane** hervor, darunter der Gunung Agung (s. unten), der 1963 das letzte Mal ausbrach und rund 2000 Menschenleben forderte. Den Süden Balis bilden fruchtbare **Aufschüttungsebenen.** Bali liegt auf dem zirkumpazifischen **Ring of Fire** (Feuergürtel), auf dem es häufig zu heftigen **Vulkanausbrüchen** sowie **Erd- und Seebeben** kommt, in deren Gefolge sich auch alles zerstörende **Tsunamis** wie zuletzt im Dezember 2018 (vor Java) bilden können. Der Grund für die vulkanische und seismische Aktivität auf Bali ist die Kontinentaldrift. Im Fall Balis schiebt sich die Sahul-Platte als Teil der Australischen Kontinentalplatte mit einer Geschwindigkeit von mehreren Zentimetern im Jahr unter die zur Eurasischen Kontinentalplatte gehörenden Sunda-Platte. Dabei reißt die Erdkruste immer wieder auf und Magma kann in den seit wenigen Millionen Jahren angelegten Vulkanröhren an die Erdoberfläche dringen, derzeit gut sichtbar am Vulkan Gunung Batur, der im 20. Jh. viermal ausbrach.

Während des **letzten Eiszeitalters** (Pleistozän), das vor ca. 2 Mio. Jahren begann und vor etwa 10 000 Jahren endete, war Bali Teil der eurasischen Landmasse. Nach dem Abschmelzen der Inland-Eismassen **stieg der Meeresspiegel an.** Dabei wurden tiefere Bereiche des vormaligen Festlands überflutet und es entstand die heutige von mehr oder weniger breiten Wasserstraßen unterbrochene Inselkette, zu der auch Bali gehört.

Berge und Flüsse

Die zentrale Region Balis wird von vier Vulkankomplexen beherrscht, von denen der höchste der im östlichen Inselteil gelegene Gunung Agung ist. Den Übergang nach Nordbali bildet der Gunung Batur (1717 m) mit einem großen Kratersee. Weiter westlich erheben sich die Vulkane Catur (2096 m) und Batukaru (2276 m). Tiefe Täler zwischen im tertiären Erdzeitalter entstandenen Bergketten kennzeichnen den schmalen Westteil der Insel, in dem der Bali-Barat-Nationalpark liegt. Da diese Region auf der dem Wind abgekehrten Seite im Schutz der Gebirge liegt, ist sie wesentlich trockener als der Süden

Balis. Südbali ist der fruchtbarste Teil der Insel, der von feuchten und durch Vulkanasche fruchtbar gemachten Aufschüttungsebenen bestimmt wird. Diese liegen auf der dem Wind zugekehrten Seite des zentralen, sich nach Süden hin abdachenden Vulkangebirges und profitieren von ganzjährig hohen Niederschlägen. Hier liegen die landwirtschaftlich intensiv genutzten Inselbereiche. Die Landschaft Ostbalis wird durch die zentralbalinesischen Gebirgszüge bestimmt, die bis dicht an den Inselrand heranreichen. Fast alle Flüsse und Bäche auf Bali durchziehen die Insel in Nord-Süd-Richtung. Sie entspringen überwiegend im zentralen Teil der Insel und führen so viel Wasser, dass sie das ausgedehnte Bewässerungssystem mit seinen zahllosen Kanälen speisen können. Auf der Nachbarinsel Lombok ist der Vulkan Rinjani mit 3726 m ü.d.M. die höchste Erhebung.

Nebeninseln

Zur Provinz Bali (insg. 5632 km^2) gehören südöstlich der Hauptinsel – getrennt durch die Badung-Straße (Selat Badung) – die Nebeninseln Nusa Penida (die größte), Nusa Ceningan und Nusa Lembongan sowie als Riegel der Benoa-Bucht vor Südbali die kleine Schildkröteninsel Pulau Serangan. Balis Nordwestspitze vorgelagert ist das unbewohnte Eiland Pulau Menjangan.

Für Frühaufsteher: An der langen Strandpromenade Sanurs kann man morgens joggen und dabei den Sonnenaufgang über Nusa Penida genießen.

OBEN: Bereits bei seiner Entdeckung 1911 lebte der seltene Balistar nur in einem ca. 50 km langen Küstenstreifem im Nordwesten von Bali.

UNTEN: Wasserbüffel sind nicht nur landwirtschaftliche Nutztiere, sondern auch »Sportler«: beim alljährlichen Büffelrennen in Negara.

Pflanzen und Tiere

Wallace-Linie

Die nach dem britischen Zoologen **Alfred R. Wallace** (1823 – 1913) benannte biogeografische Trennlinie zwischen der asiatischen und der australischen Pflanzen- und Tierwelt verläuft in der tiefen Meeresstraße zwischen Bali und Lombok (Lombok-Straße). Wallace hat die Inseln von 1854 bis 1862 erforscht und dabei markante Unterschiede in der Flora und Fauna festgestellt.

Reis und Tropenwälder

Keine andere Insel Indonesiens wird landwirtschaftlich so intensiv genutzt wie Bali. Reisfelder, wohin das Auge reicht. Jedes noch so kleine Fleckchen Erde wird genutzt, um **bis zu drei Reisernten pro Jahr** hervorbringen zu können. Es gibt aber auch ein anderes Bali, das man vorwiegend im Westen der Insel im Bali-Barat-Nationalpark findet: **tropische Wälder,** die in tieferen Lagen aus Edelhölzern wie Mahagoni, in höheren Lagen aus schlanken, hoch wachsenden Pinien und verschiedenen Dipterocarpi-Arten (Zweiflügelfruchtbaum) bestehen. Im Süden dehnen sich Palmwälder aus; in der zur Inselmitte hin sanft ansteigenden, harmonisch wirkenden Landschaft weichen sie großen und kleineren Reisfeldern. Die Küstenregion im Süden erscheint auf den ersten Blick hingegen wenig beeindruckend. Ostbali wiederum, wo die Berge bis dicht an die Küste reichen, besitzt noch Reserven, die sich für die Landwirtschaft eignen. In den Bergregionen wird die Flora dünner. Hier beherrschen widerstandsfähige niedere Sträucher und Pflanzen das Landschaftsbild, das übergeht in eine kahle, von schwarzem Lavagestein bestimmte Zone.
Als heilig gilt der mächtige Banyan-Baum (Sanskrit: Nyagrodha), eine für Südostasien typische Feigenbaumart. Auf Bali wird der Ficus bengalensis bis zu 30 m hoch. Er besitzt eine weit ausladende Krone, deren Äste durch zahlreiche Luftwurzeln gestützt werden. Banyan-Bäume wachsen, weil sie andere Baumarten verdrängen, nur selten alleine, sondern bilden ganze Wälder. Als **verehrungswürdig** gilt der Banyan-Baum deshalb, weil unter einem solchen Baum in Südindien Siddharta Gautama das Stadium der Erleuchtung erlangt haben und später als erster Buddha ins Nirwana eingezogen sein soll. Fast jedes Dorf auf Bali besitzt einen oder mehrere Banyan-Bäume.

Nutzpflanzen

Balis üppige Pflanzenwelt dient in erster Linie zur Versorgung der Bevölkerung mit Nahrungsmitteln. In Plantagen gedeihen Ananas, Bananen, Gemüse, Kaffee, Kokos- und Betelnüsse. Letztere sind v. a. bei der älteren Bevölkerung als Rauschmittel beliebt. Zum Genuss werden kleine Stücke der nicht ganz ausgereiften **Betelnuss** in ein mit gelöschtem Kalk bestrichenes Betelpfefferblatt eingewickelt und dann gekaut. Als Vorteil dieses Rauschmittels gilt, dass es zwar eine euphorisierende Wirkung hat, die Arbeitsfähigkeit aber nicht beeinträchtigt. Ein Nachteil ist, dass sich bei häufigem Genuss Zähne, Spei-

Lage:
Westlichste der Kleinen Sunda-Inseln
8° 30′ südlicher Breite, 115° östlicher Länge

Fläche:
5632 km²

Einwohner:
4,3 Mio.

Bevölkerungsdichte:
784 Einwohner/km²

Verwaltung

Bali ist in **acht Regierungsbezirke** (Kabupaten) gegliedert. Kleinste Verwaltungseinheiten sind die **Quartiere** (Banjar), die zu **Stadtbezirken** oder **Dörfern** (Desa) zusammengefasst sind. An ihrer Spitze steht jeweils ein **Bürgermeister** (Walikota).

Hauptstadt: **Denpasar**

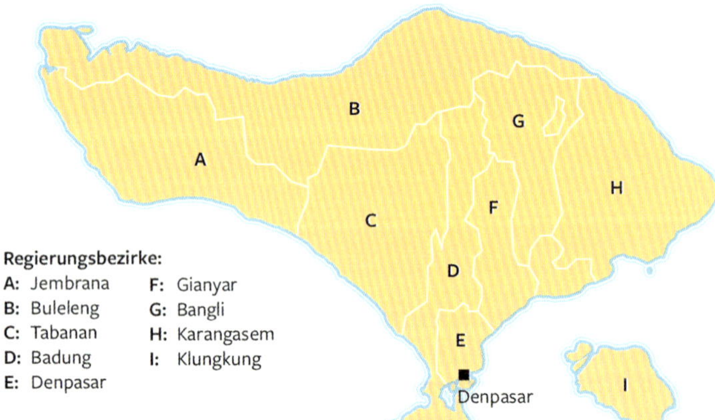

Flagge Indonesiens

Wirtschaft

Bedeutendster Wirtschaftsfaktor ist der Tourismus. Ca. 22 % der Beschäftigten sind in diesem Bereich tätig. Die meisten Touristen kommen aus Australien, China und Japan.

65 % der Inselfläche werden landwirtschaftlich genutzt (Reis, Gemüse); exportiert werden v.a. Kaffee, Kokosnüsse, Gewürze und Schweinefleisch.

Religion

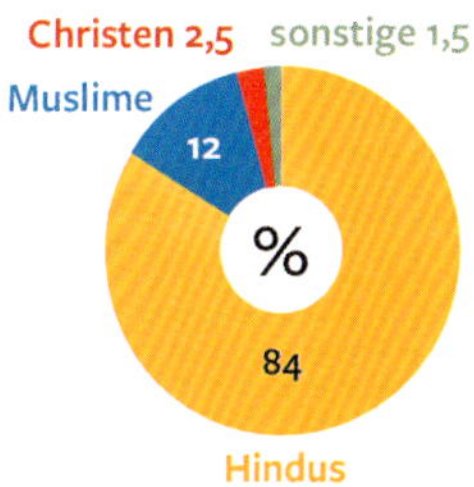

Klimastation Denpasar

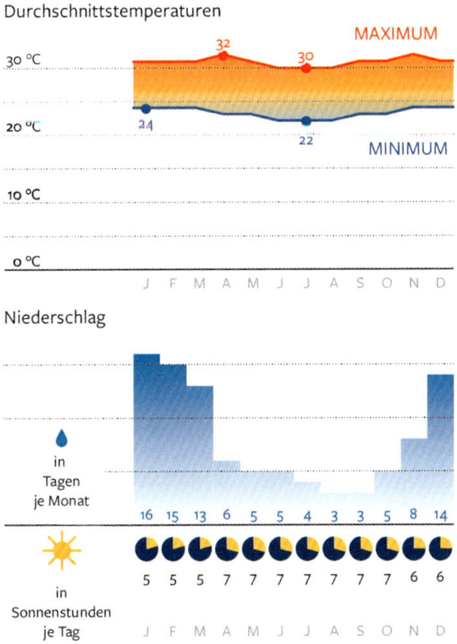

Vier Inseln Indonesiens im Vergleich

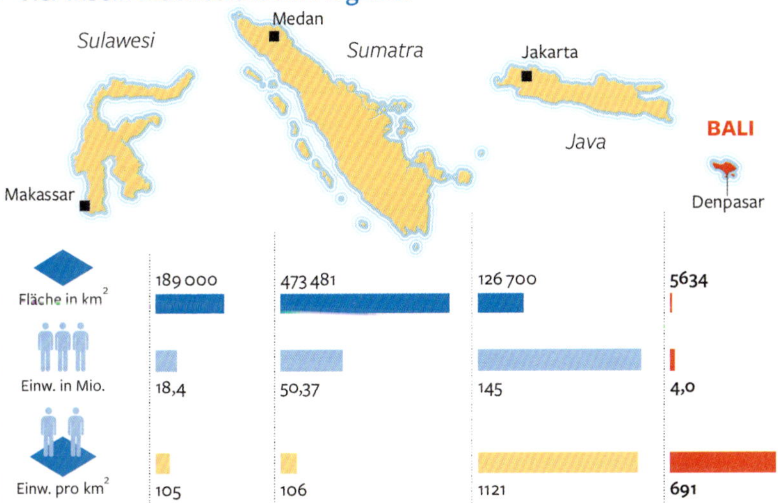

chel und Lippen rot färben und die Gerbstoffe der Betelnuss bisweilen chronische Entzündungen im Mundbereich hervorrufen. Während balinesischer **Kaffee** ein wichtiges Exportgut ist, hat der Anbau von Tabak, Tee und Gewürzen nur eine untergeordnete Bedeutung; wegen ihrer geringen Menge sind sie nur für den lokalen Markt bestimmt. Große Bedeutung kommt der Kokospalme und dem schnell wachsenden Bambus zu: Beide werden gern als Baumaterial verwendet. Seltener als in anderen südostasiatischen Ländern gibt es Orchideen, **Lotosblumen** findet man hingegen öfter.

Auf dem Land und in der Luft

Die Tierwelt von Bali ist in vielerlei Hinsicht einzigartig. Manche Lebewesen existieren nur hier und nirgendwo anders auf der Erde. Zu diesen endemischen Tierarten zählt zum Beispiel der 1910 entdeckte **Balistar,** der vom Aussterben bedroht ist. Der 25 cm große, bis auf die blaue Zeichnung um die Augenpartie sowie schwarze Flügel- und Schwanzspitzen weiße Vogel (▶ Abb. S. 182) ernährt sich von Früchten, Samen und Insekten.

In den balinesischen Wäldern leben zahlreiche **tropische Vögel** und viele **wild lebende Affen.** Als heilig verehrt werden Fledermäuse und Flughunde. Ein possierliches Tierchen ist der v. a. in den Abend- und Nachtstunden zu sehende **Gecko** – auf Bali »Tokeh« genannt –, ein harmloser südostasiatischer Abkömmling aus der Familie der Echsen, der seine Nützlichkeit als Insektenvertilger unter Beweis stellt. Geckos versammeln sich am liebsten zu mehreren rund um Lampen und Laternen, machen mit schnatternden Geräuschen auf sich aufmerksam, verschwinden jedoch beim geringsten Versuch einer Annäherung. Als ausgerottet gilt der vor vielen Jahren noch zahlreich auf Bali lebende **Königstiger** – jedenfalls wurde seit Langem keiner mehr gesehen. Heimisch fühlen sich noch einige kleinere **Krokodilarten, Warane, Leguane und Schildkröten.** Vor allem in den von Dschungel bewachsenen Gebieten gibt es noch **Schlangen,** darunter auch giftige.

Unter den **Nutztieren** wird der behäbig wirkende, domestizierte **Wasserbüffel** als Zugtier ebenso eingesetzt wie zur Arbeit auf den Reisfeldern, wo Hunderte kleiner Enten gründeln. Häufig anzutreffen sind ferner **Hängebauchschweine,** das sog. **Bali-Rind** (Banteng-Rind), eine dem Wildrind verwandte Art, sowie Gänse und Hühner. Einige Bedeutung hat die Schweinezucht auf Bali; weil aber der restliche Teil Indonesiens islamisch ist, werden Spanferkel und Schweine bis nach Hongkong exportiert.

Im Meer

Das Meer um Bali ist **fischreich,** gefangen werden vor allem Thunfische und Barsche. Die Fischerei wird nicht sehr intensiv betrieben, da nach balinesischen Glaubensvorstellungen das Meer Sitz zahlreicher böser Geister und Dämonen ist. Als heilig verehrt wird allerdings die schwarzweiß gebänderte Seeschlange.

Leben auf Bali

Herkunft der Balinesen

Ursprünglich wurde Bali – wie auch einige andere indonesische Inseln – von nomadisierenden Völkern bewohnt. Ein starkes Bevölkerungswachstum setzte ein, als etwa um 3000 v. Chr. einige bis dahin im südlichen China sesshafte Völker ihre angestammte Heimat verließen und sich über große Teile des heutigen Südostasien verteilten. Im Verlauf dieser Völkerwanderung gelangten jene Völker, die mit dem offenen Meer vertraut waren, unter anderem in den indonesischen Archipel. Bei ihnen handelte es sich um stark mit der Natur verbundene Menschen, die neben Geistern, Dämonen und Göttern auch ihre Ahnen verehrten – Elemente dieser religiösen Überzeugungen sind heute noch in der grundsätzlichen Weltanschauung der Balinesen enthalten. Eine zweite starke Zuwanderung setzte kurz vor der Zeitenwende ein. Zu den Protomalaien (Altmalaien) kamen Deuteromalaien (Jungmalaien), die sich mit den Urbewohnern der Inseln allmählich gänzlich vermischten. Andere Völker, die auf Bali und seinen Nachbarinseln sesshaft wurden (z. B. Chinesen), sind bis heute Minderheiten geblieben.

Bevölkerungspolitik

Auf der Insel Bali leben momentan rund 4 Mio. Menschen. Durch ein von der indonesischen Regierung propagiertes Programm zur **Geburtenkontrolle** (Slogan: »Dua Anak Cukup« = »Zwei Kinder sind genug«) ist es gelungen, das jährliche Bevölkerungswachstum auf ca. 1,8 % zu begrenzen. Ein Problem stellt jedoch die Tatsache dar, dass in der balinesischen Gesellschaft ein männlicher Nachfolger immer noch unverzichtbar ist, v. a. um vom Vater die religiösen Verpflichtungen zu übernehmen. So wächst die Inselbevölkerung nach wie vor, und der Zeitpunkt scheint absehbar, an dem Bali übervölkert und die Landwirtschaft nicht mehr in der Lage sein wird, die Balinesen aus eigener Kraft hinreichend zu ernähren.
Ein weiteres Problem auf Bali ist eine gewisse **Landflucht,** die dazu geführt hat, dass immer mehr Menschen in den Süden der Insel, besonders in den Ballungsraum der vom Tourismus stark geprägten Hauptstadt Denpasar, ziehen, weil sie hier bessere Verdienstmöglichkeiten vermuten.
In Indonesien und damit auch auf Bali besteht seit 1984 eine **allgemeine Schulpflicht** für die Dauer von sechs Jahren, an die sich bei Eignung eine höhere Schulbildung (drei Jahre Junior- und drei Jahre Senior-Oberschule) anschließt. Die Kinder werden zwischen dem sechsten und dem achten Lebensjahr eingeschult. Der Besuch der staatlichen Schulen ist kostenlos. In Denpasar gibt es eine Universität sowie zwei polytechnische Hochschulen. Angehörige der balinesischen Oberschicht besuchen jedoch zumindest eine der Hochschulen in der indonesischen Hauptstadt Jakarta bzw. eine Bildungseinrichtung im Ausland. Durch eine verstärkte Kontrolle der Einhaltung

der Schulpflicht konnte eine deutliche **Reduzierung der Analphabetenquote** erreicht werden, die zu Beginn der 1970er-Jahre in den ländlichen Gebieten noch bei etwa 40 % lag.

Gesundheitswesen

Das Gesundheitswesen ist auf Bali nur recht bescheiden ausgebildet. Zwar ist es in den letzten Jahren gelungen, die Zahl der frei praktizierenden Ärzte deutlich zu steigern; Krankenhäuser gibt es jedoch nur in Denpasar. Selbst dort sind sie nur äußerst spärlich ausgestattet und allenfalls für die medizinische Erstversorgung eingerichtet. Außerhalb von Denpasar gibt es in den Städten vom Staat unterhaltene Gesundheitszentren (Puskemas) sowie medizinische Ambulanzen, in denen gängige Erkrankungen und kleinere Verletzungen behandelt werden können. Die Kosten für eine medizinische Behandlung trägt der indonesische Staat; Medikamente müssen bezahlt werden.
Die Behandlung ernster Krankheiten bzw. schwerwiegender Unfallfolgen ist auf Bali hingegen kaum möglich. Diese Patienten werden üblicherweise nach Jakarta transportiert; für Touristen kommen einige gute australische Kliniken in Denpasar in Betracht. Ein nach westlichen Maßstäben ausgebautes Rettungssystem gibt es nicht; besonders bei Unfällen im Inselinneren muss man mit langem Warten auf ein Rettungsfahrzeug rechnen.

Politik

Aktuelle Lage Indonesiens

Indonesiens Staat und Gesellschaft (242 Mio. Einwohner) befinden sich seit der schweren Wirtschaftskrise, die 1997 in Thailand begann und sich über ganz Südostasien ausbreitete, in einer grundlegenden Umbruchphase. Namentlich in Indonesien kam es zeitweise zu heftigen Unruhen unter der Bevölkerung, von denen die Insel Bali zwar weitgehend verschont blieb, von deren Auswirkungen sie indirekt jedoch betroffen war.
Ibrahim Suharto, seit 1967 Staatsoberhaupt und unumschränkter Herrscher, verlor nach blutigen Ausschreitungen in Jakarta sein Amt. Allerdings gelang es auch seinen Nachfolgern nicht, die wirtschaftlichen Probleme des Landes zu lösen und damit eine Befriedung der Spannungen zwischen Volk und Regierung zu bewirken.
Mit dem Sturz Suhartos 1998 war ein **Prozess der Demokratisierung** zu beobachten, der 2004 zu den ersten freien und demokratischen Wahlen führte. 24 Parteien hatten sich zur Wahl gestellt, stärkste Partei war mit 22 % Golkar, ein Zweckbündnis aus Interessenvertretern verschiedener Bevölkerungsschichten. Der erste direkt gewählte Präsident Indonesiens wurde 2004 der ehemalige General Susilo Bambang Yudhoyono, der bei der Präsidentschaftswahl im Juli 2009 in seinem Amt bestätigt wurde. Die von ihm gegründete Demokratische Partei (PD) errang auch bei den Wahlen im April

Der Reisanbau ist der wichtigste Zweig in der balinesischen Landwirtschaft.

2009 mit 20,8 % der Stimmen die meisten Parlamentssitze. Im Oktober 2014 wurde der 1961 geborene Joko Widodo, ein erfolgreicher Unternehmer und Politiker, zum Staatspräsidenten gewählt.

Historische Sonderrolle Balis

Seit frühester Zeit im politischen Einflussbereich von Java, erlangte Bali bereits im 16. Jh. Eigenständigkeit. Während der Islamisierung Javas (bis ins 16. Jh.) wurde die Insel **Zufluchtsort für Hindus.** Im 17. Jh. herrschte Bali auch über die Insel Lombok und die Ostspitze Javas. 1839 kam es unter niederländische Oberhoheit und 1908 unter die Verwaltung des Königreichs der Niederlande. Von 1942 bis 1945 war die Insel von den Japanern besetzt, erhielt 1946 den Status eines autonomen Gebiets und wurde als einer der Schauplätze des Unabhängigkeitskampfs 1949 der Republik Indonesien angegliedert. 1950 wurden die erst 1938 wieder eingeführten historischen Fürstentümer aufgelöst und durch Regierungsbezirke ersetzt.

Wirtschaft

Schwellenland Indonesien

Indonesien zählt zu den sog. Schwellenländern und partizipierte bis zum Ausbruch der schweren Finanz- und Wirtschaftskrise lange Zeit am wirtschaftlichen Aufschwung im gesamten südostasiatischen Raum. Inzwischen ist Indonesiens wirtschaftliche Zukunft ungewisser denn je. Dabei erfreute sich die indonesische Wirtschaft eines fast ungetrübten Wirtschaftswachstums. Jährliche Steigerungsraten von bis zu 8 % waren die Regel, allein der Preisverfall beim Erdölexport warf einen Schatten auf die stetig nach oben zeigende Entwicklung (Indonesien als Mitglied der Gemeinschaft Erdöl produzierender Staaten, OPEC, litt darunter besonders stark). Die Weltbank knüpfte ihre Hilfszusagen an die Bedingung, das Bankenwesen – dessen ungehemmte Kreditpolitik als eine der Hauptursachen für die negative Entwicklung angesehen wurde – einer grundlegenden Reform zu unterziehen.

Der damalige Staatspräsident Jusuf Habibie musste außerdem eine Notverordnung erlassen, die eine drastische Reduzierung staatlicher Ausgaben (insbesondere die Subventionierung von Nahrungsmitteln) zur Folge hatte. Im Gegenzug wuchs das Misstrauen in der Bevölkerung; Habibie wurde nicht zuletzt wegen seiner guten Beziehungen zu Ex-Staatschef Suharto der Reformunfreudigkeit geziehen und schließlich abgewählt.

Auch die Wirtschaft auf Bali litt unter der Entwicklung im übrigen Indonesien, selbst wenn die hier dominierende Landwirtschaft nicht im selben Maße betroffen war. Hier gab es nur zeitweise einen Rückgang der Besucherzahlen, der günstige Devisenkurs zieht nun wieder mehr Touristen auf die Insel.

Landwirtschaft

Nach wie vor spielt der Reisanbau die zentrale Rolle in der balinesischen Landwirtschaft; die Entstehung eines ausgeklügelten Bewässerungssystems für die **meist in Terrassenform** angelegten Reisfelder wird in das 6. Jh. datiert. Von der gesamten indonesischen Reisernte entfallen immerhin 5 % auf Bali, eine der kleinsten Provinzen des Staates. Dabei handelt es sich vorwiegend um Nassreis, d. h., der Reis wächst zunächst auf Feldern, auf denen künstlich aufgestautes Wasser steht. Erst nachdem die von Hand gesetzten Schößlinge eine gewisse Reifung erreicht haben, lässt man das Wasser ab. Mit dem Einsetzen der Gelbreifung wird der Reis wiederum von Hand geerntet, gedroschen und in Mühlen weiterverarbeitet.

Weitere Anbauprodukte sind Gemüse, Kautschuk, Tee und Kaffee (auf Bali werden mehr als 10 % des gesamten indonesischen Kaffees geerntet). Ertragreich ist auch der Anbau von **Vanille;** Indonesien gilt nach Madagaskar als zweitwichtigster Lieferant dieses Gewürzes. Im Nordosten der Insel gibt es ein kleines Weinanbaugebiet, allerdings sind die Ergebnisse qualitativ noch bescheiden.

Fischfang

Der Fischfang besitzt eher eine untergeordnete Rolle. Die Erlöse sind so gering, dass viele Fischerfamilien unter der Armutsgrenze leben und staatlicher Hilfe bedürfen. Fisch wird daher zum Großteil aus Java importiert. Einer Intensivierung steht auch der Umstand entgegen, dass nach balinesischem Glauben im Meer Dämonen leben.

Sekaha und Subak (Kooperativen)

Eine balinesische Besonderheit ist der Zusammenschluss der Bauern eines oder mehrerer Dorfbezirke (Banjar) in **genossenschaftsähnlichen Organisationen,** »Sekaha« genannt. Diese sind wiederum in Gruppen eingeteilt, von denen die »Sekaha menanam« für die Bepflanzung der Felder, die »Sekaha panen« für die Ernte, die »Sekaha me jukut« für Jätarbeiten und die »Sekaha bajak« für das Pflügen verantwortlich ist. Durch den Verkauf der agrarischen Produkte erwirtschaftete Gewinne werden zu gleichen Teilen an die Mitglieder der Sekaha aufgeteilt, ein Teil verbleibt als Rücklage.
Im **Nassreisanbau** werden die Genossenschaften »Subak« genannt. In Südbali entstanden sie vermutlich etwa im 10./11. Jh. auf Anregung der damals regierenden Fürsten; in Nordbali ergriffen die Bauern selbst die Initiative. Da bis dahin nicht alle Bauern eines Banjar über eigene Bewässerungskanäle verfügten, erklärten sich andere bereit, von ihrem Wasser abzugeben. Dazu kam die Verpflichtung jedes Subak-Mitglieds, nicht nur Dienstleistungen (z. B. Dammbau, Überwachung und Unterhalt des Bewässerungssystems) in die Gemeinschaft einzubringen, sondern auch eine Wassersteuer zu bezahlen. Das Subak-Prinzip entstand also nach dem der **dörflichen Solidarität**, wobei auch heute noch Gewohnheitsrecht gilt. Allerdings ist ein Subak nicht etwa nur unter dem Aspekt der Aufgabenteilung bei der Reisanpflanzung zu sehen, es ist auch eine soziale Gemeinschaft, in die überdies die hinduistisch-religiösen Vorstellungen der Mitglieder Eingang finden. So beschließt die Versammlung aller Subak-Mitglieder z. B. auch die Terminierung religiöser Feste und Zeremonien zu Ehren der Reisgöttin Dewi Sri und des Wassergottes Vishnu (in Südbali verehrt man statt seiner den Meergott Baruna, dem die Aufgabe zukommt, Schädlinge vom Reis fernzuhalten). Jedes Subak verfügt über einen eigenen Tempel (Pura bedugul), der in den Reisfeldern oder an ihrem Rand steht. Das größte Fest im Jahreslauf der Reisbauern ist das Erntedankfest (Ngu saba), zu dem alle Subak-Mitglieder Opfergaben beisteuern. Wer sich den von der Gemeinschaft gesetzten Aufgaben und Pflichten entzieht, wird mit einer Buße in Form von Naturalien belegt (in vielen Subak muss der Betreffende 1 kg Reis an die Gemeinschaft abliefern).
An der Spitze eines Subak steht der von der Vollversammlung gewählte »Klian«. Er verteilt das zur Verfügung stehende Wasser an die Mitglieder, schlichtet Streitigkeiten und leitet die Versammlungen. Eine umfassende Neuorganisation sollte es zur Zeit der niederländischen Kolonialherrschaft geben. Seit Beginn der 1980er-Jahre gibt es ebenfalls nach dem Vorbild der Sekaha organisierte Kooperativen, die von der Indonesischen Volksbank gewährte Darlehen an Bauern verteilt.

Tourismus

Die Insel Bali ist wohl die für den Tourismus am besten erschlossene Region Indonesiens. Seit Mitte der 1970er-Jahre entstanden vorwie-

Breiter Sandstrand und gute Surfbedingungen: Kuta ist einer der beliebtesten Urlaubsorte auf Bali.

gend in Südbali für den Fremdenverkehr reservierte Enklaven mit Hotelanlagen, die internationalen Standard aufweisen (Nusa Dua, Kuta, Legian, Sanur, Seminyak, Jimbaran). Die Deviseneinnahmen aus dem Tourismus spielen in der volkswirtschaftlichen Gesamtrechnung von Jahr zu Jahr eine bedeutendere Rolle. Ein Zwischenaufenthalt auf Bali ist besonders bei Flügen zwischen Europa und Australien beliebt. Jährlich besuchen mehrere Mio. Touristen Indonesien, die genaue Zahl lässt sich wegen der darin enthaltenen vielen Verwandtenbesuche aus benachbarten asiatischen Ländern nicht feststellen. Etwa 4 Mio. Touristen kommen auf die Insel Bali, vor allem aus Australien, China, Japan, USA, Deutschland und den Niederlanden. Deutschland ist mit ca. 80 000 Besuchern pro Jahr vertreten.

RELIGION

Religion oder Lebensphilosophie? Nach der Vorstellung der Balinesen ist die gesamte Natur belebt, können geistige Wesen in Blumen und Flüssen, Quellen, Bergen und Bäumen residieren. Kein Haus darf deshalb gebaut werden, kein Baum gefällt, ohne dass zuvor eine Zeremonie stattfindet, die die Bewohner dieser Orte um Erlaubnis bittet, etwas zu verändern.

Vom Glauben durchdrungen

Auch wenn die Balinesen mehrheitlich als Hindus bezeichnet werden, so unterscheidet sich doch die balinesische Ausprägung dieser Religion sehr von Indien. Balinesen richten ihr Leben nach mehreren Grundsätzen aus. Geben, d.h. das selbstlose **Darbringen von Opfergaben an Götter,** durchdringt den Alltag. Ein freundliches Lächeln, kleinere Gefälligkeiten und die Unterstützung Bedürftiger: Auch das vorbehaltlose Geben an andere Menschen wird praktiziert. **Karma Yoga** bzw. Karma Marga heißt diese Form der spirituellen Praxis auf Bali, die als einer der vier Wege (Margas) zur Erreichung von Moksha Sichlösen aus dem Leid verursachenden Samsara) gilt. Balinesen sind überzeugt von der universellen Wirkkraft des Karma. Sie gehen von einem Ursache-Wirkungs-Zusammenhang aus, wissen, dass Unheilsames in Gedanken, Worten und Taten früher oder später zu leidvollen Ergebnissen führt. **Bakti Yoga**, die liebende Hingabe an Gott bzw. einen ihn verkörpernden Guru und Raja Yoga, die Beherrschung des eigenen Geistes durch Studium und Yoga-Praktiken, sind weitere zur Einheit mit dem Göttlichen führende Wege, die, ganz nach eigenen Vorlieben des Schülers, beschritten werden können. Neben Göttern und Geistern sind auf Bali die eigenen Vorfahren bedeutsam für die Verehrung. So existiert auf der Insel wohl kaum ein Haushalt ohne Schrein, der den Ahnen gewidmet ist und um den man sich täglich kümmert.

Hinduismus

Balinesische Ausrichtung der Weltreligion

Der Hinduismus ist eine der fünf großen Weltreligionen; insgesamt bekennen sich ca. 900 Mio. Menschen zu diesem Glauben. Im Gegensatz zum monotheistischen Glauben an einen Gott handelt es sich beim indischen Hinduismus, wie auch beim Buddhismus, Konfuzianismus oder Taoismus, um eine monistische Religion, die sich an einem entpersonifizierten Prinzip orientiert. Auf Bali verstärkt sich jedoch seit einigen Jahrzehnten eine Glaubensrichtung, die sich zunehmend dem Monotheismus nähert und einen Gott kennt, mit dem alles begann: **Sangyang Widi,** der »alles umfassende Gott«. Die Grundlagen des Hinduismus sind während Jahrtausenden gewach-

»INSEL DER GÖTTER«

BAEDEKER WISSEN

Genauso gut könnte Bali aber auch »Insel der Tempel und Zeremonien« genannt werden. Es gibt unzählige heilige Stätten – allein mehr als 20 000 Tempel. Selbst in den kleinsten Dörfern kann man die mystische Atmosphäre der Götter und Dämonen spüren. Wichtigster Tempel und Zentrum des religiösen Lebens ist Pura Besakih an den Ausläufern des heiligen Bergs Gunung Agung.

▶ Religion ist Alltag

Von der Geburt bis zum Tod werden die Balinesen von rituellen Festen und Bräuchen begleitet. Bali hat eine deutliche hinduistische Bevölkerungsmehrheit, von der sich die meisten zur Hindu-Dharma-Religion bekennen.

Hinduismus 84% Islam 12% Christentum 2,5% Buddhismus 0,6 %

▶ Aufbau einer balinesischen Tempelanlage

Balinesische Tempelanlagen befinden sich im Besitz einer Dorfgemeinschaft, einer Familie, Berufsgruppe oder Kaste. Innerhalb einer Dorfgemeinschaft sind drei Tempel üblich – der Ursprungstempel (Pura Puseh), der Tempel der großen Ratsversammlungen (Pura Desa) und der Todestempel (Pura Dalem). Die meisten Tempel sind bergwärts (Kaja) auf den Götterberg ausgerichtet. Die Eingänge liegen zum Meer hin (Kelod – meerwärts).

Klangkörper aus Holz

Mit Klöppeln werden die Klangkörper in Schwingung versetzt.

2 **Glockenturm**

▶ Hinduistisches Weltsystem
Auf Bali wird der Hinduismus durch eine Lotosblume symbolisiert. Der achtblättrige Lotos, auch Padma genannt, zeigt im Zentrum den Gott Shiva. Ringsum sind die acht Richtungsgottheiten angeordnet, von denen vier für die Haupthimmelsrichtungen stehen. Den Gottheiten werden unter anderem Farben, Charaktere und Körperorgane zugeschrieben.

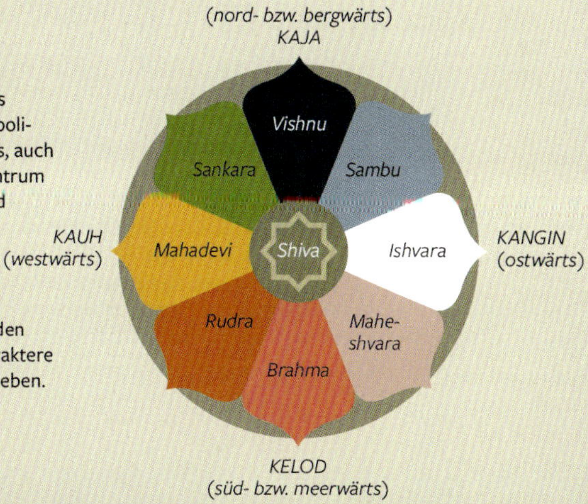

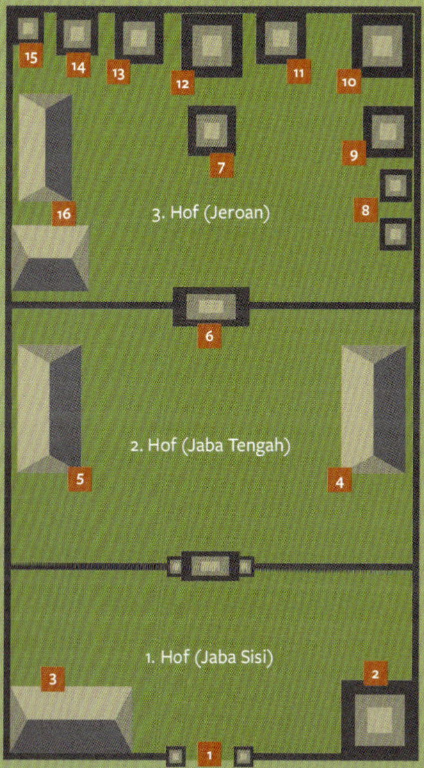

16 Raum für Opfergaben

15 Taksu (Schrein für die Vermittler zwischen Menschen und Göttern)

14 Maospait (Schrein für die Siedler aus Majapahit)

13 Schrein für den vergöttlichten Gunung Batur

12 Meru (Schrein des Sang Hyang Widhi)

11 Schrein für den vergöttlichten Gunung Agung

10 Padmasana (Thron des Sonnengottes)

9 Gedong pesimpangan (Besuchsplatz für die Seelen der Dorfgründer)

8 Ngrurah (Schrein einer Hilfsgottheit)

7 Paruman (Rastraum für Götter und Ahnenseelen mit Opferplattform)

6 Kori Agung (geschlossenes Tor, Eingang zum Göttergelände)

5 Balé (überdachter Raum für Pilger)

4 Balé Gong (Raum für Musik und Tanz)

3 Paon (Küche)

2 Kul Kul-Turm (Glockenturm)

1 Candi Bentar (gespaltenes Tor)

sen; er stellt jedoch kein festgefügtes religiöses Prinzip dar. Eines der Urelemente, die bis heute wesentliche Bestandteile des Hinduismus sind, ist der Brahmanismus, der seine Grundgedanken wiederum aus dem Vedismus, einer Religion des alten Indien, bezog.

Ewiger Kreislauf von Geburt, Tod und Wiedergeburt

Was glaubt nun ein Hindu, der als Menschgewordener auf der symbolischen Stufenleiter den mittleren Teil einnimmt? Zunächst an den unaufhörlichen Kreislauf von Geburt, Tod und Wiedergeburt der Seele (Samsara), dem kein Lebewesen entrinnen kann, es sei denn, dass ihm nach vielen, nicht quantifizierbaren Leben der Eintritt ins Nirwana gelingt. In welcher Hülle die Seele des Hindu dabei wiedergeboren wird, ist nicht berechenbar; möglich ist eine weitere Existenz als Mensch ebenso wie als Tier, himmlisches oder Höllen-Wesen. Man kann den Kreislauf jedoch beeinflussen, und zwar durch gute bzw. schlechte Taten (Karma), die im nächsten Leben durch eine bessere bzw. schlechtere Existenz belohnt bzw. bestraft werden. Ziel eines jeden Hindu ist es jedoch, nicht mehr wiedergeboren werden zu müssen, ins Nirwana einzugehen und damit den Kreislauf Geburt – Tod – Wiedergeburt für immer und ewig zu durchbrechen. Um dieses Ziel zu erreichen, ist die Einhaltung der **»Drei Wege des Heils«** (Tiga Marga) wichtig. Der erste schreibt Opfer für Götter und Dämonen und ihre Erscheinungsformen vor, der zweite besteht aus dem Streben nach Wissen und Erkenntnis, Ehrfurcht gegenüber anderen Menschen, insbesondere Priestern und alten Menschen. Der dritte Weg sieht über den Weg der inneren Einkehr (Meditation) die Loslösung von der Umklammerung durch die fünf Elemente vor, was erst die Vereinigung mit dem göttlichen Prinzip ermöglicht.

Kosmos

Auch vom Kosmos hat der Hindu ein relativ festgefügtes Bild, das auf mythologischen und philosophischen Vorstellungen ebenso basiert wie auf der einfachen Beobachtung natürlicher Vorgänge. Die Welt, zusammengefügt aus der Urmaterie (Prakriti), befindet sich demnach in einem stetigen Zyklus von Entfaltung und Vernichtung, die durch eine Phase des Verharrens in einem Ruhezustand voneinander getrennt sind. Der Mensch sieht sich als kleine Welt (Buwana Alit) in einer großen Welt (Buwana Acjung); er ist damit selbst ein Teil des Makrokosmos.

Lotos

Symbol für die Vorstellungen des balinesischen Hinduismus ist der Lotos (Lotus, Nelumbo; ▶ Baedeker Wissen, S. 195); er gilt als Abbild der Welt. Häufiger als der vierblättrige Lotos (Panca Dewata) wird auf Bali der **achtblättrige Lotos (Padma)** dargestellt. Rings um das Zentrum mit dem Gott Shiva (Schiwa) sind im Uhrzeigersinn die acht Richtungsgottheiten angeordnet: Vishnu (Wischnu), Sambu, Ishvara (Iswara), Maheshvara (Maheswara), Brahma, Rudra, Mahadevi (Mahadewa) und San(g)kara. Die Lotosblume findet man in

Bali in vielen Formen, z. B. in Stein gehauen oder auch als eines der heiligsten Elemente der traditionellen Batik-Kunst.

Kasten

Jedes Individuum gehört von seiner Geburt an zu einer Kaste (indisch »varna«); der Übergang von einer Kaste zur anderen ist grundsätzlich nur durch den Vorgang der Wiedergeburt, also im nächsten Leben, möglich. Obwohl Entstehung und Sinn des Kastensystems bis heute im Dunkeln liegen, wird vermutet, dass es den Angehörigen der ersten Kasten darum ging, ihre ethnischen, kulturellen und sozialen Traditionen innerhalb einer festgefügten Einheit (Stamm, Dorf) ungestört durch Einflüsse von außen wahren zu können.
Ursprünglich gab es nur vier Kasten: Brahmanen (Priester), Ksatrias (Krieger), Wesias (Bauern und Handwerker) und Shudras (Knechte). Im Lauf der Jahrhunderte entwickelte sich jedoch aus vier Kasten durch Mischehen sowie die Aufnahme kastenfremder Personen ein kompliziertes System, das die traditionelle Einteilung allmählich verdrängte. Wer nicht zu einer Kaste zählt, wird von der Gesellschaft weitgehend geächtet und gilt in Indien als »Paria«, als Unberührbarer – eine Zuordnung, die von den Balinesen nicht übernommen wurde. Hier sind nur die vier genannten Kasten bekannt. Die Einheirat in eine andere Kaste ist zwar möglich, jedoch mit Problemen verbun-

Nicht nur in Schreinen, auch auf Mauern oder vor Eingängen werden Ihnen die kleinen aus Palmblättern geflochtenen Körbchen mit Opfergaben begegnen.

den. Geblieben ist das traditionell hohe Ansehen, das die Brahmanen genießen. Das liegt in erster Linie daran, dass sich Fürsten, Intellektuelle und Beamte zu dieser Kaste zählen.

Heilige Tiere

Heilige Tiere wie in Indien gibt es auf Bali nicht. Auch ist den gläubigen Hindus (nicht jedoch den Brahmanen) der Verzehr von Rindfleisch gestattet.

Hinduistisches Pantheon

In der hinduistischen Vorstellung nehmen alle Lebewesen (Pflanzen, Tiere, Menschen) einen Platz in einer Stufenordnung ein. Die höchste Stufe gehört allein den Göttern und Gottheiten, die den Göttertempel (Pantheon) auf dem **Weltenberg »Meru«** bewohnen; darunter befinden sich Heilige, Könige und zuunterst Geister und Dämonen. Es gibt eine Vielzahl von Göttern und Gottheiten, als deren wichtigste die »göttliche« Trinität **(Trimurti)** Brahma, Vishnu und Shiva gilt. **Brahma,** der Schöpfer der Welt, war einst der höchste Gott im Hinduismus. Heute nimmt er etwa den gleichen Rang ein wie Shiva und Vishnu. **Vishnu** ist der Erhalter der Welt, der als Krishna menschliche Gestalt annahm. **Shiva** gilt als der Zerstörer und Auflöser der Welt; auf Bali heißt eine seiner zahlreichen Erscheinungsformen **Sangyang Guru.** Shiva wird oft als Lingam (Phallussymbol) dargestellt. Die Frauen von Brahma, Vishnu und Shiva heißen Sarasvati, Lakshmi und Shakti; sie stehen symbolisch für Lehre, Glück und Urkraft.
Die Balinesen glauben an **Sangyang Widi,** einen Gott, der das allumfassende göttliche Prinzip in sich trägt. Er ist die höchste Gottheit im balinesischen Hinduismus und entspricht der Inkarnation aller drei Hauptgötter. Die Reisgöttin Devi Sri (▶ Das ist Bali S. 22f) ist eine der wichtigsten Göttinnen; ihr Name entstammt dem Sanskrit und bedeutet so viel wie »Göttin des Glanzes«. Sie nimmt zum Zeitpunkt der ersten Reisernte eines Jahres die Gestalt von Reiskörnern (Nini) an, die auch als Verkörperung Shivas verehrt werden. **Devi Danu** ist ebenfalls sehr wichtig; zu ihrem Einflussbereich zählt in erster Linie der Batur-See; sie wird aber auch als Beherrscherin der anderen Seen auf der Insel verehrt. Zwei Erscheinungsformen Vishnus sind der Gott **Deva Sedana** und seine Gemahlin **Devi**. Sie gelten als Gott bzw. Göttin des Wohlstands und des Reichtums und werden deshalb bei Tempelfesten besonders gern verehrt.
Weiter unten in der Hierarchie stehen Götter, die u. a. für Naturereignisse und Naturgewalten »zuständig« sind: Indra (Regen), Surya (Sonne), Soma (Mond), Vayu (Wind), Agni (Feuer), Varuan (Gewässer), Yama (Tod), Kama (Liebe), Kubera (Reichtum), Skanda (Krieg) und Ganesha (Beseitigung von Hindernissen). Unter der Vielzahl von Göttern niederer Rangordnung gibt es etliche, die mehr oder weniger in den Lauf der Welt eingreifen und dabei eine gute oder eine böse Rolle spielen.

Geister und Dämonen

Den untersten Rang in der hinduistischen Glaubensvorstellung nehmen Geister und Dämonen ein. Sie sind zwar ungeliebte Erscheinungen, doch fällt einigen von ihnen beispielsweise die äußerst wichtige Aufgabe zu, noch bösere Geister etwa von Tempelanlagen fernzuhalten.

Religiöse Traditionen

Viele Feste prägen das Leben auf Bali

Auf Bali gibt es viele unterschiedliche religiöse Bräuche, die jedoch eines gemeinsam haben: Sie sind stets ein willkommener Anlass für ein Fest, das entweder im Kreis der Familie, meistens aber gemeinsam mit den anderen Dorfbewohnern gefeiert wird.
Besonders wichtig im Leben eines Balinesen sind die meist hinduistischen Rituale, die vor oder nach den Übergängen zu verschiedenen Lebensabschnitten abgehalten werden. Streng genommen entspricht der **Übergang von einer Lebensphase in die nächste** einem »kleinen Tod«, der Beginn des neuen Lebensabschnitts einer »kleinen Wiedergeburt«. Für die Wendepunkte kennen die Menschen auf Bali den Begriff »Manusia Yadnya«.

Schwangerschaft und Geburt

Böse Geister vom werdenden Leben abzuhalten und guten den Eintritt in den Körper des künftigen Erdenbürgers zu verschaffen ist der Sinn verschiedener Zeremonien, die schon in den ersten Monaten der Schwangerschaft durchgeführt werden. Dabei stehen Opfer in den Tempeln an erster Stelle, die allerdings nur von Verwandten und nahen Freunden dargebracht werden dürfen. Während der Schwangerschaft gilt die Mutter nämlich als unrein; sie darf weder Tempel noch Reisfelder betreten. Ist das Kind zur Welt gekommen, schreibt der Ritus vor, die Kanda Mpat, seine »vier mythischen Geschwister« (Fruchtwasser, Mutterkuchen, Nabelschnur und Blut) in einer bemalten Kokosnussschale an der Tür zum Schlafzimmer aufzustellen. Über dem Bett des Kindes wacht der Gott Rare Kumara, für den ein eigener Opferplatz eingerichtet wird. Um Fuß- und Handgelenke werden dem Säugling Bänder und Kettchen gelegt, die böse Geister fernhalten sollen. Am 12. und am 42. Tag nach der Geburt müssen sich Mutter und Kind weiteren Reinigungszeremonien brahmanischen Ursprungs unterziehen. Bis zum Alter von drei Monaten wird das Neugeborene ausschließlich herumgetragen, es **darf den Erdboden nicht berühren**. An diesem Tag findet ein großes Fest statt, an dem das Kind zum ersten Mal auf die Erde gesetzt wird. Es überschreitet damit offiziell die Grenze zwischen göttlicher Transzendenz und irdischem Dasein, seine Seele geht wirklich in den Körper über. An diesem Tag erhält das Kind auch einen neuen Namen, um die Geister zu verwirren. Am 210. Tag (nach dem balinesischen Kalender ist dies der erste Geburtstag) folgt die wichtigste Zeremonie (satu oton

GEBAUTER GLAUBE

Der kleine Junge stand in der Tür, machte eine einladende Geste, lächelte und sagte: »Come in, Mister! Please, come in!« Er trat einen Schritt zur Seite und machte so den Weg durch die schmale Maueröffnung frei, hinter der das Gehöft seiner Eltern lag.

Möglichst eng ist der Zugang zu jedem balinesischen Gehöft, und gleich dahinter steht auch noch eine halbhohe Mauer, die zum Hindernislauf zwingt. Die schmale Öffnung und die Schutzmauer sind ganz wichtige Bestandteile der Hofanlage, denn außen vor dem Areal lauern **böse Geister, Dämonen** und viele andere angsteinflößende Gestalten.

Glaube aus Stein

Derlei ungebetene Gäste sollen – wenn man sie schon nicht ganz los wird – gefälligst draußen bleiben. Gebauter und zu Stein gewordener Glaube – das mag vielleicht die passendste Erklärung für die Bauweise eines traditionellen Gehöftes auf Bali sein. Das aus verschieden großen, **»Bale«** genannten Häusern bestehende Anwesen – **»Kampong«** – ist rings von einer stabilen Außenmauer umgeben. Sie dient aber nicht nur der Abwehr unerwünschter unsichtbarer Gäste, sondern ist auch das sichtbare Symbol für den Zusammenhalt der balinesischen Großfamilie.

Uniformität

Möglicherweise befremdet den Betrachter die sich überall wiederholende Uniformität der Gebäude: In einem balinesischen Dorf reiht sich Gehöft an Gehöft, alle Türöffnungen sind zur selben Seite hin ausgerichtet; innerhalb des mauerumfriedeten Rechtecks stehen die unverzichtbaren Familientempel stets an der gleichen Stelle und auch die Anordnung der einzelnen Gebäude wiederholt sich fast stereotyp. Wesentliche Unterschiede sind zumindest auf den ersten Blick nicht zu erkennen. Ob arm oder reich – Familientempel, Wohn- und Schlafhäuser, Küche, Reisspeicher, der Stall für die Haustiere und ein Bale für die verschiedensten rituellen Anlässe finden sich nahezu gleichförmig angeordnet in jedem bäuerlichen Anwesen wieder.
Nur an einem Merkmal lässt sich der gesellschaftlich höhere Rang einer Familie ablesen: Wohlhabendere Balinesen verfügen über ein weiteres Bale, in dem die vom Hinduismus vorgeschriebenen Zeremonien abgehalten werden.

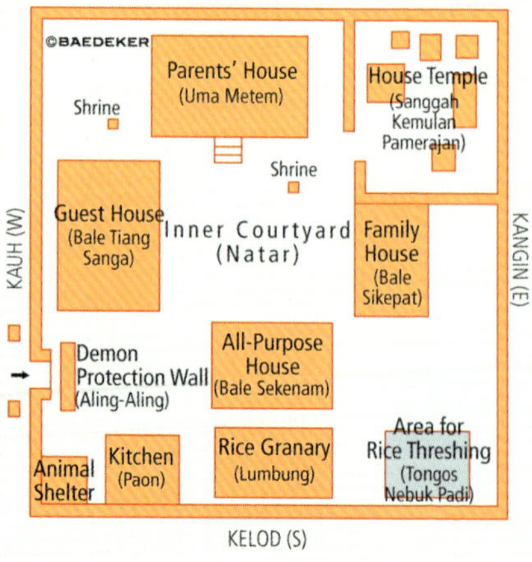

Die Anzahl der Häuser, die zum Wohnen und Schlafen dienen, richtet sich nach der Größe der Familie auf dem Gehöft. Das repräsentativste, stets unmittelbar neben dem Familienschrein gelegene Gebäude ist den Großeltern vorbehalten, da diese allerhöchstes Ansehen genießen. Bisweilen sind die unverheirateten Mädchen und jungen Frauen im Bale der Großeltern untergebracht.

Auf jeden Fall schläft der Nachwuchs nach Geschlechtern getrennt.

Dass die gesamte Großfamilie quasi unter einem Dach zusammenlebt, ist auf Bali zumindest in den ländlichen Gegenden der Regelfall und nicht die Ausnahme. Nicht selten wohnen drei oder gar vier Generationen auf einem Gehöft. Nach einer Hochzeit zieht das frisch vermählte Paar in das Anwesen der Eltern des Ehemanns.

Wohn- und Schlafhaus eines traditionellen Gehöfts

OBEN: Verwandte brennen Räucherwerk bei der Vorbereitung einer Feuerbestattung ab.

UNTEN: Bei der zeremoniellen Zahnfeilung werden die Zähne auf eine Länge gebracht.

ceremony). Es gibt besondere Opfergaben, außerdem werden die Haare des Babys rasiert. Nach der Zeremonie wird gefeiert und Babi Guling (gegrilltes Schwein) gegessen.

Pubertät

Jungen wie Mädchen müssen für gewöhnlich nach dem Eintritt in die Pubertät die **Prozedur des Zahnfeilens** (Matatah) über sich ergehen lassen. Dabei werden von einem brahmanischen Priester die oberen vier Schneide- sowie die beiden Eckzähne (die den Göttern gehören) abgefeilt und auf eine Linie begradigt; die unteren bleiben ungeschliffen, da sie Besitz der Dämonen sind. Durch das Feilen der Zähne werden die sechs Übel (Habgier, Eifersucht, Dummheit, Wollust, Zorn und Unbeherrschtheit) beseitigt, die man zwar einem Kind, aber nicht dem erwachsenen Menschen zugesteht. Die Prozedur des Zahnfeilens ist sehr schmerzhaft; gleichwohl gilt dieser Initiationsritus als äußerst wichtiger Schritt im Leben eines (hinduistischen) Balinesen, der gegangen werden muss. Auch gilt der junge Mensch erst dann als heiratsfähig. In manchen Regionen wird die Zahnfeilung heute aber nur noch symbolisch vorgenommen.
Die **Beschneidung** wird nur an Knaben vollzogen, deren Eltern sich zum Islam bekennen (besonders auf der Nachbarinsel Lombok). Einige Ethnologen sind der Meinung, dass das Zahnfeilen als Initiationsritus eine ähnliche Funktion besitzt.

Heirat

Streng genommen sind Ehen nur zwischen Angehörigen derselben Kaste möglich. Es gibt jedoch eine Möglichkeit, diesem Zwang zu entgehen, indem der Mann die Frau – mit deren Einverständnis – entführt und sie sieben Tage lang untertauchen. Nach dieser Frist gilt der Kastenzwang als aufgehoben. Mit der Heirat erwirbt der balinesische Mann das Recht und die Pflicht, alle bis zu diesem Zeitpunkt von seinen Eltern abgehaltenen Riten in Zukunft selbst abzuhalten. Zum Zeichen dafür, dass er von nun an als vollwertiges Mitglied der Gemeinschaft anzusehen ist, übernimmt er von seinem Vater die Verantwortung für das Wohlergehen der Götter, denen im Haustempel der Familie gehuldigt wird. Zu diesem Zweck versammelt sich die Familie mehrmals im Jahr; alle Familienmitglieder reisen aus diesem Anlass in ihr Heimatdorf.

Tod

Der Tod ist der wichtigste Übergangsritus der Hindus; mit ihm verlassen sie wieder die Welt des Körperlichen und Sinnlichen. Der Körper, ursprünglich von Brahma mit dem göttlichen Odem versehen, wird nur als **Hülle für die Seele** gesehen und löst sich nach dem Tod wieder in seine fünf Bestandteile, die Elemente Feuer, Wasser, Luft, Erde und Äther, auf. Diese treten wieder in die Welt der Götter und Dämonen ein. Friedhöfe nach westlichem Vorbild wird man auf Bali vergebens suchen, verstorbene Menschen werden nach hinduistischem Ritus verbrannt. Allerdings wird die Leiche zunächst für die Dauer von mindestens 42 Tagen begraben; brahmanische Priester werden nach strengen Vorschriften einbalsamiert und bis zu einem von Astrologen kompliziert berechneten Tag aufgebahrt. Nach dieser Frist, oftmals aber auch erst nach einigen Monaten oder gar Jahren, werden die sterblichen Überreste wieder ausgegraben (wenn nur wenig übrig geblieben ist, wird anstelle des Leichnams eine symbolische Sandelholzpuppe verwendet) und für die Verbrennung vorbereitet. Ob die Zeit, die die Seele noch im Leichnam verbringen muss, kurz oder lang ist, richtet sich auch nach den Vermögensverhältnissen der Angehörigen, denn eine Totenverbrennung ist eine kostspielige Sache. Übrigens: Um der Seele das Entweichen aus dem Körper zu erleichtern, steckt man ein Bambusrohr in das Grab.

Totenverbrennung

Feierlichkeit

Die Totenverbrennung selbst ist wohl die aufwendigste Feierlichkeit auf Bali; gilt es doch, der Seele des Verstorbenen den reibungslosen Übergang in eine andere, bessere Welt zu ermöglichen. Die Vorbereitungen können Wochen oder sogar Monate in Anspruch nehmen.

Vorbereitung und Prozession

Nachdem der Leichnam drei Tage vor der Verbrennung wieder ausgegraben worden ist, wird er gereinigt und in Tücher gehüllt, in einen mit Blumen reich geschmückten, mit etlichen mythischen Zugaben versehenen Transportsarg (Bade) gelegt und in einer ungeheuer **farbenprächtigen Prozession** vom Gehöft zum Verbrennungsplatz gebracht. Sie ähnelt jedoch keineswegs einem stillen und andächtigen Trauermarsch, sondern eher einer fröhlichen Veranstaltung.
Auch wenn der Tod eines nahen Verwandten Trauer und Schmerz bewirkt, lebt der Balinese in der Hoffnung, dass der Verstorbene in seinem nächsten Leben in eine bessere Existenz hineingeboren wird. Dem Transportsarg hinterhergetragen wird der Verbrennungssarg mit einem pagodenähnlichen, bis zu elf Stockwerke hohen Aufbau. Begleitet werden die Särge nicht nur von den Angehörigen, sondern von fast allen Dorfbewohnern. Für die Trauermusik sorgt ein Gamelan-Orchester, zu dessen Klängen die Menge geradezu in Ekstase gerät. Auf dem Weg zum Verbrennungsplatz drehen sich die Sargträger mitsamt der Pagode unvermittelt im Kreis oder schlagen plötzlich einen anderen Weg ein; hierdurch sollen die Geister irritiert werden. Manchmal sitzt der erstgeborene Sohn des Verstorbenen in einer der unteren Etagen der Pagode, was wegen der wenig stabilen Konstruktion nicht ungefährlich ist.

Sargformen der verschiedenen Kasten

Am Verbrennungsplatz angekommen, wird die Leiche aus dem Transportsarg genommen und in den Verbrennungssarg umgebettet. An diesem Sarg kann man leicht erkennen, zu welcher Kaste der Verstorbene gehörte: Bei Brahmanen ist er in der Form eines schwarz-weiß gefleckten Stiers gefertigt. Sieht er aus wie ein Löwe oder Hirsch, gehörte der Tote zur Jaba- bzw. Wesia-Kaste. Bei Angehörigen der Ksatria-Kaste besitzt der Verbrennungssarg die Form eines bei Männern schwarzen und bei Frauen weißen Stiers, dem oft eine prachtvolle Schlangen- oder Drachenfigur vorangetragen wird. Eine Ausnahme bilden die Kremationssärge der Angehörigen der Pasek-Kaste: Während die Särge der anderen Kasten sich in die Lüfte erheben können (der Löwe besitzt in der hinduistischen Vorstellung Flügel und der Stier gilt als Reittier von Shiva), werden diese Menschen in einem Sarg verbrannt, der dem Elefantenfisch (Gajah Minea) nachempfunden ist.

Kremation

Schließlich wird der Sarg in Brand gesteckt, und während sich die Seele durch das **reinigende Feuer** in die Lüfte erhebt, gerät die Menge an den Rand der Verzückung. Dann zündet man auch den Transportschrein an. Ist alles verbrannt, sammeln die Angehörigen die Asche und lediglich versengte Knochenteile ein und legen sie in eine kleine Sänfte, die in einer Prozession zum Meer (oder zu einem nahen Fluss) getragen und dem Wasser übergeben wird. Mit der Einäscherung ist der aufwendige Ritus jedoch längst noch nicht beendet. An genau vorgeschriebenen Tagen nach der Verbrennung folgen weitere aufwendige Zeremonien, die helfen sollen, die Seele des Toten von allem Bösen und Schlechten zu reinigen.

Tempelfest

Odalan-Fest

Jeder Tempel auf Bali feiert einmal im Jahr seinen Geburtstag, d. h. die Wiederkehr des Tags der ersten Weihe, Odalan genannt. Daran nimmt das ganze Dorf teil; die Vorbereitungen nehmen in der Regel Wochen oder sogar Monate in Anspruch. Wann mit der Zubereitung der Opfergaben begonnen werden darf, ist Gegenstand höchst kunstvoller Berechnungen, die ein Brahmane nach dem javanisch-balinesischen Kalender vornimmt. Zum Tempelfest **werden symbolisch die Götter eingeladen**, die vom Pantheon herabsteigen und im heiligen Tempelbezirk (Bale Paruman) einen für sie vorbereiteten und besonders gereinigten Sitzplatz einnehmen; von dort überwachen sie die genaue Einhaltung der vorgeschriebenen Riten.
Das Tempelgeburtstagsfest **dauert drei Tage**, wobei jeder Tag der Erfüllung einer bestimmten Aufgabe dient. Am ersten und wichtigsten Festtag werden in dem gereinigten und mit bunten Tüchern geschmückten Tempel die Götter empfangen und mit Opfergaben bedacht. Damit die Götter nicht von herumgeisternden Dämonen belästigt werden, schlachten die Dorfbewohner am Morgen des ersten Festtags ein Schwein und legen das Fleisch an einer passenden Stelle für sie bereit. Danach nimmt der Brahmanenpriester kleine Figuren aus Sandelholz aus dem Gedong, einem kleinen, geschlossenen Ge-

bäude im Innenhof des Tempels, und bringt sie feierlich zu einem Pavillon, wo sie mit Weihwasser (Tirtha) gereinigt, dann bekleidet und aufgestellt werden. Wenn der Zeitpunkt naht, zu dem die Götter eintreffen, entzündet der Priester einen Weihrauchkessel; der aufsteigende Rauch soll den Göttern als symbolische Himmelsleiter dienen. Begleitet vom Dröhnen eines immer lauter tönenden Gongs beginnen die Götter den Abstieg; die Menschenmenge, die zuvor mit kunstvoll aufeinander gestapelten Opfergaben im Tempelbezirk eingetroffen ist, verstummt. Die Götter sind nun bereit, verehrt zu werden. Sie bedienen sich dabei der Hilfe des Priesters. Die Menge wird mit geweihtem Wasser besprenkelt; Lotosblüten werden zwischen die Fingerspitzen genommen, dreimal über die Stirn gehoben und schließlich fallen gelassen. Es folgen symbolische Waschungen von Gesicht und Oberkörper. Frauen tragen Opfergaben in Form von aufgeschichteten Früchten und Speisen in den Tempel, wo sie von den Priestern entgegengenommen und symbolisch den Göttern überreicht werden. Diese Opfergaben werden in aller Regel am Abend wieder abgeholt; dann haben ihnen die Götter die spirituelle Essenz entnommen.
Die Götter haben anschließend Gelegenheit, das Fest zu beobachten, das mit großer Ausgelassenheit begangen wird. Hahnenkämpfe,

Kunstvoll arrangierte Opfergaben dürfen bei einem Tempelgeburtstag nicht fehlen.

Schattenfigurenspiele (▶ S. 221, 228) und die Tonkulisse der Gamelan-Orchester sind für sie ebenso unterhaltend wie für die Bewohner. Am zweiten Festtag wird das Dorf von allem Schlechten und Bösen gereinigt, das vom vergangenen Jahr übrig geblieben ist. Am dritten Tag vertreibt man mithilfe der Götter die bösen Geister und bereitet Tempel und Dorf auf das neue Jahr vor. Am späten Abend werden die Götter verabschiedet. Man entkleidet die Sandelholzfiguren und bringt sie zum Gedong zurück. Das Fest endet mit dem Verschließen des inneren Tempeltors; der innere Bezirk wird erst wieder zum nächsten Tempelgeburtstag zugänglich gemacht.

GESCHICHTE

Bali, eine Provinz Indonesiens, musste sich im Laufe ihrer wechselvollen Geschichte immer wieder fremder Herrscher und Kolonialherren erwehren.

Vor- und Frühgeschichte

Java-Menschen

Die ältesten Zeugnisse menschlichen Lebens in Indonesien wurden auf der Insel Java gefunden. Es handelt sich um Relikte von Frühmenschen (Java-Mensch; vor ca. 500 000 Jahren), die dem **Homo erectus** zugeordnet werden. In den 1930er-Jahren fand man einige Schädel des sogenannten Solo-Menschen, der dem Neandertaler ähnelt.
Spuren altsteinzeitlicher Kulturen auf Sumatera (Sumatra), Kalimantan (Borneo) und Sulawesi (Celebes) zeigen Ähnlichkeit mit solchen auf dem hinterindischen Subkontinent, mit dem weite Teile Indonesiens während der Eiszeit eine Landverbindung hatten. Im zweiten und ersten Jahrhundert vor der Zeitenwende wanderten in mehreren Wellen Völkerschaften vom südasiatischen Festland ein.

Einflüsse aus Indien

Hindu-Reich Srivijaya

Im siebten nachchristlichen Jahrhundert bestand im südöstlichen Sumatra das Hindu-Reich Srivijaya. Sein Zentrum lag bei der heutigen Stadt Palembang und es kontrollierte den Handelsverkehr in der Malakka-Straße und in der Sunda-Straße.
Indische Kultur und Religion beeinflussten die führenden Schichten auf den indonesischen Hauptinseln. Auf Bali entstand ein **ausgeklügeltes Bewässerungssystem.** Neben der in Bali verbreiteten Sprache verbreitete sich Sanskrit.

EPOCHEN

VOR- UND FRÜHGESCHICHTE

vor 500 000 Jahren	Älteste menschliche Zeugnisse auf Java
200 – 100 v. Chr.	Südasiatische Völker besiedeln indonesische Inseln.

EINFLÜSSE AUS INDIEN

6./7. Jh.	Das hinduistische Srivijaya-Reich hat die Kontrolle über einen großen Teil des heutigen Indonesien.
9./10. Jh.	Die hinduistische Religion gewinnt auf Bali immer mehr an Bedeutung.
ab 1037	Javanisierte Fassungen der beiden epischen Hindu-Schöpfungsdramen Ramayana und Mahabharata ent stehen während der Regierung von Raja Erlangga.

KOLONIALISIERUNG

1487	Mit der Entdeckung des Seewegs nach Indien dringen Europäer erstmals nach Südasien vor.
1602	Die von Holländern gegründete Vereinigte Ostindische Kompagnie beginnt mit der Kolonialisierung der indonesischen Inselwelt.
1839	Bali wird niederländischer Oberhoheit unterstellt.
um 1900	Die Niederländer beherrschen ganz Indonesien.

UNABHÄNGIGER STAAT

1945	Ausrufung der Republik Indonesien
1946	Bali wird Schauplatz eines erbitterten Widerstandskampfs zwischen Niederländern und Indonesiern.
1950	Auflösung der historischen Fürstentümer und Etablierung von Regierungsbezirken. Sukarno wird Präsident der neuen Republik Indonesien.
1959	Denpasar wird Hauptstadt Balis.
1966	Machtübernahme General Suhartos

GEGENWART

2002	Ein Bombenanschlag auf Bali kostet 202 Menschen das Leben.
2004	Erste freie und geheime Wahlen
2004	Ein Tsunami verwüstet Südostasien.
2005	Erneuter Anschlag auf Bali (22 Tote)
2006	Ein Erdbeben und eine weitere Flutwelle bringen auf Java mehreren Tausend Menschen den Tod.
2017	Ein Ausbruch des Gunung Agung kündigt sich an, doch der Vulkan kommt wieder zur Ruhe
2018	Schwere Erdbeben auf Lombok

Dynastien Mataram und Singharasi

Um 1000 heiratete die javanische Prinzessin Mahendratta aus der Mataram-Dynastie den balinesischen Fürsten Udaya. Unter ihrem gemeinsamen Sohn Erlangga (1016–1042) wurden **Bali und Java vereint** und erlebten eine kulturelle Blüte. 1284 eroberte Kertanagara, der letzte ostjavanische Herrscher der Singharasi-Dynastie, Bali; er verlor es aber bald darauf wieder. Der Regierungssitz des hinduistischen Reichs wurde von Mataram (Zentral-Java) nach Ost-Java verlegt. Von dort aus gewann **hinduistisches Gedankengut** immer mehr an Geltung auf Bali.

Majapahit-Reich

Das Majapahit-Reich, das letzte große javanische Reich, dehnte sich zwischen dem 13. und dem 16. Jh. über weite Teile Indonesiens aus. Auf Bali wurden erste Grundlagen für ein Verwaltungssystem geschaffen. Seit dem 15. Jh. breitete sich unter dem Einfluss von Kaufleuten aus Vorderasien der **Islam** aus. In der ersten Hälfte des 16. Jh.s setzte der Verfall des Majapahit-Reichs ein. Der Sohn des letzten Fürsten floh mit Gefolgsleuten nach Bali, wo er die **Gelgel-Dynastie** begründete.

Kolonialisierung

Einfluss der Europäer

Nach der Entdeckung des Seewegs nach Indien (1487) drangen auch Europäer nach Südasien vor. Die Portugiesen bauten, nicht zuletzt um Händlern aus dem Nahen Osten den lukrativen Gewürzhandel streitig zu machen, seit dem frühen 16. Jh. Festungen im Osten des indonesischen Archipels. Rund hundert Jahre später fassten die Holländer hier Fuß, die zunächst Stützpunkte auf Java einrichten. 1602 erfolgte die **Gründung der holländischen Vereinigten Ostindischen Kompagnie,** die unter Generalgouverneur Jan Pieterzoon Coen, dem Gründer der Stadt Batavia (1619, heute Jakarta), ihren Wirkungsbereich stark ausweitete. Nach dem Niedergang der Gelgel-Dynastie auf Bali zerfiel die Insel in ein Dutzend selbstständiger Fürstentümer. Zwischen den einzelnen Regenten kam es immer wieder zu kriegerischen Auseinandersetzungen. 1686 entstand Klungkung: Die unabhängigen balinesischen Rajas erkannten den zeremoniell höchsten Rang des Dewa Agung von Klungkung an. Während der Napoleonischen Kriege in Europa fiel Niederländisch-Ostindien an Großbritannien. Von 1811 bis 1816 hatte Stamford Raffles, der Gründer Singapurs, die Macht auf Java; 1816 fiel Ostindien wieder an die Niederlande zurück. Die Kolonialmacht wurde in erbitterte Kämpfe mit Aufständischen verwickelt.
In den 1830er-Jahren ging die Kolonialverwaltung dazu über, anstatt der bis dahin üblichen Zwangsarbeit eine ausgeklügelte Plantagenwirtschaft mit Naturalabgaben aufzubauen. Auch auf Bali wurde den Bauern vorgeschrieben, was sie vor allem anderen anzubauen hatten, nämlich **Kautschuk, Kaffee** und **Tee.** Vernachlässigt wurde dafür der traditionelle Reisanbau, was in der Folgezeit zu Hungersnöten führte.

Niederländische Oberhoheit

Nachdem Bali 1839 niederländischer Oberhoheit unterstellt wird, landete 1846 ein niederländisches Expeditionskorps und stellte einen Teil der Insel unter seine Verwaltung. Nach 1870 wurde Indonesien für europäisches Kapital und Unternehmertum geöffnet. 1882 wurde Singaraja offizielles holländisches Regierungszentrum.
Am 26. August 1883 brach der Vulkan Krakatau (Inselgruppe zwischen Sumatra und Java) aus. Dieser gewaltigen **Naturkatastrophe** fielen Zehntausende von Menschen zum Opfer. Die **Entdeckung von Erdöl** auf Sumatra (1885) führte zum Aufbau der »Royal Dutch Shell« (heute einer der größten Mineralölkonzerne der Welt). Um 1900 hatten die Niederländer die Oberhoheit über ganz Indonesien gewonnen. Die Plünderung eines chinesischen Handelsseglers lieferte den Niederländern einen willkommenen Anlass zur Ausweitung ihrer Macht über Bali. Man verhängte eine Blockade über den südlichen Teil der Insel, unterstellte auch diesen der Kolonialverwaltung und erklärte dem Fürsten von Badung den Krieg. Im September 1906 unternahmen niederländische Soldaten eine weitere Strafexpedition gegen Bali, in deren Verlauf sie auch die Zivilbevölkerung angriffen. Die fürstliche Familie beging, gemeinsam mit weiteren Mitgliedern der balinesischen Oberschicht, einen **rituellen Massenselbstmord**, Puputan genannt. Zwei Jahre später wurde ganz Bali als **niederländische Kolonie** deklariert.

Unabhängigkeitsbewegung

Gegen die niederländische Kolonialmacht kämpften im frühen 20. Jh. mehrere vom Islam beeinflusste Unabhängigkeitsbewegungen, so die »Budi Utomo« (»Edle Bemühung«) und die »Sarekat Islam« (»Islamische Vereinigung«). Um 1920 etablierte sich die Kommunistische Partei Indonesiens. Danach sammelten sich Unabhängigkeitskämpfer in der 1927 von **Raden Ahmed Sukarno** (▶ Interessante Menschen) gegründeten »Partai Nasional Indonesia« (PNI).

Asiatischer Einfluss

In der ersten Hälfte des 20. Jh.s gelang es chinesischen Einwanderern, Schlüsselstellungen in Handel und Wirtschaft zu erobern. Dies führt zu Auseinandersetzungen mit der malaiischen Bevölkerung. 1938 wurden die historischen Fürstentümer auf Bali wieder hergestellt, die aber nicht mehr ihre einstige Bedeutung erlangten. Im Zweiten Weltkrieg besetzten japanische Truppen Niederländisch-Ostindien – die Vormachtstellung der Europäer war gebrochen.

Unabhängiger Staat

Indonesien wird unabhängig

Die indonesischen Nationalisten bauten eine staatliche Verwaltung auf und riefen am 17. August 1945 die Unabhängigkeit Indonesiens aus. **Sukarno wurde erster Präsident** der neuen Republik; Hauptstadt zunächst Yogyakarta, später Jakarta. 1947 und 1948 versuch-

OBEN: Balinesischer Fürst mit Gefolge (um 1888)
UNTEN: Das Puputan-Denkmal in Klungkung erinnert an den Massenselbstmord von 1906 beim Kampf gegen die Kolonialisierung Balis.

Der indonesische Präsident Sukarno (r.) und General Suharto (l.) umringt von zivilen und militätischen Führern des Landes (1966)

ten die Niederländer mit Waffengewalt, ihre Vormacht zurückzugewinnen, doch auf Druck von UNO und den USA mussten sie auf der Haager Konferenz von 1949 die Unabhängigkeit Indonesiens (zunächst als »Republik der Vereinigten Staaten von Indonesien«) anerkennen. Bis 1954 blieb Indonesien aber mit der niederländischen Krone verbunden.

»Gelenkte Demokratie«

Mitte 1959 installierte Sukarno sein System der »gelenkten Demokratie«. Er war bestrebt, das innenpolitische Kräftegleichgewicht (religiöse Gruppen, Parteien, Militär) auszubalancieren. Auch die Wirtschaft wurde staatlich gelenkt, wobei man darauf achtete, den Einfluss ausländischer Konzerne nicht zu stark werden zu lassen. Dennoch wurde das Land von inneren Auseinandersetzungen erschüttert, die in der **Daruf-Islam-Rebellion** ihren Höhepunkt erreichten. 1963 kam Niederländisch-Neuguinea unter indonesische Kontrolle. Wenig später ließ sich Sukarno auf eine Konfrontation mit dem Nachbarstaat Malaysia ein (vorübergehender UNO-Austritt 1965/1966), arbeitete zunehmend mit Kommunisten zusammen und suchte Anlehnung an die Volksrepublik China. Im Herbst 1965 kam es zu einem von den Kommunisten initiierten Aufstand, der von General Suharto niedergeschlagen wurde: Mehrere Monate lang waren Kommunisten und Chinesen Opfer blutiger Verfolgungen.

Machtübernahme Suhartos

Im März 1966 übernahm die Militärregierung unter Suharto die Staatsgewalt und entmachtete Sukarno. Sie beendete die Konfrontationspolitik und versuchte, soziale und wirtschaftliche Missstände mithilfe westlicher Länder zu beseitigen. Die Beziehungen zur Volksrepublik China wurden 1967 eingefroren. Indonesien beteiligte sich an der Gründung der »Association of Southeast Asian Nations« (ASEAN). 1968 ließ sich Suharto zum **Staatspräsidenten** wählen.
Die indonesische Regierung propagierte für das gesamte Land ein nationales Familienplanungsprogramm, das unter der Devise »Dua Anak Cukup« (»Zwei Kinder sind genug«) lief und dazu beitragen sollte, die Geburtenrate zu senken.
Im Jahr 1969 erfolgte die umstrittene Einverleibung von West-Neuguinea, der heutigen Provinz Iran Jaya. Die allgemeinen Wahlen der Jahre 1971, 1977, 1982 und 1993 brachten Siege der regierungstreuen »Sekber Golkar«, einer Gruppierung von Sozialpolitikern, Technokraten und Militärs. Ungeachtet internationaler Proteste annektierte Indonesien 1976 das bis zu diesem Zeitpunkt portugiesische Ost-Timor. Im Juli 1990 vereinbarte man mit China die Wiederaufnahme diplomatischer Beziehungen.

Wirtschaftskrise

Anfang 1997 wurde der gesamte südostasiatische Raum – ausgehend von Thailand – von einer Wirtschaftskrise erfasst. Die indonesische Rupiah verlor annähernd zwei Drittel ihres ursprünglichen Werts. In der Bevölkerung brachen erneut die alten Ressentiments gegen die chinesischstämmigen Indonesier auf. Ein zweiter Grund für die schweren Unruhen, die in der Hauptstadt Jakarta ausbrachen und schon bald das gesamte Inselreich erfassten, war eine dramatische Preiserhöhung bei Grundnahrungsmitteln. Auf Bali war davon nur wenig zu spüren. Zwar kam es in Denpasar zu einigen Demonstrationen, die aber folgenlos blieben. Im Mittelpunkt der Kritik stand auch das überkommene System Suhartos, der sich zunächst weigerte, die von der Weltbank geforderten Staats- und Sozialreformen durchzusetzen. Erst nach teils blutigen Auseinandersetzungen zwischen Studenten und dem Militär sah sich Suharto am 21. Mai 1998 gezwungen, zurückzutreten. An seine Stelle trat sein enger Vertrauter **Bacharuddin Jusuf Habibie**, der sich bereiterklärte, Reformen durchzuführen und so der maroden Wirtschaft wieder auf die Beine zu helfen.
Die Opposition sicherte zwar ihre Unterstützung zu, machte jedoch keinen Hehl daraus, dass sie Habibie nur als Übergangspräsidenten betrachtete. Als die Reformen nicht schnell genug das gewünschte Ergebnis zeigten, kam es ab November 1998 erneut zu Unruhen. Wiederum war Jakarta der Mittelpunkt der Auseinandersetzungen. Bei Neuwahlen im Oktober 1999 verzichtete Habibie überraschend auf eine Kandidatur und wurde von **Abdurrahman Wahid** abgelöst.
Der islamische Gelehrte Wahid (auch Gus Dur genannt) ernannt ekurz darauf **Megawati Sukarnoputri**, die Tochter des Staatsgrün-

ders Sukarno, zur Vizepräsidentin und versprach einen radikalen Neuanfang. Eines der Zeichen, die diesen Vorsatz glaubhaft erscheinen ließen, war die Zustimmung zur Unabhängigkeit des lange umstrittenen Ost-Timor. Der günstige Devisenkurs 1999 bescherte Bali einen **Besucherzuwachs** von etwa vier Prozent. Auf der Nachbarinsel Lombok hingegen kam es zu teils heftigen Auseinandersetzungen zwischen religiösen und ethnischen Minderheiten. Diese mündeten in Straßenkämpfen und Plünderungen. Die auf der Insel noch verbliebenen Touristen wurden daraufhin nach Bali evakuiert.
Im Jahr 1999 brach der Gunung Batukau aus. Die Eruptionen waren allerdings weniger heftig als befürchtet, Menschen kamen glücklicherweise nicht zu Schaden.

Gegenwart

Unabhängigkeit Ost-Timors

Das 21. Jahrhundert wurde auf Bali mit der Hoffnung auf innenpolitische Stabilität in Indonesien sowie ein weiteres Anwachsen des Devisenbringers Tourismus begrüßt. Ausgesprochen positiv nahmen die internationalen Medien die Nachricht auf, dass im Jahr 2002 Ost-Timor die Unabhängigkeit erhielt und die Insel seither als selbstständige »República Democrática de Timor-Leste« eine eigene Nation bildet.

Terroranschläge und Naturkatastrophen

Einen gewaltigen Schock löste weltweit ein verheerender islamistischer Terroranschlag aus. Am 12. Oktober 2002 explodierte in Kuta in einer Bar eine Bombe, Sekunden später detonierte eine zweite Bombe vor dem beliebten Sari Club, einer überwiegend von Australiern besuchten Diskothek. 202 Menschen wurden getötet, über 200 schwer verletzt. Zu den Opfern zählten hauptsächlich Touristen. Bereits 2003 wurden drei Mitglieder der **Terrororganisation Jemaah Islamiyah** für schuldig befunden und im November 2008 hingerichtet. Ein erneuter Bombenanschlag islamistischer Terroristen kostete am 1. Oktober 2005 22 Menschen das Leben, als in Jimbaran und Kuta drei Sprengsätze explodierten.
An Weihnachten 2004 erlitt Indonesien die wohl **größte Naturkatastrophe seiner Geschichte**. Am 26. Dezember traf nach einem gewaltigen Seebeben eine 15 m hohe Flutwelle, ein **Tsunami,** u. a. auf die Küsten der indonesischen Provinzen Nordsumatra und Aceh und brachte Tod und Zerstörung. Etwa 238 000 Menschen kamen in den Fluten ums Leben, Dörfer und Infrastruktur wurden dem Erdboden gleichgemacht. Die folgenden Jahre zeigten, dass es aufgrund der Lage in dieser seismisch sehr aktiven Zone jederzeit zu vulkanischen Aktivitäten, Erd- und Seebeben sowie Tsunamis kommen kann. Seit Ende November 2017 ist der Vulkan Agung auf Bali verstärkt aktiv und im Sommer 2018 verursachten mehrere Erdbeben auf der Insel Lombok schwere Schäden.

In dieser äußerst schwierigen Zeit erfreute die Menschen eine positive politische Entwicklung ganz besonders: Seit 2004 wird der indonesische Präsident vom Volk gewählt – Indonesien wurde nunmehr offiziell als **demokratischer Staat** anerkannt. Erster direkt gewählter Präsident wurde der ehemalige General **Susilo Bambang Yudhoyono,** der die seit 2001 regierende Tochter von Staatsgründer Sukarno, Megawati Sukarnoputri, ablöste. Bei der Präsidentschaftswahl im Juli 2009 wurde Susilo Bambang Yudhoyono in seinem Amt bestätigt, da er neben einer geschickten Wahlkampagne auch eine erfolgreiche Innen- und Wirtschaftspolitik aufweisen konnte.

Anerkennung Indonesiens als demokratischer Staat

Nach den Parlamentswahlen 2014 fiel das Präsidentenamt an **Joko Widodo**, den Gouverneur von Jakarta. Seither macht er sich für den Kampf gegen die Korruption stark, setzt sich für den Ausbau der Infrastruktur ein und fördert ein umfassendes Wohlfahrtsprogramm, das u.a. eine allgemeine Krankenversicherung aller Bürger ab 2019 zum Ziel hat.

Blumengruß für die Opfer des Tsunamis 2004

KUNST UND KULTUR

Innerhalb der indonesischen Völkergemeinschaft spielen die Balinesen eine besondere Rolle. Dies rührt in erster Linie daher, dass es ihnen trotz etlicher Anfechtungen von außerhalb gelang, ihre religiösen Traditionen und damit ihre kulturelle Eigenständigkeit zu bewahren. Dies bedeutet jedoch nicht, dass Bali im Lauf der Jahrhunderte von fremden Kulturen völlig unbeeinflusst geblieben ist.

Bestimmend blieb jedoch stets der Hinduismus, auch wenn er in seiner heute auf Bali praktizierten Form eher einer monotheistischen Religion entspricht. Vor diesem Hintergrund gab es auch Veränderungen im kulturellen Leben, die sich in der künstlerischen Darstellung auswirkten. Verglichen mit der Vielfalt der darstellerischen Mittel, wie sie beispielsweise im benachbarten Java vor der Islamisierung verwendet wurden, mutet die balinesische Kunst, namentlich die der früheren Jahrhunderte, volkstümlich, ja beinahe bescheiden an. Andererseits beeindrucken balinesische Tempel gerade durch die Schlichtheit in Gestaltung und Verzierung. Die flächige oder plastische Darstellung von Motiven und Inhalten ist stets nur Mittel zum Zweck; sie hat allein die Aufgabe, Religion und religiöse Anschauungen fassbar zu machen.

Tempelarchitektur

Tempelinsel Bali

Die Insel Bali wird oft als ein einziger großer Tempel angesehen. In diesem Bild steht die westliche Inselspitze mit der Hafenstadt Gilimanuk für das Eingangstor, die Berge im Osten (Gunung Agung und Gunung Batur) sind Symbole für den Götterberg Meru. Auf Bali stehen **mehr als 20 000 Tempel** (Pura; ▶ Baedeker Wissen, S. 196). In diese Zahl nicht eingerechnet sind die Familientempel (Sanggah), die es in jedem Pekarangan oder Kampong (Gehöft) gibt. Den höchsten Rang nehmen die **sechs »Reichstempel«** ein, von denen der Pura Besakih der wichtigste ist. Weitere hoch verehrte Tempel sind der Meerestempel Pura Tanah Lot und der Bergtempel Pura Batukau.

Von großer Bedeutung sind außerdem einige **Naturheiligtümer**, die den Göttern der Berge, der Meere und der Flüsse und Quellen gewidmet sind. Eine Sonderrolle nehmen Tempel ein, die mit Badeplätzen nicht nur für Götter, sondern auch für Menschen ausgestattet sind (z. B. der Pura Tirtha Empul bei Ubud).

Drei Tempel

Für gewöhnlich besitzt eine Dorfgemeinschaft drei Tempel: Der **Pura Puseh** ist der dem Gott Brahma (dem Gott der Schöpfung) geweihte Haupttempel und immer an der dem heiligen Berg Gunung Agung zugewandten Seite des Dorfs errichtet. Im **Pura Desa** (zuweilen auch Pura Bale Agung genannt und Vishnu, dem Erhalter der Weltordnung, geweiht) versammelt sich die Dorfgemeinschaft zur Abhaltung der allgemeinen religiösen Zeremonien, während der **Pura Dalem**, der meist außerhalb des Dorfs in der Nähe des Verbrennungsplatzes liegt, der Göttin Durga (einer Inkarnation Shivas, die für Tod und Zerstörung steht) geweiht ist und zur Abhaltung der Zeremonien anlässlich einer Verbrennung dient. Seine Anlage ist stets zum Meer hin gewandt. Die Tempelanlagen auf Bali gehören entweder einer Familie, der ganzen Dorfgemeinschaft, einer Berufsgruppe oder einer Kaste. Eine Ausnahme bilden die oben genannten Staats- oder Reichstempel; sie werden von allen Inselbewohnern gemeinsam genutzt.

Tempelanlage

Ein Tempel auf Bali entspricht meist der Anlage eines typischen Gehöfts: Er ist stets zum Berg hin ausgerichtet und besteht in der Regel aus drei Höfen. Sie gelten als **Symbol für die drei Welten** (Ober-, Mittel- und Unterwelt) und sind beispielhaft für den Weltenzyklus,

Von breiten Wassergräben umgeben erscheint der Pura Taman Ayun wie eine kleine Insel.

Dorfbewohner beim Gebet vor dem Allerheiligsten

den fortwährenden Kreislauf von Geburt, Tod und Wiedergeburt. Über den ersten Hof (Jaba Sisi), in dem meist nur Profanbauten stehen, gelangt man in den Jaba Tengah (mittlerer Hof), in dem sich während eines Tempelfestes die Gläubigen versammeln, um sich auf die Ankunft der Götter vorzubereiten und einzustimmen. Der Jeroan, der heiligste Bezirk des Tempels, ist fast ausschließlich den Göttern und ihren irdischen Stellvertretern, den Priestern, vorbehalten. Gewöhnliche Menschen dürfen ihn nur betreten, um Opfer darzubringen.

Aufbau des balinesischen Tempels

Man betritt den ersten Hof einer Tempelanlage fast immer durch ein meist reich geschmücktes **Gespaltenes Tor** (Candi Bentar), dessen Durchgang relativ eng ist. Seine Form geht auf eine Legende zurück: Als der Berg Mahameru, Sitz aller hinduistischen Götter, auf die Insel Bali transportiert wurde, fiel er in zwei Teile auseinander, aus denen die Berge Gunung Agung und Gunung Batur entstanden. Das Candi Bentar symbolisiert diese beiden Hälften. Vom zweiten Hof geht es durch das kunstvoll und reichhaltig verzierte **Gedeckte Tor** (Candi Korung oder Kori Agung) in den dritten Teil des Tempels. Der innerste Hof der Tempelanlage symbolisiert den Berg Meru und damit die in der hinduistischen Vorstellung höchste aller Welten.
Hinter dem Tor ist eine **Aling-Aling** genannte **Dämonenschutzmauer** errichtet. An ihr sollen böse Geister, die sich nur geradeaus

bewegen können, abprallen – wenn sie überhaupt so weit kommen. Denn vor dem Tor befindet sich eine Anzahl schrecklich aussehender Dämonen (Raksasa), die allein die Aufgabe haben, ihre Artgenossen derart zu erschrecken, dass diese sich erst gar nicht trauen, den Tempelbezirk zu betreten. Ein **Bale,** innerhalb einer Tempelanlage oft mehrfach vorhanden, ist ein an den Seiten offener Pavillon. Steht das Bale in einem Pura Desa (einem der drei Dorftempel), wird es Bale Agung genannt und dient den Dorfältesten als Versammlungsort. Innerhalb größerer Tempelanlagen gibt es mehrere Bales, in denen u. a. die Opfergaben für ein Tempelfest vorbereitet werden.

Ein **Gedong** ist entweder ein geschlossenes kleines Gebäude (Gedong Penimpanan) oder ein großes Gebäude (Gedong Agung). In einem Gedong Penimpanan wird alles aufbewahrt, was geeignet ist, Göttern und Gottheiten während ihres Besuchs auf der Erde Unterschlupf zu gewähren. Das kann eine kleine Statue ebenso sein wie eine kunstvoll geschnitzte Maske oder ein Kris (Dolch). In einem Gedong Agung werden hingegen die Ahnen verehrt.

Unterschiedlich ist die Anordnung der Sitzgelegenheiten für die Götter. Während der steinerne, reich verzierte Thron in Südbali in der nordöstlichen Ecke steht, befindet er sich in Nordbali an zentraler Stelle. Das ergibt sich aus der Tatsache, dass die Rückenlehnen stets in Richtung des heiligen Bergs Gunung Agung ausgerichtet sein müssen. Auch der **Götterthron** (Padmasana) ist dreiteilig: Die unterste Ebene symbolisiert die Unterwelt, die mittlere die Mittelwelt und die oberste den heiligen Berg Meru, das Zentrum des Universums. Der höchste Thron im Jeroan gehört Gott Shiva, der auf Bali den Namen Sangyang Widi trägt und als solcher die Erde besucht. Sind weitere Sitzgelegenheiten vorhanden, gehören sie verschiedenen Gottheiten unterschiedlichen Ranges. Sitzgelegenheiten für Götter bzw. Gottheiten sind übrigens nicht etwa Symbole für den Gott oder die Gottheit, sondern deren Eigentum. Als Symbol für Meru dient die gleichnamige **Stufenpagode** im innersten Tempelbezirk. Sie besitzt stets mehrere Dächer (Tumpang), die entweder mit Palmblättern oder Reisstroh, manchmal auch nur mit Wellblech gedeckt sind.

Nur einmal im Jahr, nämlich am Odalan-Fest (▶ Das ist Bali S. 8f., S. 205), verlässt der Gott, der den Tempel ständig bewohnt, das Pelinggih, einen **Götterschrein** mit einem oder zwei Dächern. Über ihm erheben sich bis zu elf Stufendächer (Tumpang); auch sie symbolisieren den Berg Meru. Weitere Pavillons, Schreine, Opferaltäre und Pagoden in unterschiedlicher Zahl vervollständigen die Anlage.

Der **Glockenturm** (Kulkul) steht in der Regel im ersten Innenhof einer Tempelanlage. Von hier werden die Gläubigen zu Versammlungen und Festen in das Heiligtum gerufen. Dabei schlagen zwei Männer, manchmal auch Jungen, im Takt mit Klöppeln auf längliche Klangkörper aus Holz (seltener auf einen Gong oder ein Metallophon).

Plastik · Malerei

Vom Hinduismus belebt

Mit dem Einfluss des Hinduismus auf die balinesische Kunst – auf der Nachbarinsel Java verfolgte Hindus, unter ihnen auch Priester und Künstler, suchten im 15. und 16. Jh. auf Bali Zuflucht – stieg die Vielfalt der gestalterischen Mittel und die Verwendung javanischer Elemente nahm zu. Seit jener Zeit tritt die Darstellung der Gottheiten in den Vordergrund; in der plastischen Kunst Balis bedeutet dies eine höchst kunstvolle Ergänzung des Flach- und Hochreliefs durch die Vollplastik nach indischem Vorbild. In der konsequenten Weiterentwicklung des Reliefs wird die Liebe der Balinesen zur üppig wuchernden Ornamentik deutlich. Erst in der Wiederholung des Details wird das javanisch-hinduistische zum eindeutig klassifizierbaren balinesischen Relief. Waren bis zur Übergangszeit zum Hinduismus z. B. die Tuffmauern um einen Tempel recht schlicht gehalten, werden sie jetzt an den Frontflächen und Ecken mit kunstvoll und detailreich gearbeiteten Versatzstücken verziert. Diese bestehen in erster Linie aus Dämonen- und Hexenfratzen, denen die Aufgabe zukommt, ihresgleichen zu erschrecken und vom heiligen Bezirk fernzuhalten. An anderen Stellen werden Szenen aus den Epen Ramayana bzw. Mahabharata oder aus dem Leben der balinesischen Bevölkerung dargestellt.
Die Plastik der Neuzeit lehnt sich eng an die Vorbilder aus früheren Jahrhunderten an. Eine künstlerische Weiterentwicklung findet allein schon deshalb kaum statt, weil es gilt, vom Zahn der Zeit zerstörte Statuen und Skulpturen durch neue zu ersetzen.

Altbalinesische Malkunst

Die Malerei auf Bali weist nach wie vor volkstümlich-schlichte Züge auf. Nur wenige Zeugnisse sind aus alter Zeit erhalten, da die Balinesen vorwiegend wenig haltbares, textiles Material bemalten. Als Vorlagen dienten Szenen, die auch beim balinesischen **Schattenfigurenspiel** (▶ Baedeker Wissen, S. 228) Verwendung fanden. Die verwendeten Farben (warme Töne wie Rot, Orange, Ocker, Gelb und ein lichtes Weiß) waren rein organischer Herkunft. Eines der schönsten Beispiele findet man in der Gerichtshalle Kerta Gosa in Klungkung.

Europäische Einflüsse

Mit dem Eintreffen zahlreicher nach europäischen Vorbildern malender Künstler auf Bali um 1930 ist ein Wandel in Stil, Ausdruck und Bildinhalt unverkennbar. Eine der wichtigsten Neuerungen, die Maler wie beispielsweise **Walter Spies** (▶ Interessante Menschen), Le Mayeur (▶ Baedeker Wissen, S. 138), Rudolf Bonnet oder W. O. J. Nieuwenkamp anregten, war die Einführung der Zentralperspektive. Beschränkten sich die balinesischen Maler bis dahin auf maximal zwei Dimensionen, kam nun eine dritte hinzu. Etwa gleichzeitig wird ein Wandel beim Bildinhalt deutlich: Konnte man bis dahin Vorder- und Hintergrund kaum voneinander unterscheiden, so treten nun handelnde Personen oder Gestalten in den Mittelpunkt. Die europäi-

OBEN: Zuerst werden beim Batik-Verfahren Muster mit flüssigem Wachs auf den Stoff aufgezeichnet; diese »abgedeckten« Stellen können beim folgenden Färben ihre ursprüngliche Farbe behalten.
UNTEN: Beim traditionellen balinesischen Schattenspiel erscheinen die Geister der Ahnen, mythologische Helden, Götter und Dämonen.

schen Maler begründeten Malschulen, in denen sie junge Balinesen zwar im Gebrauch europäischer Malutensilien unterrichteten, sie jedoch in Ausdruck und Stil nur behutsam beeinflussten. Das erklärt, warum die balinesische Malerei kaum etwas von ihrer Ausdrucksstärke und Ursprünglichkeit eingebüßt hat.

Kunsthandwerk

Holzschnitzereien

Bekannt in aller Welt wurden die überaus **kunstfertig geschnitzten Holzmasken,** die man in zwei Gruppen einteilen kann, und zwar in solche, die einen hohen religiösen Wert besitzen und schon allein deshalb kaum verkäuflich sind, und solche, die eigens für den Souvenirhandel hergestellt werden. Einen Unterschied merkt der Laie jedoch nicht, da die Bezeichnungen (z. B. Rangda-Maske) für beide Formen gilt. Außerdem gibt es eine Vielzahl verschiedener Tanzmasken, die bei der Aufführung balinesischer Tänze Verwendung finden. Die Herstellung einer Rangda-Maske, die bei religiösen Festen, insbesondere bei Tänzen, eingesetzt wird, ist an eine Vielzahl von Bedingungen geknüpft. So darf sie beispielsweise ausschließlich aus dem Holz des Pohon-Pule-Baums gefertigt werden; wann der Stamm aus dem Wald geholt wird, bestimmt ein Priester aufgrund einer Berechnung. Ist die Maske fertig und (ausschließlich mit organischen Farben) bemalt, sagt man ihr nach, dass alle 32 Tage heiliges Wasser (Tirtha) aus ihr fließt. Aus Holz werden aber auch viele andere schöne Dinge hergestellt. Ganze Familien von Holzschnitzern leben von der Fertigung zeitlos-moderner Holzfiguren. Seit den 1920er-Jahren findet man vielfach eine überschlanke Form der Figurendarstellung. Qualitätvolle Holzschnitzerei hat übrigens ihren Preis, denn die balinesische Mentalität gebietet die ausschließliche und zeitaufwendige Herstellung von Hand.

Textilien

Auch wenn die Ursprünge der **Batik-Herstellung** vermutlich auf Java zu suchen sind, wo heute noch die künstlerisch hochwertigsten Batiken überhaupt gefertigt werden, haben die Balinesen darin eine außerordentliche Kunstfertigkeit entwickelt. Mittlerweile gibt es in den Touristenorten auf Bali sogar Schulen, in denen man in speziellen Kursen die Herstellung einer Batik-Arbeit erlernen kann. Auf Bali gibt es jedoch ein spezielles Verfahren, das zwar auf der Grundlage der Batik entstand, mit diesem aber nur wenig gemeinsam hat. Verarbeitet werden Baumwollfäden, die erst nach dem Weben gefärbt werden. Um eine differenzierte Färbung zu erreichen, werden die Partien, die keine Farbe annehmen sollen, abgebunden. Aus dieser sehr komplizierten Technik entstand auch der Name **Ikat,** er bedeutet so viel wie »abbinden« oder »knüpfen«. Man unterscheidet zwischen Kett-Ikats und Schuss-Ikats. Der Unterschied liegt darin, ob der Kettfaden, der fest auf den Webstuhl bzw. Webrahmen gespannt ist oder der Schussfaden, den man mit dem

Faszinierend und ein wenig gewöhnungsbedürftig: der fremde Klang der Gamelan-Musik

Schiffchen durch die Kettfäden schießt, abgebunden wird. Einzig in dem balinesischen Dorf Tenganan, aber auch auf der Nachbarinsel Lombok wird ein noch komplizierteres Ikat-Verfahren angewandt, das man **Doppel-Ikat** nennt. Abgebunden werden hierbei Kett- und Schussfäden. Die Herstellung eines Doppel-Ikat-Webstücks dauert Monate, wenn nicht gar Jahre. Doppel-Ikat-Stoffen schreiben die Insulaner magische Kräfte zu (▶ Baedeker Wissen, S. 258).

Tanz · Musik

Tänze als Touristenattraktion

Kein Tempelfest findet ohne mehrere Tanzdarbietungen statt. Balinesische Tänze werden heute auch touristen- und kameragerecht aufbereitet dargeboten. Ob das mit der Tradition noch etwas zu tun hat, mag jeder für sich selbst entscheiden. Allerdings wird es zunehmend schwieriger, einer vom Kommerz unbeeinflussten Tanzvorführung beizuwohnen, da diese oft in eher privatem Rahmen abends oder nachts stattfinden. Eine Chance, balinesische Tänze unverfälscht zu sehen, haben Reisende, die sich abseits der Touristenpfade bewegen und etwa in einem Dorf den prinzipiell problemlosen Kontakt zu den Einheimischen aufnehmen. Oft wird man dann zu einem gerade stattfindenden Fest eingeladen.

OBEN: Legong-Tänzerinnen in prächtigen Kostümen
UNTEN: Laut der balinesischen Mythologie ist der löwenartige Barong der König der guten Geister. Im Barong-Tanz wird der Kampf mit seiner Feindin, der Dämonenkönigin Rangda, dargestellt.

Barong-Tanz

Der Barong-Tanz ist wohl der berühmteste unter den balinesischen Tänzen und auch der am häufigsten gezeigte. Von ihm gibt es mehrere Versionen, die sich jedoch wenig unterscheiden. Eigentlich ist der Barong-Tanz wegen der Geschichte, die dabei erzählt wird, eher als Drama in mehreren Akten zu sehen. Begleitet von einem Gamelan-Orchester treten nacheinander die handelnden Personen – mit Tiermasken verkleidet – auf die Bühne. Zu Anfang wird ein **Legong-Tanz** (▶ S. 226) in Form eines Solos gezeigt. Die Hauptpersonen sind die **Hexe Rangda,** die mit einer handgeschnitzten und möglichst furchterregenden Fratzenmaske auftritt, und der **Barong,** eine Figur in der Gestalt eines Löwen, die von zwei Tänzern bewegt wird. Während Rangda für das Böse steht, symbolisiert der Barong das Gegenteil – zu wessen Gunsten der Kampf ausgeht, bleibt freilich offen.

Baris-Tanz

Der Baris-Tanz wird ausschließlich von Männern aufgeführt, die dabei verschiedene Waffen tragen. Aus der ursprünglichen Form, in der es keine tragende Rolle gab, entwickelte sich im Lauf der Zeit eine Form, die das solistische Können eines einzelnen Tänzers betont. Im Mittelpunkt des Tanzes stehen die unterschiedlichen Gefühle und Regungen eines Kriegers: Mut und Angst, Mitleid und Gefühllosigkeit gegenüber dem Feind, Freude über Sieg und Trauer über die Niederlage usw. Die begleitende Gamelan-Musik folgt beim Baris-Tanz den Bewegungen des Tänzers – nicht umgekehrt.

Kebyar-Tanz

Unter den Solistentänzen Balis ist der Kebyar-Tanz vielleicht der symbolhafteste; er entstand etwa um 1915. Obwohl von einem erwachsenen Mann getanzt, zeigt er die Verlockungen und Launen eines pubertierenden Jungen. Dabei kommt es weniger auf das Kostüm an – es genügt ein um die Hüfte geschlungenes Tuch mit langer Schleppe –, sondern mehr auf die Mimik und Gestik des Tänzers, der mit übereinandergeschlagenen Beinen auf dem Boden sitzt und nur mit dem Oberkörper und den Armen bzw. Händen »tanzt«.

Kecak-Tanz

Der nur von Männern vorgetragene Kecak-Tanz ist wohl einer der eindrucksvollsten Ritualtänze, die ein Bali-Besucher erleben kann; in jedem Fall ist er der geräuschvollste. Außerdem gilt er als jüngster unter den balinesischen Tänzen; in der heute getanzten Form entstand er erst in den 1930er-Jahren. Damals wurden in die Handlung Elemente des Ramayana-Epos eingebaut. Die Anregung dazu gab der Maler und Musiker **Walter Spies** (▶ Interessante Menschen), der bei den Dreharbeiten zu »Insel der Dämonen«, einem Dokumentarspielfilm über Bali (1932), als künstlerischer Berater fungierte.
Ursprünglich wurde der Kecak-Tanz aufgeführt, um böse Geister und Dämonen auszutreiben. Dabei sitzen zwischen 70 und 100 Männer mit bloßem Oberkörper in einem spiralförmig gebildeten Kreis; sie symbolisieren das Gefolge des Affen Hanuman. Von dem Geräusch,

einem durchdringenden »Tschak-tschak«, das die Männer, begleitet von beschwörenden Arm- und Oberkörperbewegungen, erzeugen, hat der Kecak seinen Namen erhalten.

Legong-Tanz

Wenn der Kebyar-Tanz die Launen eines pubertierenden Jungen zum Inhalt hat, so könnte man den Legong-Tanz als das weibliche Pendant dazu verstehen. Allerdings spielt die körperliche Reifung dabei nur insoweit eine Rolle, als mit dem Eintritt der ersten Menstruation das Mädchen die Befähigung verliert, als Legong-Tänzerin agieren zu können. Ein makelloser Körper ist die Voraussetzung dafür, dass ein Mädchen etwa im Alter von fünf Jahren den Legong-Tanz erlernen darf. Als Lehrerin fungiert dabei eine ausgebildete Tänzerin. Wie bei vielen asiatischen Tänzen spielt beim Legong die **»Sprache der Hände und Finger«** eine wichtige Rolle. Jede Körperbewegung, jede Handstellung und jede Fingerbewegung hat ihre Bedeutung. Der Legong wird von drei Mädchen getanzt, wobei eines zunächst als Solistin auftritt. Es erzählt die Geschichte des Fürstensohns Raja Lasern, der letztlich vergeblich um die Gunst des Mädchens Rangkesari wirbt und am Ende in einer Schlacht den Tod findet. Während des Tanzes wechseln die agierenden Mädchen zwar die Rollen, jedoch nicht die Kostüme. Deshalb ist der Legong-Tanz für die meisten nichtbalinesischen Zuschauer nur schwer verständlich.

Kris-Tanz

Das wichtigste Utensil bei diesem Tanz ist der Kris (Dolch), die mit magischen Kräften versehene, von einem Schutzgeist beseelte und deshalb **»heilige« Waffe der Indonesier.** Stets handgefertigt, meist überaus fantasievoll geschmückt und verziert, ist der Kris der Stolz eines jeden Mannes auf Bali und ein Symbol für dessen vollwertige Mitgliedschaft in der Dorfgemeinschaft. Auf seine Herstellung spezialisierte Handwerker gehören zu den angesehensten Berufsgruppen auf Bali. Wie man einen Kris korrekt anfertigt, wird von Generation zu Generation nur mündlich überliefert. Doch selbst dann kann der angesehenste Schmied nicht tätig werden, ohne einen Brahmanen nach dem günstigsten Zeitpunkt für das Schmieden des Rohlings gefragt zu haben.

Gamelan-Musik

Auf Bali gibt es kein Dorf, das nicht über ein Gamelan-Orchester verfügt, viele besitzen sogar mehrere. Unter dem Begriff Gamelan (▶ Baedeker Wissen, S. 228) werden allerdings unterschiedlich zusammengesetzte Musikgruppen zusammengefasst. So wird beispielsweise ein nur aus wenigen Spielern bestehendes Ensemble (Gamelan Legong) ebenso als Gamelan bezeichnet wie ein manchmal **bis zu 30 oder 40 Spieler** umfassendes Orchester (Gamelan Gong). Das Gamelan findet seine Verwendung bei allem, was auf Bali gefeiert wird, ebenso bei Tanz, Drama und Schattenspiel. Das Wort »Gamelan« kommt aus der altjavanischen Sprache und bedeutet so viel wie »anfassen«. Auch die Wurzeln der balinesischen Musik sind auf der

Nachbarinsel Java zu suchen. Allerdings entwickelten sich auf Bali im Lauf der Jahrhunderte unterschiedliche Zusammenstellungen, Ausformungen und Benennungen der benutzten Instrumente. Gebaut wurden die ersten Instrumente bereits in der Bronzezeit (2./1. Jtd. v. Chr.). Über Jahrhunderte hinweg wurden die Melodien von Generation zu Generation weitergegeben; auch heute noch pflegt man – auf der Basis formaler Regeln – die freie Improvisation und das Musizieren aus dem Gedächtnis.
Zwar wurden in früherer Zeit einige Kernmelodien auf Palmblättern festgehalten, doch erst dem deutschen Maler und Musiker Walter Spies (▶ Interessante Menschen) sowie dem US-Amerikaner Colin McPhee, die sich in den 1920er- bzw. 1930er-Jahren intensiv mit der balinesischen Musik beschäftigten, ist es zu verdanken, dass etliche Musikstücke für Gamelan-Orchester in einer eigens für diesen Zweck entwickelten Notenschrift niedergeschrieben wurden. Dies macht sie seither auch einem interessierten westlichen Publikum zugänglich.

Wayang

Schattenfigurenspiel

Im Mittelpunkt des manchmal Stunden dauernden Schattenfigurenspiels, **Wayang Kulit,** hinter einer weißen Leinwand, die vom flackernden Schein einer Petroleumlampe ausgeleuchtet wird, steht der Dhalang genannte Akteur. Er hat die Aufgabe, die meist aus gegerbtem Büffelleder gefertigten, flachen Figuren zum Leben zu erwecken. Dabei entwickelt er eine außerordentliche Kunstfertigkeit und hantiert gleichzeitig mit bis zu zehn Figuren. Die Handlung beim Wayang Kulit fußt auf Motiven aus den indischen Epen **Ramayana und Mahabharata** (▶ S. 230). Es ist fester Bestandteil eines Tempelfests, wird aber manchmal auch während der Feierlichkeiten anlässlich eines Durchgangsritus aufgeführt. Vor der Leinwand sitzt das von der Erzählung in den Bann geschlagene Publikum aller Altersstufen und folgt fasziniert, zuweilen in atemloser Spannung, den Bewegungen und den oft in monologisierender Form gesprochenen Texten. Für die musikalische Begleitung sorgt ein Gamelan-Ensemble mit sparsamer Instrumentierung.

Maskenspiel

Beim Maskenspiel **Wayang Topeng** steht die Maske und weniger die sie tragende Person im Mittelpunkt der Handlung. Wenn der Tänzer die Maske aus dem Tuch nimmt, in dem sie aufbewahrt wird, und sie aufsetzt, nimmt er die Rolle an, die die Maske vorgibt. Dem Moment des Aufsetzens geht deshalb eine gewisse Zeit der inneren Einkehr, der Meditation, voraus, während der sich der Maskenträger vollkommen in die Rolle einfindet. Topeng-Masken gibt es zwar auch im Souvenirhandel, doch kämen solche Masken für die Aufführung eines Wayang Topeng nie infrage. Zur Aufführung vorgesehene Masken gelten als be-

WAYANG KULIT

Vermutlich stammt das Schattenfigurenspiel Wayang Kulit aus vorhinduistischer Zeit, als man glaubte, durch die Schatten mit den Geistern der Vorfahren in Verbindung treten zu können. Später griffen die Handlungen vor dem Hintergrund altbalinesischer Vorstellungen Themen aus den indischen Epen Ramayana und Mahabharata auf.

▶ Blick hinter die Kulissen
Der Zuschauer erlebt nur die Schatten (wayang) der kunstvoll aus Leder (kulit) geschnitzten und aufwendig mit Farben bemalten Spielfiguren.

Tiere

Böse Typen
haben runde Augen, dicke Nasen, ausgeprägte Eckzähne und plumpe Gliedmaßen.

Gute Charaktere
haben schmale Mandelaugen, eine spitze Nase und lange, schlanke Gliedmaßen.

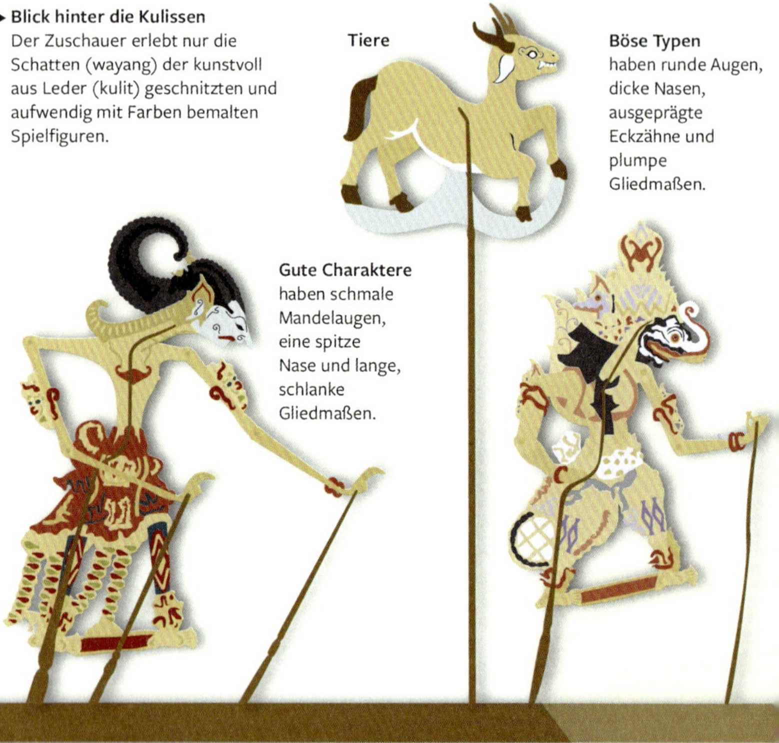

▶ Ein Theater voller Symbolik
Neben den unterschiedlichen Charakteren der Puppen tragen auch die Teile des Theaters eine besondere Symbolik.

Dhalang: verkörpert die Taten Gottes
Bananenstamm: symbolisiert die Erde
Spielschirm: wird mit dem Himmel gleichgesetzt
Lampe: ein Symbol für das Licht des Lebens
Puppenkiste: symbolisiert die Menschenwelt

Puppenkiste für neue Puppen

▶ **Die Verbreitung des Schattenspiels**
Im Mittelalter kam das Schattenspiel nach Kleinasien. Noch heute hat es während des Ramadan als Karagöztheater Tradition. In Europa ersetzte das Schattenspiel das klassische Theater vor allem im ländlichen Raum als Theater für die Unterschicht. Seinen Höhepunkt erlebte es im 18. und 19. Jahrhundert, insbesondere in Frankreich als »ombres chinoises«.

Spaßmacher
unterhalten die Zuschauer und übersetzen die Kawi-Texte ins Balinesische. Mit ihren dicken Bäuchen und skurrilen Körperproportionen tragen sie die Komik der Aufführung.

Kayonan
ist eine Art stilisierter Weltenbaum. Mit seinen Auftritten beginnt und endet jedes Spiel. Auch Szenenwechseln und wichtigen Auftritten geht er voran, ehe er sich auf dem Bananenstamm zur Ruhe begibt.

Der Puppenspieler »Dhalang«
spielt traditionell eine sehr wichtige Rolle. So lässt er die Puppen nach fest vorgegebenen zeremoniellen Schritten auftreten, von einer Kiste zur nächsten wandern und vermittelt so seine Botschaft. Ein Gamelan-Orchester begleitet den Spieler.

seelt und heilig, ihre Herstellung ist deshalb an streng vorgegebene Rituale geknüpft. Die Handlung eines Wayang Topeng besteht aus Geschichten aus der Zeit, als Bali noch von Fürsten regiert wurde.

Literatur

Die balinesische Literatur hat ihren Ursprung in der indischen Dichtung. Wie in vielen anderen asiatischen Ländern sorgten Missionare dafür, dass Erzählungen, Märchen und Legenden aus Indien auch nach Bali gelangten und von den dort lebenden Menschen nach ihrem Verständnis abgeändert wurden. Die Grundlagen des jeweiligen Werks sind aber meist noch erkennbar.

Ramayana

Das Ramayana ist die **bedeutendste Erzählung indischer Herkunft**; es ist eine Art ritterlicher Dichtung. Zentrales Thema ist der immerwährende Kampf zwischen Göttern und Dämonen. Erste Teile wurden möglicherweise schon im 3. Jh. v. Chr. aufgezeichnet. Insgesamt umfasste das Werk 24 000 Verse. Später fügten unbekannte Chronisten zwei weitere Bücher hinzu; darin wird der Held der Erzählung zu einer Inkarnation des Gottes Vishnu. Das Ramayana gestattet nicht nur eine einzige Lesart; die Textvarianten unterscheiden sich je

Tänzer führen beim »Internationalen Ramayana-Festival« in Denpasar das Rama-Epos auf.

nach regionaler religiöser Auffassung und erlauben eine Vielzahl von abweichenden Interpretationen, die oft nur noch einen Teil des ursprünglichen Handlungskerns erkennen lassen. Im Folgenden wird die auf Bali gebräuchliche Handlung erzählt.
Vishnu kommt in der Person des Rama zum siebten Mal auf die Erde und wird als einer der drei Söhne von Rajah Desarata, des Königs von Ayodhaya (einer Stadt am Fluss Sarayu in Nordindien), geboren. Rama verliebt sich in die Königstochter Sita, auch Sinta genannt, und erlangt die Gunst ihres Vaters, da er als Einziger in der Lage ist, dessen Bogen zu spannen. Doch stellt sich nun das Problem, dass Rajah Desarata vor Jahren seiner ersten Frau versprach, ihr zwei Wünsche zu erfüllen. Obwohl er seinen Lieblingssohn Rama gern zum Nachfolger gemacht hätte, muss er sein Versprechen halten und erklärt stattdessen seinen zweiten Sohn Betara zum Thronfolger. Noch härter trifft ihn aber die zweite Forderung, nämlich dass er Rama für die Dauer von 15 Jahren verbannen muss. Als Desarata stirbt und Betara den Thron besteigt, verlassen Rama und Sita mehr oder minder freiwillig ihre Heimatstadt, obwohl Betara zugunsten seines Stiefbruders auf Amt und Würden verzichten will.
Die schöne Sita wird aber vom Dämonenkönig Rawana entführt, der sie zwingen will, bei ihr zu leben. Rama erinnert sich nun an seine von Brahma gestellte Lebensaufgabe, den Dämonenkönig zu vernichten. Brahma hatte Rawana nämlich einst zugesichert, dass kein Gott ihn besiegen könne. Als Ausweg besann er sich jedoch auf die List, Vishnu als wiedergeborenen Menschen auf die Erde zurückkommen zu lassen.
Der Sieg über Rawana gelingt Rama nach etlichen mit Unterstützung des Affenkönigs Sukriwa und dem Affen Hanuman bestandenen Abenteuern. Hanuman gelingt es zunächst, sich in Sitas Gefängnis einzuschleichen und ihr die Nachricht zu überbringen, dass Rama unterwegs sei, um sie zu befreien. Rawana nimmt Hanuman gefangen; der kann sich aber befreien und mit seinem brennenden Schwanz den Palast anzünden. Mit Unterstützung des Meeresgottes Waruna baut einer der Affen eine Brücke vom indischen Festland zur Insel Ceylon (Sri Lanka), wohin Rama mit Sita und seinem Gefolge auch fliehen kann. Rawana verfolgt ihn jedoch und verwickelt ihn in ein sechs Tage und sechs Nächte dauerndes Gemetzel, an dessen Ende Rama als strahlender Sieger feststeht. Rama und Sita kehren in ihre Heimatstadt zurück, wo Ramas Stiefbruder Betara ihm erneut das Amt des Herrschers anbietet. Das Volk aber ist gegen diese Verbindung, solange Sita nicht bewiesen hat, dass Rawana sie während des Kampfes nicht mit seinen schlechten Gedanken beeinflusst hat. Sie besteht die Prüfung: Zum Zeichen ihrer Unschuld entsteigt sie unverletzt einem brennenden Scheiterhaufen.

Mahabharata

Noch umfangreicher als das Ramayana ist die indische Erzählung Mahabharata. Sie umfasst 110 000 Doppelverse und **hat vermutlich**

einen historischen Kern, den Kampf der Pandava, der fünf Söhne des Königs Pandu, Herrscher über das Gebiet um das heutige Delhi. Freilich wird auch hier die eigentliche Handlung von einer großen Zahl anderer Dichtungen, Götter- und Heldensagen, Liebesgeschichten, religiösen und philosophischen Abhandlungen umrankt, die mit der Kernhandlung nur noch in losem Zusammenhang stehen.
Das Mahabharata entstand etwa zwischen dem vierten vorchristlichen und dem vierten nachchristlichen Jahrhundert. Im Hinduismus spielt der Teil des Gesamtwerks, in dem die Geschehnisse vor der entscheidenden Schlacht zwischen den Pandava und den Kaurava erzählt werden, die wichtigste Rolle.

INTERESSANTE MENSCHEN

Besuchte Bali 1937: Vicki Baum

1888 – 1960 Schriftstellerin und Harfenistin

Die in Wien geborene Schriftstellerin Vicki (auch Vicky) Baum kam 1935, zur Zeit der niederländischen Kolonialherrschaft, nach Bali. Fasziniert von den Menschen, die unbeeindruckt von den fremden Herren ihre eigenständige Kultur bewahrten, ließ sie sich während ihres neunmonatigen Aufenthalts auf Bali zu dem Buch »Liebe und Tod auf Bali« inspirieren, das 1937 erschien. Es gelang ihr nicht nur, tief in die Geschichte der Insel und ihrer Bewohner einzudringen, sie **verstand auch die Mentalität der Balinesen.** Am Beispiel eines balinesischen Dorfs schildert sie, welchen Einfluss die Niederländer auf das traditionell dörfliche Leben der Menschen auszuüben versuchen, was ihnen jedoch nur höchst oberflächlich gelingt. Vicki Baum starb am 29. August 1960 in Hollywood.

Exzentrischer Künstler: Antonio Maria Blanco

1926 – 1999 Maler

Zu den bedeutendsten Malern, die Bali zum Ort ihres künstlerischen Wirkens erkoren haben, zählte der Spanier Antonio Maria Blanco. Nach dem Schulbesuch in der philippinischen Hauptstadt Manila studierte er an der Kunstakademie in New York und lebte dann in Florida, Kalifornien, Honolulu, Oahu, Hawaii und Japan. 1952 kam Blanco zum ersten Mal nach Bali, wo sein mit vielen Preisen ausgezeichnetes künstlerisches Werk, in dem sich **skurril-impressionistische mit**

Mit ihrem Roman »Liebe und Tod auf Bali« eröffnete Vicki Baum einen Blick auf die exotische Kultur der Insel.

erotischen Elementen vermischen, den Sohn des Fürsten von Ubud stark beeindruckte. Dieser überließ ihm eine ehemalige Sommerresidenz inmitten einer großzügigen Gartenanlage als Wohnsitz und Atelier. Anfang der 1950er-Jahre verließ Blanco Bali, um wenige Jahre später endgültig dorthin zurückzukehren. Der Maler, der die Kunst der Selbstdarstellung geradezu meisterhaft beherrschte, war mit einer Balinesin verheiratet und gestaltete bis zu seinem Tod 1999 den größten Teil seines Wohnsitzes in Ubud zu einem Museum aus.

Prägte das Bild Balis: Walter Spies

1895 – 1942
Maler und Musiker

Der in Moskau als Sohn einer reichen und angesehenen Kaufmannsfamilie geborene Walter Spies gehört zu den Malern, deren Werk durch den Aufenthalt auf Bali stark beeinflusst wurde. Spies lebte bis zu seinem 15. Lebensjahr in der russischen Hauptstadt und siedelte dann mit seiner Familie nach Dresden um, wo er das Gymnasium besuchte. In Berlin fand er Anschluss an Maler wie Oskar Kokoschka oder Otto Dix sowie an den Komponisten Ernst Krenek. 1923 fuhr er nach Java, wo er in den ersten Wochen seinen Lebensunterhalt als Barpianist verdiente. Am 1. Januar 1924 ernannte ihn der Sultan von Yogyakarta zum Dirigenten seines nach westlichen Maßstäben gebildeten Hoforchesters, doch schon bald machte sich Spies auch einen Namen als Musikforscher. Er lernte, alle im Gamelan-Orchester gebräuchlichen Instrumente zu spielen, und sammelte eifrig altjavanische, später auch balinesische Kompositionen. Außerdem machte er sie auf nach europäischer Tonart gestimmten Instrumenten auch der westlichen Welt zugänglich.

Im Jahr 1925 kam Spies zum ersten Mal nach Bali, wohin er zwei Jahre später endgültig übersiedelte. Dort lebte er, fasziniert von der Landschaft und den Menschen, im Palast der kunstsinnigen Fürsten von Ubud. Später baute er ein eigenes Haus, nannte es **»Campuan«** und machte es zum **Treffpunkt zahlreicher Künstler**, die ganz oder zeitweise auf Bali lebten; u. a. wohnte Vicki Baum in »Campuan« und schrieb dort ihren Roman »Liebe und Tod auf Bali«. Spies beeinflusste einheimische Maler, lernte aber auch von ihnen.

Als 1940 deutsche Truppen in die Niederlande einmarschierten, wurden auch die deutschen Staatsbürger im damaligen Niederländisch-Indien interniert, unter ihnen Walter Spies. Als sie im Januar 1942, nur wenige Tage vor der japanischen Invasion, nach Britisch-Indien verlegt werden sollten, versenkte eine japanische Fliegerbombe das Schiff; es gab nur wenige Überlebende, Spies war nicht unter ihnen.

Walter Spies wird auf Bali bis heute hoch verehrt. Einige seiner schönsten Werke sind im Neka-Museum in Ubud zu sehen.

Erster Präsident Indonesiens: Achmed Sukarno

1901 – 1970
Politiker

Der Gründer des souveränen Staats Indonesien, Raden Ahmed Sukarno, wurde am 6. Juni 1901 in Blitar auf Java als Sohn eines javanischen Vaters und einer balinesischen Mutter geboren. Nach dem Schulbesuch in Surabaya und anschließendem Ingenieurstudium wandte sich Sukarno schon in jungen Jahren einer nach Unabhängigkeit strebenden Politik zu, gründete 1927 die »Partai Nasional Indonesia« (PNI) und stellte sich an ihre Spitze.

Von 1929 bis 1932 war Sukarno inhaftiert und wurde 1933 von der niederländischen Kolonialregierung auf die Insel Flores, 1938 nach Sumatra verbannt; 1942 von den Japanern befreit, arbeitete er mit diesen zusammen für die Unabhängigkeit seines Landes: Sukarnos erklärtes Ziel war es, **das Joch der Kolonialherrschaft abzuschütteln.** Die größte Schwierigkeit bestand darin, alle Provinzfürsten davon zu überzeugen, dass ein gemeinschaftliches Handeln zur Gründung eines einheitlichen Staatsgebildes notwendig war. Diese Gründung erfolgte am 17. August 1945, als er gemeinsam mit Mohammed Hatta, einem Weggefährten aus der Untergrundbewegung, den Staat Indonesien ausrief, der jedoch erst 1949 von den Niederlanden anerkannt wurde. Während Sukarno das **Prinzip der »gelenkten Demokratie«** mit

einem mächtigen Mann an der Spitze verwirklichen wollte, bevorzugte Hatta eine Demokratie nach westlichem Vorbild.
Sukarno war stets darum bemüht, zwischen den politischen und gesellschaftlichen Gruppierungen Indonesiens ein gewisses Gleichgewicht zu schaffen und zu erhalten. Die Grundlage hierfür bildeten die von ihm formulierten **Fünf Prinzipien** (Panca Sila), in denen er eine Verbindung zwischen hindu-javanischen, islamischen und sozialistischen Wertvorstellungen herzustellen versuchte (Glaube, Nationalismus, Demokratie, Menschlichkeit, eine gerechte und wohlhabende Gesellschaft). Diese Basis einer dynamischen Gesellschaft, die ihre Grundsätze immer wieder diskutieren und neu festlegen soll, ist nach wie vor auf unzähligen Denkmälern, Mauern und Plakaten im ganzen Land zu sehen und soll alle Indonesier an die gemeinsame Nation erinnern. Während Sukarnos Regierungszeit nahm der Einfluss der kommunistischen Parteien in vielen asiatischen Ländern zu. Gegen Ende der 1950er-Jahre näherte sich Sukarno der Volksrepublik China an und ging etwa ab 1963 auf Distanz zum westlich orientierten Malaysia. Undurchsichtig blieb seine Rolle während eines von den Kommunisten inszenierten und blutig niedergeschlagenen Putschversuchs 1965, was dann auch eine der Ursachen für Sukarnos Sturz zwei Jahre später war. Zunächst beschnitt man seine Rechte als Staatspräsident, 1967 setzte ihn General Suharto ab und stellte ihn unter lebenslänglichen Hausarrest. Raden Ahmed Sukarno starb am 21. Juni 1970 in Jakarta.

Der Erfinder des Reiseführers: Karl Baedeker

Als Buchhändler kam Karl Baedeker viel herum, und überall ärgerte er sich über die »Lohnbedienten«, die die Neuankömmlinge gegen Trinkgeld in den erstbesten Gasthof schleppten. Nur: Wie sollte man sonst wissen, wo man übernachten könnte und was es anzuschauen gäbe? In seiner Buchhandlung hatte er zwar Fahrpläne, Reiseberichte und gelehrte Abhandlungen über Kunstsammlungen. Aber wollte man das mit sich herumschleppen? Wie wäre es denn, wenn man all das zusammenfasste? Gedacht, getan: Zwar hatte er sein erstes Reisebuch, die 1832 erschienene »Rheinreise«, noch nicht einmal selbst geschrieben. Aber er entwickelte es von Auflage zu Auflage weiter. Mit der Einteilung in »Allgemein Wissenswertes«, »Praktisches« und »Beschreibung der Merk-(Sehens-)würdigkeiten« fand er die klassische Gliederung des Reiseführers, die bis heute ihre Gültigkeit hat. Bald waren immer mehr Menschen unterwegs mit seinen **»Handbüchlein für Reisende, die sich selbst leicht und schnell zurechtfinden wollen«**. Die Reisenden hatten sich befreit, und sie verdanken es bis heute Karl Baedeker.

E

ERLEBEN & GENIESSEN

Überraschend, stimulierend, bereichernd

Mit unseren Ideen erleben und genießen Sie Bali.

Prachtvoll kostümierte Tänzerinnen bei einer Parade anläßlich des Bali Arts Festival ▶

BEWEGEN UND ENTSPANNEN

Surfen, Golfen, Trekking – natürlich verlockt auch Bali zu sportlicher Betätigung. In erster Linie aber gilt es, die Insel zu Fuß zu entdecken.

Bali entdecken Hinter jeder Ecke, jedem Hügel öffnet sich, besonders im Inselinneren, ein neuer, ungewöhnlicher Anblick – man passiert schnatternde Enten, begegnet Bauern auf dem Weg zu ihren Reisfeldern, man wird begrüßt von lächelnden Schulkindern und plötzlich steht man am Eingang einer festlich geschmückten Tempelanlage und trifft auf steinerne Buddhas, Götter und Dämonen. Auch mit dem Fahrrad lässt sich Bali bestens erkunden, vorausgesetzt, man vermeidet die dicht befahrenen Hauptstraßen. Zahlreiche Hotels halten heute für ihre Gäste Fahrräder bereit. Beliebt sind die von vielen Hotels organisierten Fahrradtouren, ein bis zwei Stunden »Ausfahrt«, in denen man mit Staunen feststellt, dass in unmittelbarer Nachbarschaft balinesisches Dorfleben in all seinen Facetten zu entdecken ist. In den Touristenzentren Sanur, Kuta und Legian gibt es mittlerweile zahlreiche Fahrradverleiher. Selbstverständlich sollte man sich vor der Übernahme eines gemieteten Fahrrads von dessen Verkehrssicherheit überzeugen. Geführte **Radtouren** mit Mountainbikes, z. B. auf dem »Batur Trail«, veranstaltet das alteingesessene Unternehmen »Sobek« in Kuta.

Badeurlaub Bali ist nicht unbedingt ein Paradies für Badeurlauber. Strände mit leuchtend weißem Korallensand sucht man vergebens; das liegt daran, dass der Sand mit Vulkanasche durchsetzt ist. Wer sich darauf eingestellt hat, ist in den Badeorten Kuta, Legian oder Nusa Dua (Südbali), bei Candi Dasa (Ostbali) oder am Lovina Beach (Nordbali) gut aufgehoben. Sehr schöne Strände gibt es auf Lombok und den vorgelagerten Inseln Gili-Inseln. Beim Schwimmen und Schnorcheln sollte man Sonnenschutzmittel mit hohem Schutzfaktor benutzen und, da die Strände nicht selten verschmutzt sind, Badeschuhe tragen. Die zum Baden und Schwimmen geeigneten Strände sind gekennzeichnet. An anderen Stellen kann es lebensgefährlich werden, da sich zum einen die Brandung zeitweise mehrere Meter hoch auftürmt, zum anderen gefährliche, nicht auf den ersten Blick erkennbare **Unterwasserströmungen** auftreten, die selbst geübte Schwimmer in ernste Schwierigkeiten bringen können.

Golf Berühmt ist der im Hochland von Bedugul gelegene, farbenprächtig bepflanzte 18-Loch-Platz **Bali Handara Golf Course,** einzigartig an-

gelegt inmitten eines erloschenen Vulkankraters. Der über 6 km lange Kurs liegt in einer Höhe von 1142 m, was angenehme und konstante Temperaturen von 16 bis 20 °C bedeutet (Greenfee: 150 US-$). Neben einem Clubhaus gibt es u. a. ein Fitnesscenter sowie ein Restaurant. Zwischen den Hotelanlagen von Nusa Dua, direkt am Indischen Ozean, liegt der 18-Loch-Platz des **Bali Golf & Country Club,** für Urlauber, die in einem der anspruchsvoll gestalteten Resorts wohnen, bequem mit dem Fahrrad zu erreichen. Die Greenfee auf dem 6263 m langen Kurs beträgt 165 US-$. Von November bis März sollte man Abschlagszeiten in den kühleren Morgen- und Nachmittagsstunden reservieren, in der übrigen Zeit erlauben kühlende Meeresbrisen auch Spielzeiten in den Mittagsstunden.
Anspruchsvoll und im Einklang mit der umgebenden Natur wurde in Lombok der 18-Loch-Platz **Lombok Golf Kosaido** gestaltet (Greenfee: 60 US-$). Ca. 40 Autominuten von Senggigi entfernt, bietet der Kurs Ausblicke auf die Gili Islands und auf den Mt. Rinjani.

Rafting

Wildwasserfahrten kann man auf Bali auf dem Fluss Ayung unternehmen. Der Startplatz liegt bei dem kleinen Ort Kedewatan bei Bedugul; bis zum Ziel etwas oberhalb von Ubud sind es ca. 11 Kilometer. Zur Verfügung stehen geeignete Schlauchboote, die von reviererfahrenen Begleitern gesteuert werden. Allerdings ist das Ganze ein nicht ganz billiges Vergnügen (ca. 1 Mio. Rp.)

Segeln

Rings um Bali gibt es sehr reizvolle Segelreviere. Die Zahl der Anbieter von Charterbooten ist jedoch begrenzt; üblicherweise muss die revierkundige Crew mitgechartert werden.

Surfen

Wellenreiten auf der Brandung vor den balinesischen Küsten kann verlockend sein, besonders wenn man ein geübter Surfer ist. Anfänger sind am besten zwischen Kuta und Seminyak aufgehoben. Anspruchsvollere Reviere findet man südlich des Flughafens und in Canggu, 20 Min. nordwestlich von Legian. Wahre Könner zieht es zu den hohen Wellen vor Bukit Badung nahe dem Pura Luhur Ulu Watu, nach Nusa Lembongan oder Padang Padang.

Tauchen

Bali ist nicht unbedingt ein Reiseziel für Tauchsportfreunde, hat aber einige wunderschöne Tauchplätze für Anfänger und Fortgeschrittene zu bieten. Mehrere Hotels in Nusa Dua, Sanur und Kuta sowie am Senggigi Beach auf Lombok verfügen über Tauchsportbasen, in denen die notwendige Ausrüstung ausgeliehen werden kann. Es ist auch möglich, das weltweit anerkannte »PADI-Brevet«, eine Art Grundausbildung für Taucher, zu erwerben. Schöne Tauchreviere befinden sich bei Sanur, Nusa Dua, Padang Bai, Tulamben, Gili Tepekong (▶ Baedeker Wissen, S. 86), Amed, Singaraja-Lovina sowie rund um die Inseln Menjangan und Penida.

Wellness und Yoga

In Sachen Wellness blickt Bali auf eine lange Tradition zurück. Weltweit scheint es hier die meisten Spas zu geben (▶ Das ist Bali S. 16). Neben den freundlichen Balinesinnen, die Besuchern in den Wellnesshotels jeden Wunsch von den Augen ablescn - egal ob Massage, Peeling oder Blütenbad, reicht ein Blick auf die atemberaubende Natur der Insel, um von den Sorgen daheim »abzuschalten«. Das Grün der Palmen, durchsetzt mit vielfältigen farbenfrohen Blüten, schafft die ideale Kulisse, um die Seele baumeln zu lassen. Yoga war zwar nie Teil der balinesischen Kultur, hat aber viele Gemeinsamkeiten mit der Einstellung, dem Glauben und Denken der Balinesen. Kein Wunder, dass es immer mehr Angebote gibt: ob Yogaschulen, Yoga Retreats, Yogalehrer-Ausbildungen, Ashrams oder Yoga Festivals.

YOGA AUF DEM UFO

Die riesige Schale sieht aus wie ein UFO, das gerade inmitten von Reisfeldern am Fluss Ayung gelandet ist. Sie ist gefüllt mit Wasser und Lotosblumen, auf ihrem Rand hockt ein Mädchen: bildhübsch, mit zum Pferdeschwanz gebundenem, pechschwarzem Haar. Im Yoga-Sitz, die Fingerspitzen nach oben gerstreckt, den Blick stoisch in die Ferne gerichtet, als wolle sie Kontakt aufnehmen mit der fernen Galaxie, aus der das vermeintliche UFO stammt.
(▶Hotel Four Seasons at Sayan, S. 169)

NÜTZLICHE ADRESSEN

GOLF

BALI HANDARA GOLF COURSE
Desa Pancasari
Tel. 03 62 3 42 26 46
www.balihandarakosaido.com

BALI GOLF & COUNTRY CLUB
Kawasan Wisata
Nusa Dua
Tel. 03 61 77 17 91
www.baligolfandcountryclub.com

LOMBOK GOLF KOSAIDO
Jl. Raya Tanjung Sire Bay
Lombok
Tel. 03 61 8 52 85 21
www.baligolfclubs.com

RADTOUREN

SOBEK
Jl. Bypass Ngurah Rai
Simpang Siur
Kuta
Tel. 03 61 76 80 50
www.balisobek.com
Bietet auch Rafting-Touren an.

RAFTING

P.T. BALI ADVENTURE TOURS
Jl. Bypass Ngurah Rai
Pesanggaran
Tel. 03 61 72 14 80
www.baliadventuretours.com

REITEN

UMALAS EQUESTRIAN RESORT
Jl. Lestari 9
Banjar Umalas Kauh
Kuta
Tel. 03 61 73 14 02
www.balionhorse.de
Begleitete Ausritte zum und am Strand, auch durch Reisfelder und Dörfer; für Kinder stehen Ponys bereit; deutschsprachig.

STABLE KUDA BAHAGIA
Jl. Pura Dalem Lingsir
Banjar Pengembungan
Pererenan
Tel. 03 61 3 65 55 97
www.balihorseadventure.com
Durch ein Dorf und Reisfelder reitet man in zehn Minuten zum Strand und bis nach Kuta.

RUNDFLÜGE

BALI AVIA
Jl. Bypass 04, Tuban 8036
Kuta
Tel. 03 61 75 12 57
www.indo.com/travel_agents/bali_avia

TAUCHEN

BALI MARINE SPORTS
Jl. Kesumasari 9
Semawang
Sanur
Tel. 03 61 28 93 08
www.bmsdivebali.com

BARUNA WATER SPORTS
Puri Bagus
Lovina
Tel. 03 61 75 38 20
www.bagus-discovery.com
Baruna Water Sports unterhält Buchungsbüros in einigen größeren Hotels auf Bali und am Senggigi Beach auf Lombok.

TYPISCHE GERICHTE

Die Qualität und der Geschmack der traditionellen Gerichte variieren je nach Zubereitungsart und verwendeten Gemüsen. Am besten schmeckt es meist in den kleinen, landestypischen Restaurants und Garküchen, und da diese in der Regel hygienisch unbedenklich sind, kann man dort Platz nehmen und sich auf ein kleines kulinarisches Abenteuer einlassen.

Gado-Gado: In jedem Restaurant auf Bali gibt es dieses günstige und obendrein recht schmackhafte Gemüsegericht. Zu Gado-Gado, das mit Erdnusssauce serviert wird, gehören in Scheiben geschnittene Kartoffeln, frische Sojasprossen, grüne Bohnen, Karotten, Weißkohl, frische Salatgurken und ein hartgekochtes Ei.

Tahu Goreng kacang: Frittierte Tofu-Würfel werden in eine Sauce aus zerstoßenen Erdnüssen, Knoblauch, Sambal Olek, Schalotten und Sojasauce gegeben. Nach und nach wird Kokosmilch eingerührt und mit Chilipaste und frischem Zitronensaft gewürzt. Das Gericht wird serviert mit frisch geraspelten Salatgurken und Karotten, die als Unterlage auf einen Teller kommen, darauf gibt man die Erdnusssauce sowie frische Sojasprossen. Beliebt ist auch die Version ohne Erdnüsse.

Soto Ayam: Gehaltvolle Hühnersuppe, die mit frischem Ingwer, Koriandersamen, Kreuzkümmel und Zitronengras gewürzt ist; dazu kommen Karotten, Hühnerfleisch, Sojasprossen und viel frischer Koriander. Zum Servieren gibt man Sojasprossen in die Suppentassen, darauf die heiße Brühe. Garniert wird das Ganze mit gekochten und in kleine Stücke geschnittenen Eiern sowie fein zerkleinerten Frühlingszwiebeln.

Ikan Goreng: Ikan ist das indonesische Wort für Fisch, der auf Bali in ungezählten Variationen zubereitet wird. Ikan Panggang heißt der in Bananenblättern gegrillte Fisch, Gulai Ikan bezieht sich auf die Zubereitung mit Kokosmilch und Gewürzen, Ikan Kecap wiederum sind Fischsteaks, die mit vielen Gewürzen gebraten und mit Sojasauce abgeschmeckt werden; Ikan Bali heißen die in Erdnussöl goldbraun ausgebackenen Fischsteaks, die mit einer Sauce aus Knoblauch, Ingwer, Zitronenschale, Palmzucker und Sojasauce serviert werden.

Bebek betuta: Ein Klassiker der balinesischen Küche ist in Bananenblättern geschmorte Ente. Sie wird gern zu Familienfesten serviert und ist mittlerweile auch auf der Speisekarte vieler Restaurants anzutreffen. Der Geschmack variiert je nach der betreffenden Gewürzpaste, mit der das Fleisch eingerieben wird; zerstoßene Chilis, Knoblauch und Erdnüsse gehören aber stets dazu. Die Ente wird mit einer Mischung aus Gewürzpaste und frischem Spinat gefüllt, manchmal auch mit einer auf Bali angebauten Kohlart, und im Backofen gegart – das Ergebnis duftet und schmeckt unwiderstehlich.

Babi Guling: Das Lieblingsgericht vieler Balinesen: über Holzkohle gegrilltes Spanferkel, das gefüllt wird mit einer Mischung aus Schalotten, klein geschnittenen Knoblauchzehen, frischem Ingwer, etlichen klein gehackten Chilischoten, zerstoßenen Pfefferkörnern und Limonenblättern. Dazu gibt es Reis, verschiedene Chilisaucen sowie traditionell das Jukut Nangka Mekuah genannte Fleisch der in Kokosmilch gekochten Jackfrucht.

Früchte

Kunstvolle Präsentation

Auf Bali ist die **Kunst der Obst- und Gemüseschnitzerei** weit verbreitet. In den Küchen großer Hotels gibt es spezialisierte Mitarbeiter, die wahre Meister im Gestalten von Früchten und Gemüse sind.
Ananas (Nanas) gibt es frisch von April bis Juli. Einige Sorten werden vor Ort üblicherweise in angegorenem Zustand verzehrt, was abführende Wirkung haben kann. **Bananen** (Pisang) gibt es das ganze Jahr über. Sie werden mit süßer Kokosmilch getränkt und gegrillt. Tipp: Je kleiner die Banane, desto süßer schmeckt sie.
Wenn auch für Europäer gewöhnungsbedürftig, gilt doch das etwas mehlige Fleisch der **Durianfrucht** – wegen ihres unangenehm strengen Geruchs auch Stinkfrucht genannt – bei den Asiaten als Delikatesse (reif von April bis Juni).
Dagegen ist die **Jackfrucht** (Nangka), eine bis mehrere Kilogramm schwere, rundliche Frucht, süß und aromatisch. Sie wird in Scheiben geschnitten und auf Eis serviert (August und September). Verbreitet ist auch die gelbgrüne bis dunkelblaue, ovale **Passionsfrucht** (Grenadille; bis 20 cm lang). Ihr saftiges, geleeartiges Fruchtfleisch wird ausgelöffelt und schmeckt säuerlich-süß.
Das Fruchtmark der **Kokosnuss** (Kelapa) wird nach dem Abgießen der Kokosmilch mit einem schmalen Löffel herausgelöst. **Limonen** sind die einheimische Alternative zur Zitrone; es gibt sie das ganze Jahr über. Die größeren gelben Zitronen müssen importiert werden und sind daher recht teuer. **Lychees** werden weniger auf Bali, eher in anderen Landesteilen Indonesiens angebaut. Das helle Fleisch der – wenn reifen – außen rötlichen Frucht schmeckt süß und frisch (Mai bis August). Neben Ananas ist die **Mango** (Mangga) bei Touristen wohl die beliebteste Tropenfrucht; nur bei voller Reife (gelbe Schale; begrenzt haltbar) ist sie süß, saftig und aromatisch. Sie wird in der Mitte zerteilt, das Fruchtfleisch ausgelöffelt oder ausgesogen (März bis Juni).
Orangen haben in Indonesien eine dünne, grüne Schale; bei gelber Färbung sind sie besonders süß. **Grapefruits,** meist mit dem wohlschmeckenden rosa Fruchtfleisch und das ganze Jahr über frisch, werden gern mit einer Prise Salz gegessen. **Papaya**, die Frucht des Melonenbaums, beim Hotelfrühstück in Hälften mit einer halben Zitrone serviert, ist die billigste aller asiatischen Früchte und an jedem Marktstand das ganze Jahr über zu haben. Doch Vorsicht – in größeren Mengen genossen ist die Papaya ein sicheres Abführmittel.
Die kleine, rote und außen mit langen Härchen besetzte **Rambutanfrucht** eines Seifenbaumgewächses schmeckt ähnlich wie Weintrauben. Der **Rosenapfel** hat oft die Form einer Birne mit einer rostfarbenen, wachsartigen Schale und porösem, hellem Fruchtfleisch; beides ist essbar. Da die Frucht einen etwas säuerlichen Geschmack hat, wird sie vorzugsweise mit Zucker und einer Prise Salz gegessen (Januar bis März).

BAEDEKER ÜBERRASCHENDES

6x UNTERSCHÄTZT

Genau hinsehen, nicht daran vorbeigehen, einfach probieren!

1.

NASI GORENG

Die **indonesische Küche** wird unterschätzt: Vielfalt und Geschmack können Sie erst auf Bali so richtig erleben und genießen. Es lohnt sich immer wieder, etwas typisch Balinesisches zu ordern. (▶ **S. 244**)

2.

RUMMEL BEIM HEILIGTUM

Der Besuch des **Pura Besakih,** heiligster Ort für jeden Balinesen, kann anstrengend sein. Wer darauf vorbereitet ist – mit Wasser, Hut und Gleichmut –, erlebt die Tempelanlage so wie die einheimischen Pilger: inspirierend! (▶ **S. 56**)

3.

KUNST

In der Künstlerhochburg Ubud gibt es zahlreiche Museen, doch auch die vielen Galerien haben es in sich. **Jeder Einwohner ist hier ein Maler,** so scheint es, und Talent blüht an jeder Ecke. Kaufen oder nur Schauen – beides macht hier Spaß und lohnt sich. (▶ **S. 164**)

4.

RAINY DAYS

Weihnachten, gewöhnlich die **Hauptreisezeit** für Besucher, fällt in die Monsunzeit. Regenbekleidung nutzt da wenig. Warm ist es dennoch und auch der bedeckte Himmel klart irgendwann wieder auf.

5.

NACH RECHTS ODER LIEBER NACH LINKS?

Bali ist dicht bevölkert. Besonders in der Inselmitte um Ubud trifft ein kaum zu überblickendes **Gewirr an Straßen** auf eine sparsame Beschilderung. Am besten nimmt man ein Taxi oder einen Wagen mit Fahrer, statt allein unterwegs zu sein. (▶ **S. 286**)

6.

NUSA PENIDA

Hier können Sie noch **wunderschöne unberührte Strände** und Küsten sowie versteckte Tempel entdecken. (▶ **S. 128**)

Getränke

Ausreichend trinken

Bei den hohen Temperaturen auf Bali sollte man **täglich mindestens zwei bis drei Liter Flüssigkeit** zu sich nehmen. Als Durstlöscher bieten sich Mineralwasser, Tee oder Fruchtsäfte an.

Tee und Kaffee

Das indonesische Nationalgetränk ist der Tee. Er wird zur Erfrischung eisgekühlt (Teh Es) oder zum Essen warm (Teh Panas) gereicht. Vorsicht: Manchmal wird Tee mit Eiswürfeln gekühlt; bei Bedenken hinsichtlich der Hygiene empfiehlt es sich, auf das Eis zu verzichten. Kaffee (Kopi) wird auf türkische Art zubereitet und als Mokka samt dem Kaffeesatz serviert.

Bier, Arak und Wein

Bier (Bir) wird in Indonesien u. a. in deutscher, niederländischer und dänischer Lizenz gebraut und trägt die entsprechenden international bekannten Namen. Im Lokal heißt ein großes Bier »Bir Besar«, ein kleines »Bir Kecil«; in Supermärkten wird Bier in großen und kleinen Flaschen verkauft. Verglichen mit den von zu Hause gewohnten Preisen ist Bier – wie auch andere alkoholische Getränke – relativ teuer. Typisch indonesisch und hochprozentig ist der Branntwein Arak, der sich allerdings eher als Mischgetränk eignet, z. B. als Longdrink mit Reiswein oder Limonensaft und Honig. In den ländlichen Gegenden trinkt die Bevölkerung Reiswein, Brem genannt, oder leicht säuerlichen Palmwein (Tuak) aus vergorenen Palmfrüchten.

Jamu

Das traditionelle Getränk wird auch bei Urlaubern immer beliebter. Ursprünglich ein Heiltrank schmeckt es auch noch extrem lecker! (▶ Das ist Bali, S. 24).

FEIERN

Wenn die Balinesen ihre Götter herbeirufen in die Tempel, geschieht dies u. a. mit der Absicht, dass diese jedes Lebewesen segnen – eine wahrhaft magische Atmosphäre, die aufgeschlossene Besucher bei den zahlreichen Tempelfesten erleben können, Solche Feste werden beinahe an jedem Tag irgendwo auf der Insel gefeiert.

Jeder Tag ein Feiertag

Odalan-Feste, also Tempelgeburtstage, sind leicht zu erkennen, da nicht nur die Tempel, sondern auch die Straßen der Dörfer aufwendig mit Bambusgirlanden, Gebetsflaggen, Blumen und anderem zeremoniellem Schmuck dekoriert sind. Einer inoffiziellen Zählung zufolge werden auf Bali das ganze Jahr über weit **mehr als tausend Feste und Feiern** begangen. Da die Feste auf Bali und Lombok nach den dort gebräuchlichen drei unterschiedlichen Kalendern abgehalten werden und sich die Termine deshalb von Jahr zu Jahr verschieben, ist es praktisch unmöglich, im Voraus verbindliche Daten zu nennen. Die Touristeninformationen sowohl in Denpasar als auch in Senggigi (Lombok) halten jährlich neu erscheinende Broschüren (in englischer und deutscher Sprache) mit aktuellen Festkalenderdaten bereit. Diesbezügliche Fragen beantworten auch die Mitarbeiter an den Hotelrezeptionen. Außerdem erscheint regelmäßig das Touristenmagazin **»Bali Echo«** (in englischer Sprache) mit den aktuellen Veranstaltungsterminen.

Kalender

Vier Kalendersysteme

Neben dem gewohnten gregorianischen Kalender gibt es auf Bali drei weitere Kalendersysteme: Der Uku- und der Saka-Kalender spielen eine wichtige Rolle bei der Terminierung von religiösen Festen. Aufbau und Handhabung sind jedoch so kompliziert, dass nur Brahmanen und spezielle Astrologen in der Lage sind, die mit westlicher Systematik und Logik kaum erfassbaren Kalender zu interpretieren. Hinzu kommt der hier weniger bedeutsame islamische Kalender.

Nach dem javanisch-balinesischen Kalender **Uku** wird fast alles berechnet, was im Jahreslauf der Balinesen von Bedeutung ist; vor allem die vielen »Geburtstage«: Landwirtschaftliche Geräte feiern einen solchen ebenso wie Waffen, Autos, Maschinen – und natürlich die Menschen. Auch die einzelnen Berufsgruppen begehen ihre Geburtstagsfeste – Reisbauern wie Künstler, Handwerker wie Intellektuelle. Auf ein Segen versprechendes Datum werden zudem solche Ereignisse gelegt, die für die nach wie vor traditionell landwirtschaftlich tätige Bevölkerung von elementarer Wichtigkeit sind, beispielsweise etwa der Tag, an dem die Reisernte beginnen darf und enden muss. Selbstredend werden auch die günstigsten Termine für die Tempelfeste errechnet; das große Fest der Reichstempel ist das wichtigste.
Die Geburtstage lassen sich jedoch nur durch langwierige Berechnungen und Beobachtungen auf einen bestimmten Tag festlegen, der im darauf folgenden Jahr schon wieder ein ganz anderer sein kann.

Hindu-balinesischer Kalender

Der hindu-balinesische Kalender **Saka** ähnelt schon eher dem gregorianischen, richtet sich aber nach dem Lauf des Mondes: Das Jahr (Caka) hat zwölf Monate mit je 29 oder 30 Tagen. Da sich aus dieser Jahresrechnung eine Differenz zum astronomischen Jahr ergibt, fügt man alle 30 Monate einen zusätzlichen Schaltmonat ein.
Die hinduistische Glaubensüberzeugung kennt eigentlich keine Zählung der Jahre, denn für den Hindu ist alles Geschehen unaufhörlich

OGGO-OGGO AN NYEPI

Mit bunten Raketen, krachenden Böllern, Sekt oder Champagner – so begeht man in westlichen Ländern den Jahreswechsel. Das alte Jahr wird fröhlich verabschiedet, das neue lautstark begrüßt. Nicht so auf Bali.

Es dürfte wohl kaum einen anderen Platz auf der Erde geben, wo der Übergang vom einen zum anderen Jahr so gefeiert wird wie auf der Insel der Götter, Geister und Dämonen. Die Balinesen begehen ihr **Neujahrsfest (Nyepi) im Frühjahr,** und zwar zum Zeitpunkt der Tagundnachtgleiche. Mit den Vorbereitungen beginnt man aber schon Wochen vor dem Kalenderdatum. Eigentlich ist es ein Wetteifern der balinesischen Jugend, ausschließlich der männlichen, untereinander. Gilt es doch, auf einem Bambusholzrahmen aus Holz und Pappmaché mit Kleister und Farbe ein noch furchterregenderes, **überdimensionales Monster (Oggo-Oggo)** zu bauen als die Konkurrenten im Nachbardorf. Geister sind nun mal an Schreck gewöhnte Elemente; also muss der von Menschenhand geschaffene Dämon natürlich noch wilder und schrecklicher aussehen als der allerböseste Geist selbst.

Traditionen um Neujahr

Drei Tage vor dem Neujahrsfest ziehen am **Saka-Tag** Tausende von festlich gekleideten Balinesen an die Küsten der Insel und legen dort Opfer nieder, um die im Meer wohnenden Geister und Dämonen für das kommende Jahr gnädig zu stimmen. Besonders schön ist dieses Fest am Strand von Sanur zu beobachten; den Sarong zu tragen ist dem Anlass angemessen.
Am **Pengerupuk-Tag**, dem letzten Tag des Jahres, bringen die Insulaner in

Am Neujahrstag wird ein furchterregender Oggo-Oggo durch die Straßen getragen.

ihren Tempeln Reinigungsopfer dar, auf dass Bali blitzsauber werde. Schon einige Tage zuvor werden an den Straßenrändern lange, mit gelben und weißen Bändern geschmückte Bambusstangen aufgestellt, die den Göttern zeigen sollen, dass sie willkommen sind. Vor allem die Konstrukteure der Monsterfiguren fiebern schon Tage vorher den überall auf der Insel in der Neujahrsnacht angesetzten Umzügen entgegen. In Kuta und Denpasar, wo große Menschenmassen die Straßen säumen, sind diese Umzüge am größten und farbenprächtigsten. Nicht minder sehenswert und vielleicht sogar noch ein bisschen ursprünglicher sind jene in den Dörfern im Inselinneren.

In der **Neujahrsnacht** erreicht das Nyepi-Fest seinen Höhepunkt. Nach Einbruch der Dunkelheit werden, unserem Fastnachtstreiben nicht unähnlich, die zuweilen recht wackligen Oggo-Oggo-Figuren von ihren Erbauern selbst herumgetragen; voran gehen Musikanten, die ihre Instrumente ohrenbetäubend laut erschallen lassen. Der böse Geist, der davon nicht aufwacht, erschrickt und schleunigst das Weite sucht, muss schon ziemlich hartgesotten sein ...

Für gewöhnlich sind die Balinesen aber äußerst misstrauische Menschen. Weil nämlich nicht ausgeschlossen werden kann, dass der eine oder andere besonders hartnäckige Geist diese Austreibungen ignoriert, täuscht man am nächsten Tag vor, dass Bali eigentlich **gänzlich unbewohnt** sei. Deshalb darf an diesem Tag nirgends auf der ganzen Insel Feuer entzündet oder Licht gemacht werden und jedwede sichtbare menschliche Bewegung hat zu unterbleiben; jegliche Arbeit ruht. Übrigens: Auch die Touristen dürfen an »Nyepi« das Hotel nicht verlassen!

und in einen ewig wiederkehrenden Kreislauf eingebunden; also gibt es auch kein »Jahr 0«.

Islamischer Kalender

Ferner gibt es auf Bali den islamischen Kalender, der dort allerdings nur eine untergeordnete Rolle spielt (eher auf Lombok). Er richtet sich ebenfalls nach dem Lauf des Mondes.
Das islamische Jahr zählt 354 Tage und ist in 12 Monate mit je 29 bzw. 30 Tagen gegliedert. Auch hier wird die Differenz zum astronomischen Jahr durch die Einfügung eines Schalttags, bei dem der 12. Monat 30 statt 29 Tage hat (in 11 von 30 Jahren) ausgeglichen. Die islamische Zeitrechnung beginnt mit dem Jahr der Flucht des Propheten Mohammed aus Mekka (»Hidschra« oder »Hedschra«; 622 n. Chr. = Jahr 1).

Westliche Zeitrechnung

Durchaus gebräuchlich ist im öffentlichen Leben Indonesiens – also auch auf Bali und Lombok – neben der zentralindonesischen Zeit die westliche Zeitrechnung.

VERANSTALTUNGSKALENDER

FEIERTAGE

1. JANUAR
Neujahr: nach westlichem Vorbild (auch auf Lombok)

21. APRIL
Kartini-Tag: vergleichbar mit dem Muttertag

17. AUGUST
Indonesischer Nationalfeiertag (Proklamasi Kemerdekaan = Ausrufung der Unabhängigkeit der Republik Indonesien 1945)

1. OKTOBER
Panca-Sila-Tag (Tag der Fünf Grundpfeiler). Man gedenkt der von Staatsgründer Sukarno (s. Interessante Menschen) gehaltenen Rede, die die Präambel der indonesischen Verfassung bildet.

5. OKTOBER
Tag der indonesischen Streitkräfte, u. a. mit Militärparaden

25./26. DEZEMBER
Weihnachten: nach westlichem Vorbild (auch auf Lombok)

FESTE

JANUAR/FEBRUAR
Chinesisches Neujahr: 1. Tag des ersten chinesischen Mondmonats

MÄRZ
Nyepi (s. Baedeker Wissen, S. 252)

MÄRZ/APRIL
Große Tempelgeburtstagsfeiern (Odalan-Feste) im Pura Besakih und im Pura Batu von Kintamani

JULI
Kite Festival: Drachenflugwettbewerb in Padang Galak bei Denpasar

SEPTEMBER/OKTOBER
Odalan-Fest im Pura Kehen von Bangli

OKTOBER/NOVEMBER
Odalan-Fest im Pura Jagatnatha von Denpasar

FESTE AUF LOMBOK

Einmal im Jahr treffen sich die Inselurbewohner (Sasak) in Kuta an der Südküste Lomboks zu einem Fest, um den sagenhaften Nyale-Wurm aus dem Meer zu holen. Doch im Gegensatz zu Bali ist die Zahl der Feste auf der Nachbarinsel Lombok recht gering. Das liegt an dem hier dominierenden Islam, der weniger Anlässe zu fröhlicher Ausgelassenheit bietet als der Hinduismus auf Bali.

ISLAMISCHE FESTE
Neujahr (Hidschra), der Geburtstag des Propheten Mohammed (Mawlid Al-Nabi), die Himmelfahrt des Propheten (Miraj Al-Nabi), das zweitägige Fest des Fastenbrechens am Ende des Monats Ramadan (Idul Fitri) und das dreitägige Opferfest (Idul Adha) zur Hadsch, der Wallfahrt nach Mekka. Die Termine der Feste richten sich nach dem islamischen Mondkalender, der 354 Tage umfasst; die Feste finden daher jeweils 11 Tage früher als im vorausgegangenen Jahr statt.

SHOPPEN

Bali ist ein ganz besonderes Shoppingparadies – statt in klimagekühlten Einkaufszentren kauft man auf der Insel in kleinen Geschäften, Boutiquen oder direkt in den Werkstätten und Studios.

Kunstvolle Souvenirs

Balinesen sind begnadete Künstler und Kunsthandwerker, ihr Einfallsreichtum und ihre Fähigkeit, von Designern zu kopieren, füllen die Geschäfte mit immer neuen Objekten und Kreationen. Das Zentrum der Kunsthandwerksproduktion liegt in Ubud und Umgebung, wo gewaltige Steinmetzarbeiten entstehen, feinste **Silberarbeiten**, **Holzschnitzereien** und **Batiken**.
In Ubud sind zudem sehr viele Maler tätig, die in allen nur erdenklichen Kunstrichtungen arbeiten und ihre Werke in Galerien und Shops ausstellen.
Auch **Einrichtungsgegenstände** und **Stoffe** gibt es in jeder Preisklasse. Besonders günstig kauft man direkt bei den Herstellern ein sowie auf den Märkten – vorausgesetzt, man handelt vernünftig. Als erste Richtlinie gilt, dass man etwa 50 % vom ersten Angebot abziehen kann, um zu einem realistischen Preis zu gelangen. Feste Preise, oft etwas erhöht, bieten meist die Geschäfte in den von Touristen besuchten Orten wie Nusa Dua, Sanur, Seminyak und Ubud.
Einer der beliebtesten Orte für **Shoppingtouren** ist Kuta, viele der dortigen Boutiquen sind allerdings im Besitz von jungen Designern und Geschäftsleuten aus Australien, den USA und Europa.

OBEN: Körbe, Schachteln und Taschen sind perfekte Mitbringsel: vielfältig und leicht.

UNTEN: Schattenspielfiguren werden aus Büffelleder geschnitten und bemalt.

Einer einzigen großen Shoppingmeile gleicht die Straße zwischen Kuta und Seminyak. Neben Geschäften, die Kleidung, Schmuck, Holzschnitzereien und **Töpferwaren** für wenig Geld anbieten, gibt es auch zahlreiche gehobene Shops in der Jalan Raya Seminyak.
Legian wiederum hat einen guten Ruf für Schneiderarbeiten. In den kleinen Werkstätten kann man sich für wenig Geld und meist in hervorragender Verarbeitung seine Lieblingsstücke von zu Hause nachschneidern lassen bzw. Kopien aus Modemagazinen in Auftrag geben. Eigene **Souvenirshops** gibt es in allen größeren Hotels, Qualität und Preise schwanken hier beträchtlich. Dies gilt auch für die von den Resorts in der Regel einmal pro Woche veranstalteten »Markttage«; lokale Kunsthandwerker bieten dann auf dem Hotelgelände an kleinen Ständen ihre Produkte an.

Kleiner Shoppingleitfaden

Antiquitäten

Echte Antiquitäten haben auch auf Bali ihren Preis – allerdings ist dieser verglichen mit Europa relativ niedrig. Selbst wenn man noch die bei der Verschiffung von Möbeln und größeren Einrichtungsgegenständen anfallenden Transportgebühren und Steuern hinzurechnet, lohnt sich der Aufwand.
Außerhalb von Kuta und Ubud findet man zahlreiche große Einrichtungsgeschäfte – wahre Fundgruben für Innenarchitekten, wenn es darum geht, ein Haus im typischen Bali-Stil auszustatten. Hier gibt es große, wunderschöne antike Sofas und Schnitzereien von den Nachbarinseln.
Günstig sind die in der Regel gelungenen Reproduktionen antiker Möbel, von geübten Kunsthandwerkern sorgfältig gefertigt. Am besten kauft man bei professionellen Unternehmen, die die Möbel oder Skulpturen verschiffen lassen; Minimum ist meist ein Kubikmeter Frachtraum.

Holzschnitzereien

Der kleine Handwerkerort **Mas** bei Ubud ist das Zentrum der balinesischen Holzschnitzkunst. Die Holzschnitzer arbeiten, meist zusammen mit weiteren Familienmitgliedern, in den offenen Werkstätten und fertigen Tanzmasken, Buddha-Figuren und Einrichtungsgegenstände.

Körbe und Töpfe

Die angebotenen Körbe, Taschen und Behältnisse aus Bambus, Rattan und Palmblättern gehören zu den günstigsten und wegen ihres geringen Gewichts auch am leichtesten zu transportierenden Mitbringseln. Häufig stammen die Waren von der Nachbarinsel Lombok, ebenso die Töpferwaren, sehr schöne Töpfe und Schalen, die mitunter mit Flechtarbeiten und Muscheln verziert sind.

Kunst

In **Ubud,** dem **Kunstzentrum der Insel,** haben ungezählte Maler ihre Ateliers. Es lohnt sich, vor einem beabsichtigten Kauf mehrere Ausstellungen zu besuchen und sich über die Preise zu erkundigen –

BATIKEN UND IKAT-STOFFE

BAEDEKER WISSEN

Indonesische Textilien faszinieren die Menschen weltweit. Tatsächlich bietet das Land eine ungeheure Vielfalt an traditionellen Stoffen und Herstellungsverfahren. Diese Mannigfaltigkeit liegt u. a. in der ethnischen und sprachlichen Heterogenität Indonesiens begründet, das über 300 unterschiedliche Volksgruppen kennt.

Ursprünglich stellten die zum Teil auf über tausendjährige Traditionen zurückgehenden Stoffe des Inselreichs nicht nur profanes Material für Kleidung dar, sondern symbolisierten auch den Status ihres Trägers und wurden teilweise als rituelle Verbindung zum Überweltlichen begriffen. In einer Kultur, in der gewebten Stoffen eine solch überragende Bedeutung beigemessen wurde, hatte bereits die Herstellung des Ausgangsmaterials rituelle Bedeutung. Einer meditativen Praxis gleich kamen das Spinnen und Färben, während der Webstuhl nur an bestimmten, von Astrologen als günstig erachteten Tagen und bei Vollmond vorbereitet wurde.

Stoffe als Wertanlage

Wenn auch die bloße Anzahl der unterschiedlichen Stoffe kaum zu beziffern ist, so zählen vor allem die Batiken aus Java und die **Ikat-Webereien** von Bali und Lombok zu den berühmtesten Vertretern ihrer Gattung. Tatsächlich bedeutet die Bezeichnung »Ikat« in einigen indonesischen Sprachen nichts anderes als »knüpfen« – ein Hinweis auf den Entstehungsprozess der Stoffe, die sich dadurch auszeichnen, dass das verwendete Kettfädengarn vor dem eigentlichen Webvorgang eingefärbt wird. Durch Knüpfen bzw. Abbinden des Kettfadens mit Fasern, die eine Einfärbung verhindern, wurden beim späteren Webvorgang die Muster erzeugt – eine ungewöhnlich aufwendige und komplizierte Technik, die ein Höchstmaß an Erfahrung, Konzentration und Geduld voraussetzt. Nicht erstaunlich ist es daher, wenn es heißt, dass die Herstellung einer feinen Webarbeit in früheren Epochen um die fünf Jahre in Anspruch nehmen konnte. Solche überaus kostbaren Webereien fungierten damals auch als Wertanlage, zu vergleichen mit den Immobilien heutiger Tage.

Geringsing

Legendär und bereits Sammlerobjekte (vor allem ältere Exemplare) sind die aus dem Dorf **Tenganan** stammenden sog. Geringsing-Stoffe, die vom dort siedelnden Volksstamm der traditionsbewussten Bali-Aga gewebt werden. Geringsing bedeutet **»Krankheit abwehrend«:** Die mit besonderen, als magisch angesehenen rituellen Mustern versehenen Doppel-Ikat-Stoffe sollen um ihren Träger eine entsprechende Atmosphäre aufbauen, die vor dämonischen Einflüssen schützt. Die Herstellung der Stoffe ist überaus mühsam, und nur durch aufwendige Berechnungen und eine komplexe Abbinde- und Färbetechnik ist es möglich, die doppelseitigen Stoffe entstehen zu lassen. Der Kreis jener Kunsthandwerker, die in der Lage sind, die kostbaren und wunderschönen Geringsing-Stoffe zu weben, wird von Jahr zu Jahr kleiner, zugleich schwindet aber auch die traditionelle Bedeutung der Stoffe.

Batik

Ein einfacheres Verfahren der Textilherstellung ist die Batik-Technik, in Bali **einst Teil religiöser und kultureller Zeremonien,** heute überwiegend Bestandteil der Souvenirindustrie. Batikstoffe erfordern begabte Zeichner, die mit einem Malstift eine erste Skizze auf rohe Baumwoll- bzw. Seidenstoffe auftragen. Zu den beliebtesten Motiven gehören traditionell Blumen- und abstrakte Tierdarstellungen sowie üppige geometrische Muster. Kenner können von einer Batik auf deren Herkunft und Alter schließen. Jene Teile des Entwurfs, die nicht gefärbt werden sollen, deckt man vor den einzelnen Färbegängen mit flüssigem Wachs ab. Anschließend muss das Wachs wieder entfernt werden, entweder mit einem scharfen Messer oder mit heißem Wasser, dann folgen weitere Färbevorgänge. Besonders schön sind die mit sanften Pflanzenfarben gefärbten Batiken, bei denen die Färbevorgänge viele Tag dauern können. Qualitativ hochwertige Batiken erkennt man daran, dass das Muster auf beiden Seiten des Stoffs gleich stark hervortritt.

Verkauf von farbenprächtigen Batiktüchern direkt am Strand

im »Agung Rai Museum of Art« (▶ S. 171) in Peliatan, etwas südlich von Ubud, bekommt man einen guten Überblick über die Vielfalt traditioneller und zeitgenössischer balinesischer Kunst.

Schattenspielfiguren Seit zwei Jahrtausenden mit der indonesischen Kultur verbunden und heute ein typisches und beliebtes Mitbringsel sind Schattenspielfiguren (Wayang Kulit, ▶ Baedeker Wissen, S. 228), mit denen Geschichten aus den indischen Epen »Mahabharata« und »Ramayana« gespielt werden und in denen Götter und Dämonen die Hauptakteure sind. **Wayang Kulit** sind zumeist aus Büffelleder hergestellt, charakteristisches Merkmal sind die filigranen Stanzmuster sowie die – bei älteren Exemplaren abgegriffenen – Stäbe.

Vorsicht ist angebracht, wenn mitunter hohe Preise mit dem angeblichen Alter der Figuren gerechtfertigt werden sollen. Diese Stücke sind oft nicht antik, sondern wurden einem künstlichen Alterungsprozess unterzogen. Das mindert zwar nicht ihren exotischen Reiz, rechtfertigt aber nicht ihren hohen Preis.

Hölzerne Handstabpuppen, **Wayang Golek,** die ebenfalls angeboten werden, stammen oft aus Westjava.

Schmuck Auf Bali arbeiten hervorragende Silber- und Goldschmiede. Bekannt ist das Dorf **Celuk** bei Ubud, heute immer häufiger das Ziel von Touristenbussen. Verwendung findet auf Bali Sterlingsilber (925er Silber), das in traditionsreichen Silberwerkstätten fast ausnahmslos zu Unikaten verarbeitet wird. Aus Lombok stammen die begehrten champagnerfarbenen Zuchtperlen, Edelsteine wiederum kommen meist aus Kalimantan (Borneo).

Wer Qualität sucht, darf nicht bei Strandverkäufern, sondern nur in ausgesuchten Juwelierläden einkaufen. Bali-Kenner lassen sich auf der Insel auch **Schmuck** nach eigenen Vorgaben fertigen. Man liefert eine Skizze oder ein Foto, nach dem die Silberschmiede das Objekt herstellen. Einziges Manko: Bis das Stück fertiggestellt ist, dauert es gewöhnlich ein bis zwei Wochen.

Skulpturen Das kleine, südlich von Ubud gelegene Dorf **Batubulan** ist das Zentrum für hervorragende Steinmetzarbeiten. Entlang der Straße sieht man bereits meterhohe Tempeltore, Fabelwesen, Reliefs und Buddha-Figuren aus vulkanischem Tuffstein. Daneben gibt es auch hübsche Laternen und Windlichter ebenso wie kleine Steinfiguren, die ins Gepäck passen.

Textilien Auf Bali hat sich ein in stetigem Wachstum begriffener Gewerbezweig auf die Wünsche und den Geschmack der Besucher eingestellt. Sport- und Freizeitbekleidung, Damenmode in leuchtenden Farben, Röcke und Kleider aus Batikstoffen, Schals aus Baumwolle und Seide sowie T-Shirts mit Bali-typischen Motiven findet man in Kuta und in allen anderen touristisch geprägten Orten.

ÜBERNACHTEN

Die Hotels auf Bali gehören zu den schönsten der Welt und es gibt nahezu keine Hochhaushotels oder Bettenburgen, wie man sie von anderen Ländern her kennt.

Die meist nur zwei- oder dreistöckigen Anlagen fügen sich harmonisch in die tropische Umgebung ein, sind häufig ausgestattet mit indonesischem Kunsthandwerk, von ansässigen Handwerkern gefertigten Teak-Möbeln sowie prächtigen Antiquitäten der Kolonialzeit. In Stein gehauene Götter, grimmig dreinblickende Wächterfiguren, schmücken die parkartigen Gärten, durch die man zum Foyer gelangt. Dieses ist auf Bali häufig eine gewaltige offene Konstruktion aus Holz und Bambus; natürlich zirkulierende Luft und Ventilatoren sorgen für angenehme Kühlung. Gamelan-Musiker schaffen darüber hinaus die für Bali so einzigartige Klangkulisse.
Die größte Ansammlung von Vier- und Fünf-Sterne-Hotels findet sich in **Nusa Dua** auf der Halbinsel Bukit Badung: Dutzende von architektonisch anspruchsvoll gestalteten Resorts, die in einen tropischen Landschaftspark integriert wurden.
Da die preislich günstige Nebensaison Balis in der Regenzeit liegt, von Oktober bis März, kann man, wenn es in Europa kalt und ungemütlich

Ausspannen in einem tropischen Garten: im »Laguna Resort & Spa Nusa Dua«

HOTELPREISE

PREISKATEGORIEN

Die in diesem Reiseführer im Kapitel »Reiseziele von A bis Z« empfohlenen Hotels sind in folgende Preiskategorien eingeteilt (Übernachtung im Doppelzimmer inkl. Frühstück):

€ = bis 50 €
€ € = 50 – 100 €
€ € € = 100 – 150 €
€ € € € = über 150 €

HOTELGUIDE

BALI TROPICAL VILLAS

www.bali-tropical-villas.com
Eine der ältesten und renommiertesten Agenturen mit über 500 Villen im Angebot, auch Vermittlung bei längerfristiger Anmietung.

BALION

www.balion.com
Die Agentur BaliOn bietet über 50 Villen in jeder Preisklasse an.

---

wird, hier die moderaten Preise für Luxushotels genießen, vorausgesetzt, man stört sich nicht an den heftigen, fast immer sehr kurzen Regenfällen.

Von wachsender Bedeutung und beliebt bei Familien und Gruppen ist die Anmietung einer **Villa,** die in einer großen preislichen Spannbreite verfügbar sind, je nach Größe, Ausstattung und Lage der Anwesen. Gewöhnlich gehören ein Außenpool, eine TV-Anlage sowie ein Internetanschluss zum Haus, dazu kommt das Personal wie Hausmädchen und Nachtportier; gegebenenfalls kann man die Dienste eines Kochs in Anspruch nehmen, der auf Wunsch auch einkauft.

Auf Bali und Lombok ist es aber zum Glück nicht erforderlich, viel Geld auszugeben, um schön zu wohnen. In den zahlreichen kleinen Hotels und Gästehäusern kann man auch bei kleinem und mittlerem Budget eine gepflegte Umgebung und freundliche Betreuung erwarten. Noch günstiger sind die **Homestay** und **Losmen** genannten Unterkünfte, privat betriebene **Gästehäuser,** die man in nahezu jedem Ort findet.

Während man Hotels gewöhnlich günstiger über Reiseveranstalter bucht und kleinere Hotels und Gästehäuser über entsprechende Internetseiten reserviert (oft wird ein deutlich reduzierter Preis bei Internetbuchung angeboten), sollte man private Unterkünfte lieber vor Ort aufsuchen, sich von deren Sauberkeit und Qualität mit eigenen Augen überzeugen und über den Preis verhandeln. Wenn man mehrere Tage oder gar Wochen bleibt, gewähren die Besitzer gewöhnlich Preisnachlässe.

Weniger vielseitig und reichhaltig ist das Übernachtungsangebot auf Balis Nachbarinsel **Lombok.** Dort konzentrieren sich die Hotels (darunter auch Fünf-Sterne-Anlagen wie das »Oberoi«) und Gästehäuser hauptsächlich am Senggigi Beach nördlich der Hauptstadt Mataram.

HOTELS IM BALI STYLE

Morgens wird man vom Quaken der Frösche und dem Ruf tropischer Vögel geweckt, während sich die Nebelschwaden langsam aus dem Urwaldtal verziehen. Über dicke, glänzende Teak-Böden geht man ins offene Badezimmer und genießt eine Dusche im Freien. Dass der viel beschriebene Bali Style viel mehr ist als nur tropisches Design, offenbart das etwas außerhalb von Ubud gelegene COMO Shambhala Estate, sicherlich eines der schönsten Hotels ganz Asiens.

Nicht Luxus und Design sind dort die Elemente, die beeindrucken, vielmehr verzaubern die perfekt in die Natur integrierten Residenzen und die nach alten Symmetrie- und Ordnungsgesichtspunkten ausgestatteten Zimmer.
Die Geschichte des Hotels klingt wie ein Märchen: Das britische Unternehmerpaar Bradley und Debbie Gardner, so heißt es, verliebte sich in das sagenhaft schöne Urwaldtal, erwarb das acht Hektar große Gelände und pflanzte an die 3000 Bäume.
Mit viel Geduld und mithilfe des Architekten **Cheong Yew Kuan** entstanden in den Hügeln im Zeitraum von acht Jahren fünf Residenzen, die die Natur einbeziehen und den fünf Elementen gewidmet sind. Jede dieser einzigartigen Residenzen besitzt vier bis fünf Suiten.

Residenz des Windes

Die **»Bayugita«** wurde benannt nach den lauen Brisen, die dort über den Terrassen zirkulieren. Die »Residenz des Windes« besitzt im oberen Stockwerk einen gewaltigen offenen Living Room, der über Trittstufen durch einen Seerosenteich erreicht wird. Dicke, 150 Jahre alte Teak-Bohlen aus Java, übergroße Batavia-Kolonialsofas, Teppiche aus der Mongolei und China, ein riesiges venezianisches Himmelbett in der Master Suite und ein mit Blümchen verziertes Porzellan-WC aus der holländischen Epoche prägen den Stil.
Archaische indonesische Kunst wiederum dominiert die »Feuer«-Residenz **»Teja Suara«**, die aus 1200 Tonnen Steinen von der Insel Sumba gebaut wurde. Als Wasserpalast gestaltet wurde die Residenz **»Tirta Ening«**, in der Wassergärten und rund 200 Jahre alte TeakWände aus Java, handgeschnitzte Türen und aus Felsen gemeißelte Badewannen die Atmosphäre einzigartig machen.

Natürliches Wohnen

Erstmals in den 90er-Jahren des vorigen Jahrhunderts wurde die Bezeichnung »Bali Style« zum Synonym für einen ganz besonderen, tropisch-entspannten Einrichtungs- und Lebensstil, der weltweit seine Nachahmer fand. In erster Linie schöpften die Designer aus der Liebe zum einfachen, naturverbundenen Sein, das in Architektur und Inneneinrichtung eine spezielle Bedeutung erfährt. Natürliche landestypische Materialien wie Teak und Rattan kommen zum Einsatz, ebenso die im 15. Jahrhundert auf Java entwickelte Batikkunst und Steinmetzarbeiten mit kultischen und religiösen Motiven. Balinesen sind vorzügliche Kunsthandwerker und bei der Einrichtung eines Hauses hat man die Auswahl unter hervorragenden, künstlerisch hochwertig verarbeiteten Möbeln und Dekorationsobjekten. Kolonial und zeitgenössisch, traditionsverhaftet und ultramodern, einfach und luxuriös, verschwenderisch und puristisch zugleich: Der Bali Style schafft es, die ansonsten unvereinbaren Gegensätze zu integrieren, lebt von ihrer Spannung, ihrer Synthese. Beim Wohnen im Bali Style werden alle Sinne angesprochen: Statt einer »glatten« Umgebung, die auf künstlichen Materialien beruht, gibt es Materialien, die unterschiedliche Oberflächenstrukturen aufweisen, Fußböden aus Stein und Granit, geöltes Holz, Deckenkonstruktionen aus Gras und Bambus – Materialien, die bei der Berührung tiefere Wahrnehmungsebenen ansprechen.

Licht & Luft

Licht, Luft und ein verschwenderischer Umgang mit Platz und Raum sind weitere Elemente des balinesischen Stils. **Offene Pavillons** laden dazu ein, das Leben im Freien zu genießen und die tropische Brise auf der Haut zu spüren. Klare Linien und die Konzentration auf wenige, sorgsam ausgewählte Stücke,

Vom Pool des »Four Seasons at Sayan« blickt man auf eine üppige Dschungellandschaft.

darunter auch durchaus einige moderne Objekte, betonen die Leichtigkeit und das spielerische Element dieses Einrichtungsstils. Die Umgebung wird stets mit einbezogen, und statt abgeschlossener, klimagekühlter Räume sorgen Ventilatoren und frei zirkulierende Luft für Erfrischung.

Wasser & Erde

Zu den Badezimmern gehört in der Regel eine Außendusche, die das morgendliche Naturerleben einleitet. In Bali, dem Land des Reisanbaus, gehört fließendes Wasser zum Leben, deshalb finden sich innerhalb des Wohnbereichs auch alle Arten von Teichen, kleine und große, solche mit rechteckigem, gemauertem Becken und solche mit natürlichen Umrissen, von Quellwasser gespeist. Steinstufen, die über die Teiche führen, verbinden das Element Wasser mit dem Haus und dem Element Erde.

Alila Villas

Doch auch beim Bali Style gibt es neue, zeitgemäße Entwicklungen. Vorreiter sind die Alila Villas, entworfen von der vielfach preisgekrönten, in Singapur ansässigen Architektur- und Designfirma WOHA, die sich besonders in den letzten Jahren mit aufsehenerregenden Bauten im asiatischen Raum hervortat. 2012 fand im Deutschen Architekturmuseum in Frankfurt eine Ausstellung über die WOHA-Philosophie des Bauens unter dem Titel »Breathing Architecture – atmende Architektur« statt. Nicht auf balinesische Folklore trifft der Besucher in den Alila Villas in **Uluwatu,** sondern auf ein Interieur, das puristisch, jung und erfrischend anders ist und darüber hinaus strengsten ökologischen Standards gerecht wird. Neben recyceltem Holz (alte Telegrafenmasten der Insel) wurde u. a. Lava- und Vulkangestein verwendet, das von Ausbrüchen des Mount Merapi auf Java stammt. Offensichtlich ein Glücksbringer, denn 2011 erhielten die Villas Uluwatu den **»International Award«** des Royal Institute of Builders and Architects in London für ihre herausragende, auf Nachhaltigkeit setzende Architektur.

Villas Soori

Nicht minder eindrucksvoll sind die zwischen Reisfeldern und **nahe dem Meerestempel Tanah Lot** gelegenen Villas Soori. Reinheit und Einfachheit der Umgebung schaffen jene besondere Art des Raumerlebens, die selbst materialistisch veranlagte Gemüter als eine befreiende, beglückende Atmosphäre wahrnehmen. Das beginnt beim Blick auf die grün leuchtenden Reisfelder, auf denen stets Betrieb herrscht, und auf die im Hintergrund sich erhebenden Berge. **Bali Style,** das ist hier verkörpert durch ein nahezu spirituelles Erleben, eine meditative Atmosphäre, in der weniger mehr ist und jeder Einrichtungsgegenstand, jedes Accessoire mit Bedacht gewählt ist. Nicht die exquisite, im besten Sinne modern-puristische Architektur und das edel-minimalistische Interieur sind die Hauptakteure, sondern Balis magisches Flair, die herausragende, wahrhaft gesegnete Lage, die vom Alltag befreit und jeden freier atmen lässt. Tatsächlich ist der überall in der Welt gerühmte und oft imitierte Bali Style viel mehr als nur ein Marketingtrick oder ein besonderes Innendesign. Und auch der eigentliche Zauber der Alila Villas ist nicht in erster Linie der Luxus, sondern die Harmonie mit der lebendigen Umgebung.

P

PRAKTISCHE INFOS

Wichtig, hilfreich präzise

Unsere Praktischen Infos helfen in allen Situationen auf Bali weiter.

Gespaltene Tore sind manchmal reine Schmuckelemente, beispielsweise auf dem Flughafen von Denpasar ►

KURZ & BÜNDIG

ELEKTRIZITÄT
220Volt/50 Hz
Mit Stromschwankungen ist zu rechnen. Adapter sind nicht erforderlich.

WECHSELKURSE
10 000 Rupiah = 0,62 Euro (Stand Januar 2019)
1 Euro = 16 152 Rupiah
10 000 Rupiah = 0,70 CHF
1 CHF = 14 318 Rupiah

NOTRUFE
Allgemeiner Notruf Tel. 112
Polizei Tel. 110
Touristenpolizei Tel. 22 41 11
Feuerwehr Tel. 113
Krankenwagen Tel. 118
Indones. Rotes Kreuz
Tel. 03 61 48 02 82, 22 64 65

WAS KOSTET WIE VIEL?
Nasi Goreng: ab 15 000 Rp.
Internat. Essen: ab 30 000 Rp.
Wasser (1,5 l): 2000 bis 10 000 Rp.
Bier: ab 26 000 Rp.
Hotelzimmer (Mittelklasse): bis 1 Mio. Rp.
Bemos (Nahverkehr): 5000 bis 15 000 Rp.
Taxifahrt (3 km): ca. 20 000 Rp.

ZEIT
Zentralindonesische Zeit (= MEZ + 7 Std.). Es gibt keine lokale Sommerzeit.

ANREISE · REISEPLANUNG

Mit dem Flugzeug

Flugverbindungen nach Bali bestehen u. a. von Frankfurt a. M., München, Wien, Zürich, Amsterdam und London nach Denpasar; die wichtigsten Airlines sind Qatar Airways, Cathay Pacific, Malaysia Airlines, Singapore Airlines, KLM, Thai Airways und Qantas. Die Entfernung beträgt rund 13 500 km Luftlinie; die Distanz wird in etwa 14 Stunden reiner Flugzeit bewältigt. Dabei sind meist Zwischenlandungen in Doha, Bangkok, Kuala Lumpur, Singapur oder Jakarta vorgesehen, die auch zu kurzfristigen Aufenthalten, sog. **Stopovers,** genutzt werden können.

Die genannten Fluggesellschaften verkehren auf zahlreichen Strecken im asiatischen Raum, sodass die Anreise nach Bali auch von allen großen Städten in Ost-, Süd- und Südostasien möglich ist. Ein Linienflugticket von Mitteleuropa nach Bali und zurück in der Economy-Klasse bekommt man ab 850 €. Deutlich günstiger sind neben kompletten Pauschalreisen diverse Spartarife, über die die Webseiten der einzelnen Fluggesellschaften informieren.

Garuda Indonesia

Das staatliche Flugunternehmen »Garuda Indonesia« unterhält ein dichtes Streckennetz, in das auch der Flughafen von Denpasar auf Bali eingebunden ist. Neben zahlreichen interkontinentalen Verbindungen werden regelmäßig indonesische Flughäfen wie Jakarta, Palembang, Surabaya oder Yogyakarta angeflogen sowie das Nachbarland Malaysia, der Stadtstaat Singapur, Bangkok, Manila, Hongkong und Tokio.
Den Flugverkehr innerhalb des indonesischen Archipels unterhalten außer »Garuda Indonesia« die kleineren Fluggesellschaften »Merpati« und »Lion Air«. Die **Flugpreise** sind in Asien im Regelfall günstiger als in Europa. Allerdings ist damit zu rechnen, dass die Flüge vor allem vor und nach Feiertagen ausgebucht, wenn nicht gar überbucht sind.

Am Flughafen

Der Flughafen von **Denpasar** ist nach einem balinesischen Freiheitskämpfer benannt: **Ngurah Rai**. Er liegt ca. 12 km südlich von Denpasar bzw. etwa 3 km südlich von Kuta. Im linken Teil des Flughafengebäudes werden Flüge innerhalb Indonesiens abgefertigt (Domestic Airport), im rechten internationale Flüge (International Airport). Der mittlere Teil ist ankommenden Passagieren vorbehalten. In der Ankunftshalle gibt es einen Schalter, an dem freie Hotelzimmer abgefragt und reserviert werden können. Auf Wunsch wird auch der Transfer zum gewünschten Hotel arrangiert. Ebenfalls in der Ankunftshalle befinden sich mehrere Geldwechselschalter.
Den **Transfer** vom bzw. zum Flughafen übernimmt üblicherweise das Hotel oder der Reiseveranstalter. Ansonsten findet man am Flughafengebäude Schalter des **»Koperasi Taxi Service«**, einer Kooperative der Taxifahrer, die den Transfer zwischen dem Flughafen und Zielen auf Bali zu Festpreisen organisiert; die Preise sind an den Schaltern, an denen man auch die Fahrt bezahlt, ausgehängt; der Taxifahrer erhält nur die Quittung.
Die Anreise nach **Lombok** erfolgt am besten von Bali aus. Der 2011 neu eröffnete Bandara International Airport auf Balis östlicher Nachbarinsel liegt im Süden der Insel bei Praya, 40 km südöstlich von Lomboks Hauptstadt Mataram. Zwischen dem Flughafen Ngurah Rai und jenem auf Lombok verkehren täglich mehrmals Flugzeuge der Regionalgesellschaft »Merpati«. Die Flugzeit beträgt eine knappe halbe Stunde.
Auf beiden Flughäfen stehen **Gepäckträger** zur Verfügung; der Preis richtet sich nach der Anzahl der zu transportierenden Gepäckstücke.
Auch wenn der Flugschein ein »OK« aufweist, muss der Flug spätestens zwei Tage vor dem **Rückflug** bei der jeweiligen Fluggesellschaft telefonisch oder persönlich rückbestätigt werden, da der Anspruch auf einen Platz sonst erlöschen kann. Internationale Flüge erfordern eine Abfertigungszeit von zwei Stunden; bei Flügen innerhalb Indonesiens genügt normalerweise eine Stunde.

FLUGHAFEN

NGURAH RAI INTERNATIONAL AIRPORT
Denpasar
Tel. 03 61 75 10 11
www.baliairport.com

FLUGLINIEN

GARUDA INDONESIA
Jl. Sugianyar 5, Denpasar
Tel. 03 61 22 53 20
www.garuda-indonesia.com

In Kuta:
Kuta Paradiso Hotel
Tel. 03 61 75 11 79

In Sanur:
Bali Beach Hotel Arcade
Tel. 03 61 28 79 15

CATHAY PACIFIC
Wisthi Sabha Building
Ngurah Rai International Airport
Denpasar
Tel. 03 61 75 39 42
www.cathaypacific.com

KLM ROYAL DUTCH AIRLINES
Ngurah Rai International Airport
Denpasar
Tel. 03 61 75 61 26
www.klm.com

LION AIR
Bandara Ngurah Rai
Denpasar
Tel. 03 61 76 51 83
www.lionair.co.id

MALAYSIA AIRLINES
Ngurah Rai International Airport
Denpasar
Tel. 03 61 9 36 69 25
www.malaysiaairlines.com

QANTAS
Bali Beach Hotel, Sanur
Tel. 03 61 28 92 80
www.qantas.com.au

QATAR AIRWAYS
Discovery Kartika Plaza Hotel
South Kuta Beach, Kuta
Tel. 03 61 75 22 22
www.qatarairways.com

SINGAPORE AIRLINES
Ngurah Rai International Airport
Goi Building 2nd Floor
Tel. 03 61 9 36 83 88
www.singaporeair.com

THAI AIRWAYS
Grand Bali Beach Hotel, Sanur
Tel. 03 61 28 81 41
www.thaiair.com

Vor der Ausreise ist eine Flughafengebühr in bar zu entrichten, die derzeit bei ca. 150 000 Rupiah (ca. 12 €) liegt; bei einem Inlandsflug beträgt die Gebühr 30 000 Rupiah.

Mit Bahn und Fähre von Java

Die Anreise nach Bali ist von der indonesischen Insel Java her möglich, jedoch mit erheblichem Zeitaufwand verbunden. Von Jakarta und Yogyakarta verkehren regelmäßig Züge bis zum Fährhafen Ketapang, unweit nördlich von Banyuwangi am Ostende von Java (Fahrtzeit ca. 16 Std.). Dort muss man umsteigen auf die täglich in kurzen Abständen verkehrende Autofähre nach Gilimanuk an der Westspitze von Bali (Überfahrt in ca. 30 bis 45 Min.). Da es auf Bali keine Bahn gibt, geht es weiter per Bus.

Reisedokumente

Reisepass

Deutsche, österreichische und schweizerische Staatsangehörige benötigen für Indonesien einen Reisepass, der über den Zeitpunkt der Einreise hinaus noch sechs Monate gültig sein muss.
Auch Kinder unter 16 Jahren benötigen einen eigenen Reisepass.

Visum

Das Visum wird bei der Einreise in den Reisepass eingestempelt; es gilt für 30 Tage, Kosten: 25 US-$ (bar zu zahlen in US-$, Euro können getauscht werden). Ein Visum für einen längeren Aufenthalt muss vor der Reise bei der Botschaft beantragt werden. Darüber hinaus verlangen die indonesischen Behörden den Nachweis, dass man über eine bezahlte Flug- oder Schiffspassage für die Rück- oder Weiterreise verfügt.

Impfvorschriften

Ein Nachweis von Schutzimpfungen (Impfpass) ist bei der direkten Einreise von Westeuropa nicht notwendig. Bei Zwischenaufenthalten in Infektionsgebieten – verschiedene afrikanische Länder sowie Indien, Nepal, Myanmar, Sri Lanka u. a. – sollte man sich vorher bei den indonesischen Botschaften bzw. Konsulaten (▶ Auskunft) nach den aktuellen Bedingungen erkundigen. Gelegentlich wird – obwohl die Weltgesundheitsorganisation die Erde für pockenfrei erklärt hat – eine Pockenschutzimpfung verlangt, die nicht älter als drei Jahre sein darf. Eine Impfung gegen Cholera und die Einnahme eines Medikaments zur Vorbeugung gegen Malaria empfehlen sich bei Reisen außerhalb der Touristengebiete sowie bei einem Aufenthalt in der Regenzeit.

Zollbestimmungen

Einreise nach Indonesien

Zollfrei dürfen eingeführt werden: Güter des persönlichen Bedarfs in angemessenem Umfang, 200 Zigaretten, 50 Zigarren, 100 g Tabak, 2 l Wein oder Spirituosen, zwei Fotoapparate und eine Film- bzw. Videokamera. Die Einfuhr von Drogen, kommunistischer Literatur und pornografischen Schriften ist grundsätzlich verboten, ebenso der Import von Jagdwaffen und Munition. Die Zollabfertigung von Bali-Besuchern wird im Allgemeinen zügig durchgeführt.

Ausreise aus Indonesien

In Indonesien gekaufte Verbrauchsgüter und Souvenirs dürfen in beliebigem Umfang ausgeführt werden. Der Export von Antiquitäten unterliegt besonderen Bedingungen; detaillierte Auskünfte erteilt das Bali Government Tourism Office (▶ Auskunft).

Devisenbestimmungen

Ausländische Zahlungsmittel können bei der Einreise in unbegrenzter Höhe mitgeführt werden. Die Einfuhr von mehr als 100 Mio. Rupiah (ca. 8000 €) pro Person muss deklariert werden; für die Ausfuhr von mehr als 100 Mio. Rupiah benötigt man eine Genehmigung der indonesischen Zentralbank.

Wieder-einreise nach Deutschland und Österreich

Verboten ist die Einfuhr von Pflanzen, Tieren bzw. Produkten aus Pflanzen und Teilen von Tieren, die nach dem CITES-Abkomme, auch bekannt unter dem Begriff »Washingtoner Artenschutzabkommen«, geschützt sind. Dazu zählen u.a. Korallen (insbes. die Schwarze Koralle), Reptilien (bes. Geckos) und Schildkröten (auch Schildpatt). EU-Bürger können Reiseandenken und Geschenke bis zu einem Gesamtwert von 430 € einführen. Ferner können Personen über 15 Jahre 500 g Kaffee oder 200 g Pulverkaffee, 50 g Parfüm und 0,25 l Eau de Toilette sowie Personen über 17 Jahre 1 l Spirituosen mit mehr als 22 Vol.-% Alkoholgehalt oder 2 l Spirituosen mit maximal 22 Vol.-% Alkoholgehalt oder 2 l Schaumwein und 2 l Wein sowie 200 Zigaretten oder 100 Zigarillos oder 50 Zigarren oder 250 g Rauchtabak mitbringen.

Wiedereinreise in die Schweiz

Abgabenfrei sind Reiseproviant sowie gebrauchtes persönliches Reisegut; außerdem für Personen ab 17 Jahre 200 Zigaretten oder 50 Zigarren oder 250 g Rauchtabak, an alkoholischen Getränken 2 l mit bis zu 15 Vol.-% Alkoholgehalt und 1 l mit mehr als 15 Vol.-% Alkoholgehalt; ferner Geschenke im Gegenwert von bis zu 300 (bei Personen unter 17 Jahre bis zu 100) Schweizer Franken.

AUSKUNFT

IN DEUTSCHLAND

VISIT INDONESIA TOURISM OFFICE

c/o Global Communication Experts GmbH
Hanauer Landstraße 184, 60314 Frankfurt
Tel. 069 17 53 71 39 06
www.tourismus-indonesien.de
Zuständig auch für Österreich und die Schweiz

AUF BALI UND LOMBOK

BALI TOURISM BOARD

Jl. Raya Puputan 41
Renon, Denpasar
Bali 80235
Tel. 03 61 23 56 00
www.balitourismboard.org

BALI GOVERNMENT TOURISM OFFICE

Jl. S. Parman Niti Mandala
Renon, Denpasar
Bali 80235
Tel. 03 61 22 23 87

LOMBOK TOURISM

Senggigi Art Market
Jl. Raya Senggigi, Km 8
Senggigi
Lombok 83355
Tel. 03 70 6 65 02 38
www.lombok-tourism.com
www.visit-lombok.com

DIPLOMATISCHE VERTRETUNGEN

VERTRETUNGEN DER REPUBLIK INDONESIEN IN DEUTSCHLAND

Botschaft:
Lehrter Str. 16
10557 Berlin
Tel. 030 47 80 70
www.indonesian-embassy.de

Generalkonsulate:
Zeppelinallee 23
60325 Frankfurt/M.
Tel. 069 2 47 09 80
www.indonesia-frankfurt.de

Bebelallee 15
22299 Hamburg
Tel. 040 51 20 71
www.kjrihamburg.de

IN ÖSTERREICH

Botschaft:
Gustav-Tschermak-Gasse 5
1180 Wien
Tel. 01 47 62 30
www.kbriwina.at

IN DER SCHWEIZ

Botschaft:
Elfenauweg 51, 3006 Bern
Tel. 031 3 52 09 83
www.indonesia-bern.org

VERTRETUNGEN AUF BALI

Die offiziellen Vertretungen Deutschlands (www.jakarta.diplo.de), Österreichs (www.bmeia.gv.at) und der Schweiz (www.eda.admin.ch/jakarta) befinden sich in Jakarta. In Notfällen kann man auf Bali mit einem der folgenden Konsulate in Kontakt treten:

Deutsches Honorarkonsulat
Jl. Pantai Karang 17
Batujimbar-Sanur
Tel. 03 61 28 85 35
www.kemlu.go.id/bern

Schweizer Konsulat auf Bali
(nimmt auch die Interessen für österreichische Bürger wahr)
Jalan Ganetri 9D
Denpasar
Tel. 03 61 26 41 49

Kuta Central Park
Blok Valet 2 No 12
Jl. Patih Jelantik
(Postanschrift:
P.O. Box 2035)
80361 Kuta / Bali
Indonesien
E-Mail: bali@honrep.ch
Tel. 03 61 75 17 35

INTERNET

WWW.BALIGUIDE.COM

Deutsprachiges Forum mit einer Bandbreite an Themen von der Vulkanbesteigung über Hausvermietungsangebote bis zum Aufruf, vom Aussterben bedrohte Tierarten in einer zu gründenden Organisation zu unterstützen.

HTTPS://INDOJUNKIE.COM

Aktueller, deutschsprachiger Blog mehrerer Autoren mit einer Vielzahl von Infos von Yoga bis zu Reiserouten, neben Bali auch für Lombok und Sulawesi, Ausgeh- und Wellness-Adressen ebenso wie Reiseerlebnisse.

WWW.BALI-PARADISE.COM

Englischsprachige Webseite mit einer Fülle von touristischen Informationen und Links zu Stränden, Restaurants, Kunsthandwerk, Shopping, Aktivitäten, Rundreisen, Festen und vielem mehr.

WWW.REISEINFO-BALI.DE

Umfangreiche Webseite eines deutschen Reiseveranstalters mit ausführlichen Infos, Hinweisen für das Verhalten im Alltag, zu Sicherheit und Gesundheit sowie mit zahlreichen Reisevorschlägen.

ETIKETTE

Betteln Bettelnde Kinder, kranke und behinderte Menschen gibt es auch auf Bali, vor allem in den von Touristen frequentierten Orten. Besonders bei Kindern, die immer öfter von Erwachsenen zum Betteln bzw. zum Anbieten oft stark überteuerter Waren missbraucht werden, sollte man auf das Geben von Geld verzichten, um ihre soziale Verwahrlosung nicht zu unterstützen.

Drogen Wie in fast allen asiatischen Staaten wird in Indonesien – und damit auch auf Bali – der Konsum von Drogen, insbesondere aber der Drogenhandel, mit harten Strafen belegt. Die Ein- und Ausfuhr jedweder Art von Rauschmitteln ist streng verboten; auch ihr Besitz ist strafbar. Vergehen gegen die Drogengesetze werden auch bei Ausländern im Regelfall mit langjährigen Gefängnisstrafen geahndet, in besonders schweren Fällen droht sogar die Todesstrafe. Von den Konsulaten der Heimatländer ist bei Drogendelikten keine Hilfe zu erwarten. Man sollte sich auch davor hüten, für jemanden aus Gefälligkeit irgendetwas auf die Heimreise mitzunehmen. Mehrfach wurde so in der Vergangenheit versucht, Reisende als Drogenkuriere auszunutzen.

Fotografieren und Filmen Die Balinesen lassen sich im Allgemeinen sehr gern fotografieren. Der Besucher sollte jedoch vorher immer fragen (eine entsprechende Bewegung mit der Kamera genügt) und eine ablehnende Geste akzeptieren. Wer sich nicht fotografieren lassen will, tut das auch nicht für Geld. So sind strenggläubige Hindus manchmal fotoscheu. Bei Tempelfesten kann es durchaus Augenblicke geben, in denen Fotografieren mit Blitzlicht schwerste Irritationen unter den Gläubigen auslöst. Es ist schwierig, dafür die richtigen Verhaltensweisen zu empfehlen, da sie von Dorf zu Dorf und von Tempel zu Tempel unterschiedlich sein können. Deshalb fragt man stets um Erlaubnis, bevor man auf den Auslöser drückt. Dass man überhaupt Personen bei der Ausübung ihrer Religion fotografisch nicht zu nahe tritt, sollte selbstverständlich sein.

Informationen für Frauen Allein reisende Frauen müssen auch auf Bali damit rechnen, für männliche Touristen als Objekt ihrer Annäherungsversuche interessant zu sein. Von den einheimischen Männern ist dies hingegen kaum zu befürchten. Besonders bei Dunkelheit sollten Frauen aber trotzdem keine Spaziergänge allein unternehmen und sich nicht in unübersichtliches Gelände begeben.

Kleidung Das ganze Jahr über empfiehlt sich leichte, luftdurchlässige Kleidung. Für die »kühleren« Monate und bei Ausflügen ins Bergland nimmt man besser auch ein wärmendes Kleidungsstück (Pullover, Strickjacke o. Ä.) mit auf die Reise. Für Abende in Strandnähe empfehlen sich Kleidungsstücke, die die Blößen bedecken, zum Schutz vor lästigen Insekten. Der Respekt vor der Religion der Balinesen verbietet es, eine sakrale Stätte etwa in Shorts und T-Shirt zu betreten. Frauen sollten in jedem Fall die Schultern bedecken, Männer lange Hosen tragen; vor dem Betreten eines Tempelbezirks schlingt man sich einen Selendang genannten Tempelschal um die Hüften. Beim Besuch eines Tempelfestes ist das Tragen eines Sarongs – auch für alle Touristinnen und Touristen! – obligatorisch. Selendang und Sarong kann man entweder gleich zu Beginn des Bali-Aufenthalts kaufen oder am Tempeleingang ausleihen.

Tabus und Sakrilege

Die linke Hand gilt als unrein. Deshalb reicht man nichts mit der Linken und nimmt auch nichts mit ihr entgegen. Der Austausch von Zärtlichkeiten in der Öffentlichkeit ist unschicklich; Nacktbaden ist untersagt und gilt als Missachtung balinesischer Mentalität. Das Besteigen von Tempelmauern oder gar von Tempelfiguren ist streng verboten und wird mit empfindlichen Geldbußen geahndet – dieses Vergehen stellt die Einheimischen vor fast unlösbare Probleme: Ein so entweihter Tempel hat seinen spirituellen Charakter weitestgehend eingebüßt. Der Tempelbesuch (Kleidervorschriften s. o.) ist für Menschen mit offenen Wunden (dazu zählen auch Frauen während der Menstruation!) strikt verboten; die Zuwiderhandlung wird als Sakrileg betrachtet. Dadurch würde der Tempel entweiht und sein ursprünglicher geheiligter Zustand wäre nur durch höchst aufwendige Riten wiederherzustellen.

Trinkgeld

Zwar enthält die Rechnung in den meisten Restaurants und Hotels bereits einen Bedienungszuschlag in Höhe von 5 bis 10 Prozent. Es ist jedoch üblich, bei Zufriedenheit mit dem Service ein zusätzliches Trinkgeld zu geben bzw. den Rechnungsbetrag nach oben aufzurunden. Für Kofferträger und Zimmermädchen empfiehlt sich eine kleine finanzielle Zuwendung zu Beginn des Aufenthalts; ist man am Urlaubsende zufrieden, gibt man ein weiteres Trinkgeld. Taxi-, Bus- und Bemo-Fahrer erhalten normalerweise kein Trinkgeld.

Umgangsregeln

Bei aller Toleranz, die die Asiaten dem westlichen Besucher entgegenbringen, gibt es doch einige Verhaltensweisen, die den sprichwörtlichen Gleichmut der Balinesen überstrapazieren. Auch wenn der Tourist dies nicht unbedingt wahrnimmt, hat er dann sein Gesicht verloren und gilt für die Balinesen somit als wenig beachtenswerte Person. Während einer Konversation sollte man sich in **vornehmer Zurückhaltung** üben. Wildes Gestikulieren oder auch das Zeigen mit dem Finger auf andere Leute gilt als unschicklich. Im Gespräch sind auch unter Freunden intime Themen unüblich; auf Fragen wie z. B.

nach dem Einkommen oder der persönlichen Situation antwortet man ausweichend. Allerdings sollte man nie das zum Gespräch gehörende Lächeln vergessen – je unverbindlicher die Antwort, desto freundlicher das Lächeln.
Wird man in ein balinesisches Gehöft eingeladen, ist es üblich, **kleine Geschenke** mitzubringen. Die Dame des Hauses freut sich immer über einen Blumenstrauß; sind Kinder da, sollte man an Süßigkeiten denken. Vor dem Betreten eines Wohnhauses zieht man die Schuhe aus.

GELD

Währung

Die indonesische Währung heißt Rupiah (Rp.). Im Umlauf sind Münzen zu 25, 50, 100, 200, 500 und 1000 Rupiah sowie Banknoten im Wert von 100, 500, 1000, 2000, 5000, 10 000, 20 000, 50 000 und 100 000 Rupiah.

Wechselkurs

Der Wechselkurs für Banken ist amtlich festgelegt. Er gilt bei den offiziellen Wechselstellen der Bank Negara Indonesia (BNI) auf den Flughäfen genauso wie bei den Zweigstellen im Inselinneren. Hingegen ist es durchaus möglich, dass andere Wechselstuben (Money Changer) einen etwas günstigeren Wechselkurs bieten. Das wird schon nach der Ankunft am Flughafen Ngurah Rai deutlich, wo die Wechselstuben im Flughafen mitunter einen deutlich schlechteren Kurs bieten als jene vor der Ankunftshalle. In Hotels sollte man nur im Notfall Geld umtauschen, da die Wechselkurse dort generell ungünstiger sind. Der Rücktausch von Rupiah ist übrigens nur möglich, wenn man dazu die Quittung für einen zuvor erfolgten Umtausch vorlegen kann.

Zahlungsmittel

Es empfiehlt sich, etwas **Bargeld** von zu Hause mitzunehmen, um die ersten Ausgaben vor Ort (Taxi, Bus, Trinkgelder etc.) in Landeswährung begleichen zu können. Man muss jedoch unbedingt darauf achten, von der Bank im Heimatland, aber auch am Reiseziel, wirklich einwandfreie Banknoten zu erhalten, da beschädigte oder stark verschmutzte Geldscheine aller Währungen allgemein nicht akzeptiert werden. Mit einer **Bankcard** mit Maestro-Symbol erhält man überall auf Bali an Geldautomaten (Automatic Teller Machine; ATM) Bargeld. Gängige **Kreditkarten** wie American Express, Visa oder Mastercard/Eurocard werden auf Bali und Lombok vorwiegend in den von Touristen besuchten Gegenden akzeptiert.
Beim Verlust von Kredit- oder Bankkarten kann man den **Sperr-Notruf** unter der **Tel. 00 49/116 116** erreichen. Er gilt auch für Handys und weitere sperrbare Medien.

Auf Bali und Lombok empfehlen sich die Banken Negara Indonesia (BNI), Niaga und Dagang Negara zur Erledigung aller üblichen Geldgeschäfte. Sie verfügen zumindest in den größeren Orten über Zweigstellen. Die telegrafische Überweisung von Geld nach Indonesien ist möglich, nimmt jedoch mindestens zwei Tage in Anspruch. Bei der Abholung des Gelds muss man den Reisepass vorlegen. Banken

GESUNDHEIT

Gesundheitsvorsorge

Ein Urlaub in den Tropen erfordert einige Vorbereitungen und ein bestimmtes Verhalten vor Ort, damit die Reise zu einem schönen Erlebnis wird. Man sollte sich rechtzeitig vor Reisebeginn mit dem Hausarzt beraten, um Gesundheitsrisiken zu vermeiden.

Eine weit größere Rolle als bei Reisen innerhalb Europas spielt auf einer Asienreise die Reiseapotheke, da das Infektionsrisiko höher ist. Sie sollte Schere, Splitterpinzette, Watte, zwei Mullbinden, ein Päckchen Verbandsstoff, zwei Päckchen Schnellverband, Wund- und Heftpflaster, Desinfektionslösung, Medikamente gegen Fieber, Schmerzen, Durchfall, Verstopfung, Reisekrankheit, Kreislaufstörungen und Infektionen enthalten. Neben Sonnenschutzcreme ist ein Insektenabwehrmittel wichtig. Reiseapotheke

Die indonesischen Behörden verlangen von europäischen Besuchern, sofern sie nicht aus Infektionsgebieten einreisen, keine Schutzimpfungen. Empfohlen wird auf jeden Fall ein ausreichender Schutz gegen Tetanus (Wundstarrkrampf) und Poliomyelitis (Kinderlähmung). Einen Impfausweis mit Angaben zu eventuellen Allergien oder Unverträglichkeiten sowie der Blutgruppe sollte man dabei haben. Empfehlenswert ist ferner eine Schutzimpfung gegen Hepatitis A, deren Erreger durch die unhygienische Zubereitung von Speisen und Getränken (insbesondere Eis!) übertragen werden. Empfindliche Touristen sollten sich vor dem Reiseantritt mit Gammaglobulinen immunisieren. Auskünfte erteilen die Tropeninstitute in Hamburg, Berlin, Leipzig, Heidelberg, Tübingen, München, Wien und Basel. Schutzimpfungen

In Südostasien gibt es in jüngster Zeit wieder vermehrt Malariaerkrankungen. Darum ist die Einnahme prophylaktisch wirkender Medikamente besonders bei Besuchen außerhalb der Touristenzentren empfehlenswert.

KRANKENHAUS AUF BALI

SOS MEDIKA KLINIK BALI
Jl. Bypass Ngurah Rai 505
Kuta, Tel. 03 61 71 05 05
www.sosindonesia.com

RETTUNGSDIENSTE

DRF STIFTUNG LUFTRETTUNG
Rita-Maiburg-Str. 2
70794 Filderstadt
Tel. +49 7 11 7 00 70
Alarmzentrale:
Tel. +49 7 11 70 10 70
www.drf-luftrettung.de

ÖAMTC NOTRUFZENTRALE
Tel. +43 1 2 51 20 00
www.oeamtc.at

SCHWEIZERISCHE RETTUNGSFLUGWACHT
Tel. +41 3 33 33 33 33
www.rega.ch

ZAHNARZT

NUSA DUA DENTAL CLINIC
Jl. Pratama 81A
Nusa Dua
Tel. 03 61 77 13 24

Klimaumstellung Das tropische Klima verlangt eine gewisse Umstellung, für die man dem Körper Zeit lassen sollte. Man tut gut daran, in den ersten Tagen körperliche Anstrengungen zu vermeiden und sich nicht zu lange der intensiven Sonnenstrahlung auszusetzen. Ein Sonnenschutzmittel mit hohem Lichtschutzfaktor muss ins Gepäck: Bali liegt nicht weit vom Äquator entfernt! Bei Klimaanlagen ist Vorsicht geboten: Wenngleich die künstlich erzeugte Abkühlung gegenüber den tropischen Außentemperaturen zunächst als angenehm empfunden wird, besteht bei längerem Aufenthalt in »klimatisierten« – d. h. meist: unterkühlten – Räumen akute Erkältungsgefahr. Während der Nachtruhe sollte man die Klimaanlage drosseln.

Essen Das Essen aus Garküchen ist im Allgemeinen auch für Europäer verträglich; doch muss man unbedingt auf Sauberkeit achten. Obst muss vor dem Verzehr in jedem Fall gründlich abgewaschen werden. Grundsätzlich verzichten sollte man auf den Verzehr von rohen Speisen, ungeschälten Früchten, Speiseeis sowie offenen Getränken, in die gewöhnlich viele Eiswürfel gegeben werden. Zurückhaltung empfiehlt sich in den Tropen auch in puncto Alkohol: Hitze verstärkt die bekannten unliebsamen Nebenwirkungen.

Krankheitsfall

Apotheken Vor allem in den von Touristen frequentierten Orten gibt es zahlreiche Apotheken, die man an der Aufschrift »Apotik« oder »Toko Obat« erkennt. Sie halten eine Auswahl gängiger Medikamente bereit, manche jedoch unter Bezeichnungen, die nur in Asien gebräuchlich sind. Wer auf ein bestimmtes Medikament (auch Kontrazeptiva) angewiesen ist, sollte dies von zu Hause in ausreichender Menge mitnehmen bzw. sich anhand der Originalpackung versichern, ob das in Indonesien erhältliche Präparat mit dem benötigten identisch ist. Im Zweifelsfall sucht man einen Arzt auf. Medikamente sind – wie überall in Asien – deutlich billiger als in Europa.

Ärzte

Die ärztliche Versorgung ist auf Bali und Lombok insbesondere in den Touristenzentren gewährleistet; in den Städten und Dörfern gibt es zumindest frei praktizierende Mediziner, von denen allerdings nur wenige über ausreichende Englischkenntnisse verfügen. Für die großen Hotels arbeiten Englisch sprechende Ärzte, die über die Rezeption herbeigerufen werden können. Im Notfall sind auch die örtlichen Vertreter der Reiseveranstalter bereit, einen geeigneten Arzt bzw. Zahnarzt zu vermitteln.

Krankenhäuser

Auf Bali gibt es kein Krankenhaus, in dem ganz schwere Verletzungen oder lebensbedrohende Erkrankungen behandelt werden könnten. Deshalb empfiehlt es sich, in solchen Fällen einen Transport nach Jakarta oder Singapur in Erwägung zu ziehen. Bei schwerwiegenden Erkrankungen sollte unbedingt das Konsulat oder die Botschaft des Heimatlands (▶ S. 272) verständigt werden.

Rettungsdienste

Das Rettungswesen auf Bali und Lombok ist nach westlichen Maßstäben nur notdürftig organisiert. Bei Unfällen außerhalb der Touristenzentren ist mit längeren Wartezeiten zu rechnen. Auf die Hilfsbereitschaft der Balinesen kann man sich jedoch im Allgemeinen verlassen. Sollte aus medizinischen Gründen ein vorzeitiger Rückflug geboten sein, muss ein Rettungsflugzeug im Heimatland angefordert werden. Da der Rücktransport sehr teuer ist, sollte man vor Reiseantritt eine Reisekrankenversicherung, die auch einen eventuellen Rettungsflug abdeckt, abschließen.

LESETIPPS

Gilbert, Elizabeth: Eat, Pray, Love. Berlin Verlag 2013. Was braucht es zum Glücklichsein, fragt sich die 30-jährige Elizabeth aus New York. Sie verlässt ihren Mann und macht sich auf die Suche. Nach Stopover-Stationen in Rom (Essen) und einem indischen Ashram (Meditieren und Beten) findet sie in Bali erst einen Heiler in Ubud und dann die Liebe ihres Lebens. Der mit Julia Roberts verfilmte Bestseller zeichnet ein romantisches Bild von Bali und Ubud.

Angelika Taschen (Hg.): Living in Bali. Taschen Verlag, Köln 2015
»In einem balinesischen Haus sind Wände nicht zwingend erforderlich, Erdfarben dominant, Grasdächer und Holz allgegenwärtig«, wissen die Autoren dieses opulenten Bildbands, der 19 prächtige Häuser, Villen und Hotels porträtiert. Inspirierende Aufnahmen privater Lebenswelten lassen den Betrachter eintauchen in die Fülle balinesischen Wohnens. Knappe dreisprachige Kommentare geben interessante Erklärungen zum jeweiligen Interieur. Neben berühmten Hotels werden auch entzückende kleinere Gästehäuser in den Mittelpunkt gerückt sowie die Häuser ausländischer, auf Bali seit Jahren ansässiger Bewohner und einheimischer Künstler.

Vicki Baum: Liebe und Tod auf Bali. Kiepenheuer & Witsch, Köln 2007.
1935 verbrachte Vicki Baum (▶ Interessante Menschen) mehrere Monate auf Bali, drang in die Geschichte dieser Insel ein, beobachtete das Leben dort und beschäftigte sich intensiv mit der balinesischen Kultur. Mit diesem Roman, der 1937 erschien, brachte Vicki Baum die exotische Insel einem europäischen Publikum erstmals näher.

Gerd Fischer: Mord auf Bali. mainbook, Frankfurt am Main 2011.
Der Kommissar Andreas Rauscher gönnt sich einen Urlaub auf der tropischen Ferieninsel Bali. Dort aber gerät Rauscher unter Mordverdacht. Doch es gelingt ihm, seinen balinesischen Kollegen von seiner Unschuld zu überzeugen. Nachdem weitere mysteriöse Morde geschehen, macht sich Rauscher zusammen mit dem Polizisten Padang auf die Suche nach dem Mörder und taucht ein in eine fremde, geheimnisvolle Welt voller Traditionen, Mythen und Rätsel.

POST · TELEKOMMUNIKATION

Post Die indonesische Post arbeitet auf Bali und Lombok in aller Regel zuverlässig. Die normale Laufzeit von Postkarten und Briefen nach Europa beträgt zwischen sieben und zehn Tagen. Die indonesischen Postkästen sind rot, die Leerungszeiten auf einem Schild an der Vorderseite verzeichnet. Man kann seine Post aber auch an den Rezeptionen der Hotels aufgeben. Das Hauptpostamt von Denpasar liegt an der Jl. Raya Puputan; in Sanur (Br. Taman), in Kuta (Jl. Raya Kuta Gung Selamat) sowie in Ubud (Jl. Payangan) gibt es weitere Postämter. Schalterstunden sind in der Regel Mo. – Do. 8 – 14, Fr. 8 – 11, Sa. 8 – 12.30 Uhr.

VORWAHLEN

VON DEUTSCHLAND, ÖSTERREICH UND DER SCHWEIZ
... nach Indonesien:
Tel. 00 62
... nach Südbali:
Tel. 00 62 361
... nach Nordbali:
Tel. 00 62 362
... nach Westbali:
Tel. 00 62 365
... nach Ostbali:
Tel. 00 62 363
... nach Klungkung:
Tel. 00 62 366
... nach Lombok:
Tel. 00 62 370

VON BALI UND LOMBOK
... nach Deutschland:
Tel. 0 01 49
... nach Österreich:
Tel. 0 01 43
... in die Schweiz:
Tel. 0 01 41

TELEFONAUSKUNFT

NATIONAL
Tel. 100

INTERNATIONAL
Tel. 101

Telefonieren

Am günstigsten telefonieren Sie mit Ihrem Handy, das mit der Prepaid-SIM-Card eines lokalen Anbieters kombiniert wird. Entsprechende Telefonläden gibt es mittlerweile in allen (Touristen-)Orten. Die gängigen Mobilfunkanbieter, etwa Mentari oder Indosat, offerieren günstige Startersets. Wiederaufladen können Sie durch entsprechende Karten (=Pop up), die es in jedem Supermarkt an der Kasse gibt.
Bei Telefonaten innerhalb Balis gelten abhängig von der Region bestimmte Vorwahlen (s.o.): Auf Bali gibt es **keine spezifischen Ortsnetzkennzahlen**, bei Telefongesprächen von außerhalb wird jedoch zwischen den fünf Regionen unterschieden. Möchte man von Deutschland aus nach Bali telefonieren, so ist noch die Vorwahl für Indonesien (0062) hinzuzufügen.

Auslandstelefonate

Viele große Hotels bieten eine (teure!) Direktwahlmöglichkeit von Bali nach Europa per IDD (International Direct Dialing). Auch auf allen Postämtern im Inselinneren kann man ins Ausland telefonieren, allerdings selten ohne längere Wartezeiten. Deutlich billiger sind gewöhnliche Übersee-Telefongespräche sowie das Versenden von Fernkopien per Telefax via »Wartel Telecommunications«.
Ein Drei-Minuten-Gespräch nach Europa kostet etwa 30 000 Rupiah; von öffentlichen Telefonapparaten geführte Ortsgespräche kosten 1000 Rupiah (im Hotel teurer).
Kostenlos bzw. gegen geringe Gebühren in Internet-Cafés (etwa 2 Cent pro Minute) nach Hause telefoniert man per Skype, einem in Bali meist vorinstallierten Instant-Messaging-Dienst von Microsoft.

WLAN, WI-FI

Weit verbreitet in Bali sind kostenlose Hotspots für Wi-Fi, die nicht nur in Hotels und Gästehäusern, Restaurants und Cafés zur Verfü-

VERKEHR

Fährverbindungen

Fährhäfen

Zwischen Bali und Java sowie zwischen Bali und Lombok verkehren regelmäßig (täglich mehrmals) Autofähren bzw. Tragflügelboote (»Jetfoils«). Die Ab- bzw. Anlegestellen auf Bali befinden sich für die Fähren nach Java (Ketapang, östlichster Hafenort) in Gilimanuk an der westlichen Inselspitze, für jene nach Lombok im Hafen Benoa (südlich von Denpasar); Boote zu Balis Nebeninseln Lembongan und Penida fahren ab Benoa, Sanur, Kusamba oder Padang Bai. Auf Lombok legen die Fähren in Lembar (südlich der Inselhauptstadt Mataram), auf Lembongan bei Jungutbatu und auf Penida bei Toyapakeh an. Buchungen sind in allen Reisebüros bzw. in den Häfen oder bei den Reedereien selbst möglich.

Straßenverkehr

Mietwagen

Vor allem auf Bali gibt es zahlreiche Autovermieter; verliehen werden meist allradgetriebene Fahrzeuge (Jeeps) japanischer Herkunft (v. a. Suzuki). Ein internationaler Führerschein wird weniger von den Autovermietern als vielmehr von der balinesischen Polizei verlangt (Vorsicht: Bußgeld!). Der Fahrer muss mindestens 21 Jahre alt sein. Selbstfahrer sollten nicht nur mit ungewohnten Verkehrsverhältnissen **(Linksverkehr!)** rechnen, sondern auch mit der zuweilen anarchisch anmutenden Fahrweise der Einheimischen.
Vorsichtiges Fahren ist unbedingt angeraten; prinzipiell vermeiden sollte man Nachtfahrten. Es hat sich bewährt, zusammen mit dem Fahrzeug einen einheimischen Fahrer zu engagieren, denn er kostet nicht viel, besitzt die nötige Ortskenntnis und kennt vor allem die Mentalität seiner Landsleute.
Bei der Übernahme des gemieteten Fahrzeugs sollte man sich von seiner Verkehrssicherheit überzeugen, v. a. Bremsen, Reifenzustand und Licht, und es in jedem Fall auf etwaige Vorschäden überprüfen. Dass das Fahrzeug ausreichend haftpflichtversichert sein muss, versteht sich von selbst. Im Zweifelsfall verlässt man sich auf die Fahrzeuge renommierter Vermieter, eine Liste hält das deutsche Honorarkonsulat in Sanur (▶ S. 273) bereit.

Pannenhilfe

Automobilklubs wie in Deutschland oder anderen westlichen Ländern gibt es auf Bali nicht, auch keine Notruftelefone an den Straßen. Man ist daher auf die Hilfe anderer Verkehrsteilnehmer angewiesen. Bei einer Panne macht man am besten durch Winken auf sich auf-

FÄHRVERBINDUNGEN

BALI – LOMBOK
Lombok Network
Jl. Karika Plaza 97, Kuta
Tel. 03 61 8 75 79 04
www.lombok-network.com
Public Ferry von Padang Bai nach Lembar 10 × tgl., Fahrtzeit 4 bis 5 Stunden

BALI – PENIDA
►S. 129

BALI – LEMBONGAN
►S.129
Zwischen Benoa Harbour und Nusa Lembongan verkehrt regelmäßig der 34 m lange Luxuskatamaran »Bali Hai«. Buchungen von Tagestouren oder abendlichen »Dinner Cruises« (2,5 Std.) bei:
Bali Hai Cruises
Benoa Harbour
Tel. 03 61 72 03 31
www.balihaicruises.com

MIETWAGEN

GOLDEN BIRD BALI
Flughafen Denpasar
Ankunftshalle
Tel. 03 61 70 11 11
www.bluebirdgroup.com

INDORENT
Flughafen Denpasar
Ankunftshalle
Tel. 03 61 7 44 11 41
www.indorent.co.id

---

merksam. Das Abschleppen bis zur nächsten Werkstatt ist erlaubt. Nachts kann die Situation schwierig werden, besonders außerhalb der Touristenorte bzw. im Inselinneren. Oft muss man längere Zeit warten, bis sich jemand zur Hilfeleistung bereiterklärt. Nachtfahrten sind nicht zuletzt aus diesem Grund nicht empfehlenswert.
Vom Autovermieter sollte man sich ein Verzeichnis der verlässlichen Autoreparaturwerkstätten aushändigen lassen und sich bei ihm darüber informieren, was im Fall einer Panne zu tun ist.

Motorräder

Das Anmieten eines Motorrads ist nur demjenigen zu empfehlen, der über eine gute Fahrpraxis verfügt. Doch selbst unter dieser Voraussetzung kommt man auf Bali nicht selten im wahrsten Sinne des Wortes ins Schleudern. Der beklagenswerte Zustand vieler Straßen, namentlich im Inselinneren, birgt große Unfallgefahren wie Schlaglöcher, plötzlich auftretender Belagwechsel und gänzlich andere Bodenhaftung nach Regenschauern.
Eine weitere potenzielle Gefahr stellt der Fahrstil der Einheimischen dar. Alljährlich ereignen sich zahlreiche Unfälle, die nicht selten langwierige Krankenhausaufenthalte nach sich ziehen oder gar tödlich ausgehen. Es besteht **Helmpflicht**!

Verhalten im Straßenverkehr

Asiaten haben grundsätzlich ein anderes Verhältnis zum Kraftfahrzeug und Straßenverkehr als Mitteleuropäer; auf Bali und Lombok ist dies nicht anders. Verkehrsregeln werden häufiger übertreten als befolgt, Geschwindigkeitsbegrenzungen anscheinend eher als Ansporn verstanden, das Letzte aus den oft kaum verkehrstüchtigen Fahrzeugen herauszuholen. Mit Ausnahme der vierspurigen Umgehungsstraße »Jalan Bypass« zwischen Denpasar und Nusa Dua gibt es auf Bali keine Autobahnen oder Schnellstraßen. Vor allem in den ländlichen Regionen ist der Zustand selbst wichtiger Überlandstraßen äußerst prekär. Schlaglöcher, Spurrillen und nicht befestigte Randstreifen stellen sich meist zu spät als Hindernisse heraus. Besonders bei Ortsdurchfahrten machen Einheimische ausgiebigen Gebrauch von der Hupe – eine Gepflogenheit, der man sich auch als Gast schnell unterwirft.

Die **Straßenbeschilderung** folgt im Wesentlichen der international üblichen Regelung. Die Straßen auf Bali sind nicht systematisch nummeriert, auch nicht auf den überall erhältlichen Straßenkarten.

Auch wenn sich nur wenige Einheimische daran halten, so gilt doch in geschlossenen Ortschaften eine **Höchstgeschwindigkeit** von 40 km/h. Außerorts sind 80 km/h für Pkw und 50 km/h für Busse und Lkw erlaubt.

Taxis und Busse

In Denpasar und im Süden Balis gibt es ausreichend **Taxis** (zu erkennen an der blau-gelben Lackierung), die mit Taxametern ausgerüstet sind; ferner verkehren viele »wilde« Taxis, vor deren Benutzung man den Fahrpreis mit dem Fahrer aushandeln muss. Tagsüber und in den frühen Abendstunden wird das Taxameter üblicherweise eingeschaltet, abends und an Wochenenden, wenn ein gewisser Mangel an Taxen besteht, nennen die Fahrer oftmals einen Preis, den man akzeptiert – oder man versucht, beim nächsten Fahrer günstigere Bedingungen zu erreichen. Bei längeren Fahrten sind die Taxifahrer eher geneigt, einen festen Preis auszuhandeln. Bei eingeschaltetem Taxameter wird die Fahrt sehr preiswert (5000 Rp. Grundgebühr, 4500 Rp. pro km).

In den übrigen Inselregionen gibt es nur »wilde« Taxis, also meist Fahrer mit Privatwagen. Der Fahrpreis muss zunächst verhandelt werden, er liegt 2- bis 3-mal über dem Taxameter-Preis.

Die Fahrt mit einem **Bus** kann auf Bali zu einem Erlebnis besonderer Art werden; für die Einheimischen ist der Bus das preisgünstigste Verkehrsmittel. Busfahren ist äußerst populär, der feste Fahrpreis denkbar günstig. Fahrpläne existieren hingegen nicht. An den Busbahnhöfen, die es in allen Städten gibt, wartet der Fahrer üblicherweise so lange, bis genügend Passagiere beisammen sind und sich die Fahrt für ihn rentiert.

Kleinbusse werden zuweilen als **»Colts«** bezeichnet. In der Personenbeförderung weit verbreitet sind die **»Bemos«** genannten Kleintransporter (Minibusse). Es handelt sich dabei um umgebaute Lieferwagen, bei denen die Ladefläche mit Sitzbänken ausgestattet ist. Bei längeren Fahrten wird es unbequem, weshalb man hier einem Bus den Vorzug geben sollte.

Gemütlich und beschaulich kann eine Fahrt mit einem **»Dokar«** (auf Lombok »Cidomo« genannt), einer einspännigen Pferdekutsche auf

zwei Rädern, sein – wenn man damit nicht in der hektischen Inselhauptstadt unterwegs ist. Bei den Einheimischen ist dies das beliebteste Transportmittel für kürzere Strecken. Der bescheidene Fahrpreis muss vor Antritt der Tour ausgehandelt werden.
Eine gewisse Portion Mut gehört dazu, sich einem der immer zahlreicher werdenden Motorradtaxis (**»Ojek«**) anzuvertrauen. Zwar verfügen die Fahrer meist über die notwendige Routine, die man braucht, um den chaotischen Verkehrsverhältnissen gerecht zu werden. Doch es gibt unter den Ojek-Fahrern nicht wenige, die Balis Straßen mit (schlecht präparierten) Rennstrecken verwechseln. Bevor es losgeht, wird der Fahrpreis ausgehandelt; auch sollte man einen Helm verlangen.

Wondsorejo
Pulau Menjangan
Bali
Singaraja
Ketapang
Sumberkesambi
Gilimanuk
Pemuteran
Lovina
Gerokgak
Seririt
Danau Buyan
G. Merbuk 1388
Banyu-wangi
Melaya
Bali-Barat-Nationalpark
G. Patas 1412
G. Batukaru 2276
Pupuan
Negara
Mendoyo
Cupel
2
Pura Luhur Batukaru
Perancak
Tg. Perancak
Pulukan
Penebel
Selat Bali
Antosari
Tabanan
Java
Kapal
Tanah Lot
Tanjung Kucur
Seminyak
Bukit Blambangan
Plengkung
Ngurah Rai Int. Airport
Jimbaran
Tanjung Karanginte
Uluwatu
SAMUDERA INDONESIA
INDIAN OCEAN
10 km
© BAEDEKER